低碳经济视角下税收制度生态化改革研究

王金霞 ◎ 著

RESEARCH ON ECOLOGICAL
REFORM OF TAX SYSTEM
FROM THE PERSPECTIVE OF
LOW-CARBON ECONOMY

中国财经出版传媒集团

经济科学出版社
Economic Science Press

图书在版编目（CIP）数据

低碳经济视角下税收制度生态化改革研究 /
王金霞著. --北京：经济科学出版社，2022.5
ISBN 978-7-5218-3267-9

Ⅰ. ①低… Ⅱ. ①王… Ⅲ. ①税收改革–研究–中国
Ⅳ. ①F812.422

中国版本图书馆CIP数据核字（2021）第257279号

责任编辑：朱明静
责任校对：孙　晨
责任印制：王世伟

低碳经济视角下税收制度生态化改革研究

王金霞　著

经济科学出版社出版、发行　新华书店经销
社址：北京市海淀区阜成路甲28号　邮编：100142
总编部电话：010-88191217　发行部电话：010-88191522
网址：www.esp.com.cn
电子邮箱：esp@esp.com.cn
天猫网店：经济科学出版社旗舰店
网址：http://jjkxcbs.tmall.com
北京季蜂印刷有限公司印装
710×1000　16开　13.5印张　290000字
2022年7月第1版　2022年7月第1次印刷
ISBN 978-7-5218-3267-9　定价：68.00元
（图书出现印装问题，本社负责调换。电话：010-88191510）
（版权所有　侵权必究　打击盗版　举报热线：010-88191661
QQ：2242791300　营销中心电话：010-88191537
电子邮箱：dbts@esp.com.cn）

前言

　　工业革命以来，化石类能源的大量开采和使用推动了全球经济的高速增长，同时，也使温室气体排放不断增加，大气中以二氧化碳为主的温室气体浓度不断上升，形成温室效应，造成全球气候变暖。根据英国《斯恩特报告》，如果按照现有的经济增长模式发展经济，到21世纪因温室气体排放造成的升温很可能是5℃~6℃。全球气候变暖造成冰川融化，海平面上升，影响了生态系统平衡，生态系统退化，导致自然灾害频发。人类作为生态系统生物的组成部分，同样面临着全球气候变暖对经济和社会发展带来的影响。根据英国《斯恩特报告》预测，21世纪气候变暖将带来5%~10%的GDP损失。全球气候变暖被认为是未来影响世界的首要问题，已引起国际社会的强烈关注。人类开始重新审视以往高消耗、高污染、高排放、高增长的传统经济发展模式，经济低碳化转型逐渐为人类所推崇。

　　经济低碳化转型是适应气候变化和经济发展规律的必然要求，作为新型经济发展方式，低碳经济发展需要低碳公共政策，尤其是财税政策的引导。与传统的政府规制手段相比，生态税收具有"多重红利"效应，一方面，能够校正市场失灵，使资源环境消耗过程中造成的负外部性所形成的社会成本内部化，体现"污染者付费"原则，有效地保护生态环境；另一方面，生态税收还以其固有的财政职能，为政府积累公共资金，并削减由其他税种带来的扭曲，减少税收的效率损失，促进环保产业发展，形成生态就业渠道，提高就业率。

为了促进低碳经济的发展，发达国家加快了税收制度生态化进程，发展中国家也紧随其后。欧盟是税收制度生态化改革的典范，引领世界税收制度生态化改革潮流。欧盟税收制度生态化改革以收入中性为核心，以提高欧盟整体以及欧盟各国竞争力和福利为目标。这一目标推动了欧盟税收一体化，税收一体化推动了欧盟层面税收制度生态化。欧盟各国高调推崇生态税收，从资源开采利用、生产、消费、废弃物排放到循环利用等多个环节都有生态税收的足迹，是综合性的生态税制改革。美国是世界上温室气体排放量最大的国家之一，为了控制温室气体排放，保护环境，2007年美国通过了《低碳经济法案》，2009年通过了《拯救我们的气候法案》，在环境税制度建设方面，美国地方政府在控制温室气体排放方面比起联邦政府的"无所作为"要积极得多，美国将碳税付诸于行动的是州、市级的地方政府。在能源税方面，美国分为联邦政府能源税和州政府能源税两类。美国还征收二氧化硫税。1990年1月1日，美国国会颁布了对损害臭氧层的化学品征收消费税的规定，也称为氯氟烃税。

日本在低碳社会和低碳经济方面取得了一定成就，这与日本政府的环境政策，尤其是税收制度生态化改革是分不开的。为了进一步减少温室气体排放，日本提出了节能减排的一系列政策措施，其中有包括碳税在内的税收制度的生态化改革，日本的环境税包括能源类消费税、碳税、机动车税、石油税等。

发达国家税收制度生态化促进了经济低碳化转型，培育了新的经济增长点，增加了就业，取得了良好的经济效益和社会效益，同时，生态效应显著。

由于各国经济发展水平不同，面临的环境问题和社会问题各异，各国政府在推进税收制度生态化改革过程中，对于环境税税种的选择、税率高低及税收优惠的设计并非整齐划一，税收制度生态化改革具有显著的国别特色，形成色彩纷呈的生态税收体系。

尽管发达国家税收制度生态化改革差异性较大，但是也存在着共性。各国税收制度生态化改革大多基于"污染者付费"和"使用者付费"两类原则设计税收制度生态化体系，以能源税为主，税种多元化，税基宽泛，采用差别税率并实行动态调整，税式支出运用灵活。发达国家在税收制度生态化改革过程中，谨慎选择税收生态化改革模式，实行"收入中性"与"税负转移"相结合、保护环境和促进经济低碳发展相结合、低碳税收优惠和收入使用低碳趋向相结合。

我国作为发展中国家，基于低碳经济发展视角的税收制度生态化改革，应遵循法定、适度、公平、效率四原则，以保证政治层面的可接受性、征管层面的可操作性和经济层面的效率性。我国发展低碳经济和税收制度生态化安排必须根据国情，以服从和服务于发展战略为基石，贯彻创新、协调、绿色、开放、共享的发展理念，借鉴发达国家环境税先行者的税收制度生态化改革实践经验，斟酌生态税收制度运行特有的内在规律，对税收制度生态化改革的总体布局、步骤和内容科学设计。促进低碳经济发展的税收制度生态化改革是一个系统工程，税收制度生态化改革作为我国中长期税制改革的重要组成部分，应渐进推进，分步实施。近期目标是通过对现有税收制度生态化调整，将生态理念融入现行税种的制度要素之中，根据低碳经济发展进程，渐进开征新的税种，推进税收制度的全面生态化改革，长期目标是从根本上构建有利于资源合理利用、遏制环境污染、促进低碳经济发展的税制体系，实现生态环境改进，增强政府对环境政策的掌控能力，增加国民福祉。

目录

第1章

绪　论

　　工业革命以来，大量温室气体排放造成的气候变化已成为威胁人类生存和发展的问题，人类开始重新审视以往高消耗、高污染、高排放、高增长的传统经济发展模式，经济低碳化转型逐渐为人类所推崇。低碳经济思想的早期探索来自美国著名学者莱斯特·R.布朗，他提出能源经济革命论，开始研究探索低碳经济。2003年英国在《能源白皮书：我们能源的未来——创建低碳经济》一书中首次提出发展低碳经济，建设低碳社会之后，英国政府就不断地推广低碳发展的理念，发布了《气候变化法案》《英国气候变化战略框架》，而后欧盟各国纷纷跟进，2007年，欧盟通过了《能源技术战略计划》，2008年1月，欧盟委员会制定了欧盟能源气候一揽子计划，欧盟地区低碳经济方兴未艾。美国政府针对多年经济发展过程中出现的温室气体排放问题，也出台了有关气候变化及低碳经济的相关法案。2007年，《美国气候安全法案》在议会委员会层面上通过，同年，美国又提出《低碳经济法案》和《渐进增长，促进美国向低碳经济转型》两个法案，促进本国经济的低碳转型。日本将低碳经济作为国家战略，适应低碳经济发展需要，分别于1974年、1980年执行"阳光计划"和"月光计划"，1993年，日本将两个计划进行整合，统筹安排新能源的研究开发和运用。中国作为发展中国家，非常重视经济发展方式转变，大力倡导节能减排，发展低碳经济。低碳经济发展初期属于脆弱产业，需要政府各方面扶持，包括行政手段、经济手段等，其中，促进低碳经济发展的税收政策是重要的组成部分，这也促进了各国税收制度的生态化改革。

第一节　研究背景和意义

一、研究背景

（一）气候变化加剧，人类生存和发展的环境受到冲击

1896年诺贝尔化学奖获得者斯万特·奥古斯特·阿伦尼乌斯（Svante August Arrhenius）根据化石燃料的特征，预测化石燃料燃烧将会增加大气中二氧化碳的浓度，温室气体排放超标将导致全球气候变暖。这一预测在经历工业化进程后的今天得到充分的验证。18世纪中叶以来，大量化石燃料的使用推动了工业革命迅猛发展，经济高速增长，污染物排放不断增加，大气中以二氧化碳为主的温室气体浓度不断上升，形成温室效应，造成全球气候变暖。气象观测和科学研究表明，1750年大气中的二氧化碳浓度为280ppmv（葛军，2007），2005年增加到了379ppmv，其中1995~2005年年均增长1.9ppmv。另一个事实是全球气候变化，1906~2005年全球平均气温升高了0.56~0.92℃，预计21世纪气温将继续增加1.1~6.4℃。[①]联合国政府间气候变化专门委员会经过多年的观测和气候变化模拟研究，发布了第四份气候变化评估报告，认为在过去的100年中，由二氧化碳等气体造成的温室效应使全球平均地表气温上升了0.3~0.6℃。各种迹象表明，人为活动排放的二氧化碳、甲烷、氧化亚氮等温室气体是造成气候变化的主要原因。全球气候变暖的后果使得冰川融化、海平面上升、季节变化无常、生态系统退化，导致自然灾害频发，深度触及人类生存安全，包括农业和粮食安全、水资源安全、能源安全和生态安全等，气候变化影响了生态系统平衡。英国科学家通过对过去5.2亿年气候与生物多样性之间关系的深入研究，认为地球历史上发生的五次大的物种灭绝事件，有四次与气候变化有关。

根据国际能源署报告，能源使用所产生的温室气体排放量在2018年激增，达到了331亿吨的历史新高。温室气体排放量增长了1.7%，远高于2010年以来

---

① 大气中的二氧化碳含量，常以体积混合比来表示，以体积的百万分之一为单位，写为ppmv。

的平均水平。2019年我国青海瓦里关站测定的二氧化碳平均浓度为411.4±0.2 ppm，[①]过去10年的年平均绝对增量分别为2.32 ppm。2019年，单位国内生产总值二氧化碳排放比2018年降低4.1%，[②]随着二氧化碳排放增加，全球气候逐渐变暖。受全球气候变化影响，中国的气候近年来也发生了显著变化，发生自然灾害的情况同样不容乐观。洪涝、干旱、高温、台风、地震等自然灾害频繁发生。

大量的现象表明，人类作为生态系统生物的组成部分，同样面临着全球气候变暖带来的不可忽视的影响，全球气候变暖被认为是未来影响世界的首要问题，已引起国际社会的强烈关注。

（二）气候变化推动经济低碳化转型

温室效应及全球气候变暖表面上看属于环境问题，这只是问题的表象。无论发展中国家还是发达国家，各国经济发展仍然依赖于传统的矿物性能源，全球74%的总能耗来自石油、天然气和煤炭，尤其是煤炭在能源消耗中所占比重较大，各国对能源的拥有或控制程度，决定了本国的经济发展和竞争优势地位。为了保证能源安全，储备经济发展动力，各国围绕能源问题展开了争夺战。另外，气候变化将出现经济效率损失，许多公开模型估算，引起全球气候变化并达到可能带来损失的起始点是大气温度升高2~3℃。根据英国《斯恩特报告》，如果按照现有的经济增长模式发展经济，到21世纪因温室气体排放造成的升温很可能是5~6℃，对经济的影响是巨大的，预计将带来5%~10%的GDP损失。因此，控制温室气体排放，遏制气候变化，必须改变传统的能源消费结构，改变以矿物性能源为支撑的经济增长，尽量使经济发展与碳排放脱钩，这需要转变经济发展方式，发展低碳经济。英国等欧洲国家率先倡导发展"低碳经济"，随后世界各国也进行经济低碳转型，倡导低碳生活，建设低碳社会。低碳经济是世界经济发展的趋势，是实现资源节约和环境友好的新经济发展模式。我国能源紧张，能源消费结构主要以煤炭、石油、天然气等矿物性能源为主，碳基能源比重大，环境污染严重，全球气候变暖使我国面临着较大的国际转移排放压力，必须重视发展低碳经济，改善能源利用结构、缓解环境

---

① 2019年中国温室气体公报［EB/OL］.http：//www.szguanjia.cn/article/2487，2021-10-12.

② 2020年中国生态环境状况公报［EB/OL］.中华人民共和国生态环境部官网，https：//www.mee.gov.cn/hjzl/sthjzk/zghjzkgb/，2021-05-06.

污染，这是我国应对气候问题国际化的重要手段。

（三）遏制气候变化的政策工具需要创新

发展低碳经济是遏制温室气体排放的重要途径。我国作为发展中国家，正处在工业化发展的关键阶段，发展经济、减少贫困、保证就业等仍是主要任务，经济低碳转型面临着诸多约束。尤其是在低碳经济发展初期，需要国家对经济的宏观引导，适时适度地创新财税政策，根据低碳经济发展的要求，推动税收制度生态化改革，建立具有积极价值的制度安排，适时推出环境税。

二、研究目的和意义

（一）研究目的

经济低碳化转型是适应气候变化和经济发展规律的必然要求，作为新型经济发展方式，低碳经济初期阶段需要低碳公共政策，尤其是财税政策的引导。本书以低碳经济为视角，基于低碳经济和环境税收的相关理论，梳理环境税收的相关理论及环境税税收效应，考察环境税先行者环境税制度的实践经验，剖析低碳经济发展进程中的环境税收发展规律及作用机理，通过税收制度生态化改革，优化环境税收制度，达到生态环境改进，增强政府对环境政策的掌控能力，丰富公共财税政策内容等目标。

首先，以庇古税理论思想为起点，借鉴公共产品理论、可持续发展理论、科斯定理等经济学理论，通过分析环境权和环境权利成本理论等法学理论以及大地伦理等哲学理论基础，探寻税收制度生态化改革的理论支撑，分析税收制度生态化改革效应，剖析低碳经济背景下中国税收制度生态化改革的原则和方向，为以环境税为主的税收制度生态化改革、促进低碳经济发展提供理论依据，这是本书研究目的之一。

其次，通过分析发达国家低碳经济发展的历程、措施和公共政策供给及实施效果，结合我国低碳经济发展需求和国外环境税的经验，研究我国税收制度生态化改革的必要性、可行性及其对低碳经济发展的促进作用，为完善我国税收制度提供全新的视角。

再次，以低碳经济发展的影响因子和实现途径为起点，分析研究低碳经济与低碳税收的融合，对发展低碳经济政策手段的有效性和可行性进行比较，探讨低碳税收政策的效果，为政府选择有效的低碳经济政策工具提供参考。

最后，以环境税为主体的税收制度生态化改革是我国财税体制改革总体方案的组成部分，属于税收制度中的新生事物。任何一个新事物都需要在不断探索中逐步完善。本书力争探讨适合中国国情的环境税模式、节奏和具体内容，为完善促进低碳经济发展的税收政策提供对策建议。

（二）研究意义

发展低碳经济是基于节能减排、控制温室气体排放、遏制气候变化的需要，以环境税为中心的税收制度生态化改革的缘由是气候问题，目的是促进低碳经济发展。以低碳经济为视角，以经济学、法学和哲学等不同学科门类的有关理论洞察环境税理论基础和政策选择，是研究税制改革的一种新思路。我国明确提出转变经济发展方式，促进低碳经济发展，在此背景下，税收作为国家治理的基础，作为宏观经济政策的有机组成部分，在控制温室气体排放、保护环境、促进低碳经济发展方面应当发挥应有的作用。

国内外环境政策的发展历程中，都是由传统的命令控制型向市场导向型转变。以市场机制为依托、以环境税为主体的税收手段，以其自身的优越性逐渐被政府接受和认可。构建和完善环境税收制度应当是公共财税政策的方向。

从国内外来看，对税制结构及现有税种要素设计的研究较多，少有从低碳角度提出完整的税制生态化构想的，本书提出了低碳经济背景下低碳税收制度的改革思路，将生态保护、经济发展与税制改革紧密结合，拓宽了生态经济学的研究领域，丰富了税收经济学的理论体系，提出适应资源环境约束的经济发展方式转变，需要推动税收制度帕累托改进，促进生态经济学与税收经济学的融合。因此，低碳经济视角下税收制度生态化改革的研究具有较强的理论意义。

我国现行税制体系中还没有独立的环境税种，虽然个别税种的税制要素中包含一定的生态思想，考虑了环境保护和节能减排的需要，但是，设立这些税种的主旨都有自己的功能定位，并不能完全满足发展低碳经济、节能减排的需要。本书以中国面临的环境问题为背景，以促进经济发展方式转变为主线，从我国现阶段所面临的环境问题和经济社会中长期发展战略需求出发，适应低碳经济发展的需要，将经济、社会、环境不可持续问题对税收制度提出的生态化要求作为研究内容，在剖析税制结构生态化可能带来的风险基础上，以建立约束型与激励型政策为任务导向，从中国经济、社会、环境、政治、文化等多维

度研究我国税制结构，寻求适合我国税制结构生态化改革的路径。这对优化税
制结构，健全税制体系，促进经济、社会科学发展具有重要的现实意义，对完
善我国税制结构有重要的决策参考价值。

第二节　国内外研究综述

一、国内研究现状

（一）国内低碳经济研究现状

我国对低碳经济的研究起步较晚，在2003年以前，基本没有关于低碳经济
的研究。2003年英国首次提出低碳经济概念以后，低碳经济才逐步引起国内部
分学者关注。2007年以后，我国对低碳经济的研究开始增多，研究内容主要集
中在概念和内涵界定、低碳经济实现路径、国外推行低碳经济的经验总结以及
发展模式探讨等方面。

1. 关于低碳经济概念的界定

庄贵阳（2008）从市场经济角度分析，认为低碳经济是在市场经济框架
内，利用降低能耗、提高资源使用效率的技术，使社会经济具有高能效、低能
耗的特点，低碳经济的本质是低碳技术。朱四海（2009）从碳循环角度对低碳
经济进行定义，认为低碳经济的目标是为了保持生态平衡、修复生态失衡，改
变人类经济发展对环境的破坏。低碳经济的本质是高碳向低碳转变的一种发展
模式。郭代模等（2009）从绿色经济的角度进行分析，认为低碳经济是一种统
筹人与自然、经济与社会相协调的可持续发展的增长方式。它通过低排放、低
污染发展绿色经济，是经济发展方式的转变，是在保持经济持续稳定增长的同
时，使其对生态环境产生外部性影响变小，对不可再生资源的依赖性降低，使
经济、社会、环境协调平衡，是充满活力的较为理想的经济发展状态。韩哲
（2014）提出低碳经济是低能耗、低污染、低排放的经济模式，也是低碳发
展、低碳产业、低碳技术、低碳生活等一类经济形态的总称，它以降低温室气
体排放为主要关注点，基础是建立低碳能源系统、低碳技术体系和低碳产业结

构；特征是低排放、高能效、高效率。王志亮（2015）根据前人理论总结，认为低碳经济是一门集经济、环境、产业和技术于一体的综合经济形态。许亚静（2017）认为，低碳经济是依托于低能源消耗、低环境污染的经济发展模式。低碳经济强调在经济发展的同时，要注意提高能源的利用效率和对生态环境的保护，注重人与自然的和谐共处。

2. 关于低碳经济作用的研究

金起文和于海珍（2009）认为，发展低碳经济有利于促进我国经济实现跨越式发展，有利于展示"负责任大国"的良好形象，有利于实现科学发展，有利于培育低碳文化，形成绿色生活方式。吴书雷（2014）认为，促进低碳经济发展，有利于我国更好地应对全球经济变化，发展我国的循环经济，缓解来自国际方面的气候压力。甘曦之（2016）认为，努力发展低碳经济有利于实现能源产业的转型发展，有利于开发新能源和清洁技术。彭红丽等（2017）提出，发展低碳经济有利于加快我国生态文明制度的建设，促进产业结构和经济发展，同时有利于我国经济进一步接轨世界经济。

3. 低碳经济与循环经济、绿色经济关系研究

杨春平（2009）认为，低碳经济与循环经济、绿色经济的目标是一致的，都是实现人与自然的和谐可持续发展，是可持续发展的一种经济方式。但是，低碳经济关注经济发展与气候变化的关系，目的是促进经济发展与气候变化的协调双赢。循环经济追求的是经济发展、资源节约循环利用和环境友好三位一体共赢。杨志和张洪国（2009）认为，低碳经济是应对气候变化的一种经济发展方式，主要通过改善能源结构、提高能源利用效率，以低消耗、低排放和高效率为特征，节能减排，减少温室气体排放，遏制气候变化。循环经济以减量化、再利用和再循环为资源配置原则，以资源的高效利用和循环利用为核心，运用生态学规律和经济规律，指导人类社会的生产方式，强调所有资源的利用效率，是一种新的生产方式。成思危（2014）提出，中国绿色经济的发展方向就是低碳经济、循环经济和生态经济，指出低碳经济的重点是提高能源利用效率，减少以二氧化碳为主的温室气体排放量来应对气候变化；循环经济的重点是提高资源的利用效率，充分利用好资源，提高资源的投入产出比；生态经济的重点是保护和改善生态环境。这三者是构成绿色经济的重要组成部分。王金南（2017）剖析了"绿水青山就是金山银山"的理论内涵，并从特色产业体系、生态环境体系、区域合作体系、制度创新体系、生态支付体系五个方面提

出了实现"绿水青山就是金山银山"的发展机制。

4. 国外发展低碳经济经验研究

2009年以后，关于西方国家低碳经济发展经验的研究较多。姜启亮和吴勇（2010）以美国、日本、欧盟为范本，介绍发达国家和地区低碳经济发展政策和经验，认为能源结构优化和能源转换是经济转型、发展低碳经济的关键。林朝阳（2011）归纳总结了日本发展低碳经济的三大法宝：战略、法规和技术。日本低碳经济发展战略是国家战略，在国家层面进行统筹规划；完善的低碳法规为低碳经济提供有力保障，并构建了低碳经济激励制度；重视低碳经济技术研发。王茜（2011）介绍了欧盟、英国、美国、日本等在低碳发展战略、激励低碳技术研发、制定并完善低碳法律框架、推行低碳产业结构、积极实施低碳财税政策等方面的成功经验。蓝虹（2013）认为，欧盟作为世界上向低碳经济转型较早的地区，采取政府直接投资、引导民间资本投入、金融大力支持、加大人力资源配置等措施，促进低碳技术创新和应用，实行低碳经济战略，提升了欧盟各国低碳经济领域的国际竞争力。刘玉来（2016）分析了支撑国外低碳经济发展的四大体系，分别是低碳经济规范体系、多元激励体系、国际合作体系和科技支撑体系，提出我国低碳经济发展必须重视低碳技术，树立低碳意识，提倡低碳生活方式。

5. 低碳经济实现路径研究

李旸（2010）认为，低碳经济的发展依赖于产业结构服务化调整，优化能源结构，降低矿物性能源消费比例。产业结构和能源结构的调整需要低碳经济政策法规的支持，更需要科技创新的支撑。侯军岐（2010）认为，采取何种模式促进我国低碳经济发展是非常重要的问题，根据低碳经济发展规律，我国可采取的模式主要有技术带动型、项目带动型、资本推动型等八种模式。文龙光等（2011）从低碳产业链的角度研究我国低碳经济的发展路径，认为构建并加速产业低碳化发展，推广低碳产业链，培育低碳产业绿色竞争力，是实现我国低碳经济发展的有效路径。唐跃军和黎德福（2010）认为，在全球气候变化的背景下，环境具有资本属性，是具有价值的资产，应基于环境资本理念构筑新的经济发展模式，发展低碳经济，将环境资本纳入生产要素中考虑，促使环境资本由经济增长的外生因素转化为内生因素，消除大气环境的负外部性。贾林娟（2014）认为，实现低碳经济的路径是能源结构优化减排、技术减排、管理节能减排和能源替代四个方面。王韶华（2013）认为，为实现发展低碳经济的目标，一方面应该适当降低GDP的增长率，转变经济发展方式，切实提高经济发展的质量和效益；另一方面，能源消耗结构的优化应在不影响社会经济正常发展的前提下，减少煤炭（去除发电用煤）的消费，发展清洁煤技术，提高煤炭用于发电的比例。周杰和李金叶（2015）认为，我国应借鉴发达国家低碳经济发展经验，推进中国低碳经济的跨越式发展。需要从以下几个方面努力：制定中国低碳能源发展战略规划，完善低碳法律法规体系，创新低碳政策，建立约束和激励机制，加大低碳技术研发，加强国际碳减排合作。徐莹莹等（2018）提出，企业选择开放式低碳技术创新模式的前提条件是当开放式低碳技术创新策略的竞争性收益大于投入成本且系统中选择该种模式的初始企业比例达到一定水平；企业技术吸收能力、开放式低碳技术创新成本和碳税征收强度对低碳经济背景下企业技术创新模式的选择均有重要的影响；为促进企业实施开放式低碳技术创新，政府决策应将碳税征收强度保持在合理范围内，同时重视信息化平台搭建助力企业间知识交流和共享，营造企业实施开放式低碳技术创新的良好环境。

（二）国内环境税研究现状

国内关于环境税的研究主要集中在环境税概念界定、环境税效应、低碳经济公共政策研究和环境税制度设计等方面。

1. 环境税效应研究

许多学者对环境税的双重红利效应进行了研究，其中通过CGE模型对双重红利进行论证的较为多见。武亚军和宣晓伟（2002）建立了一个静态的二氧化硫排放模型，分析征收环境税对我国经济的影响。通过研究认为，如果环境税收入的使用方式不同，那么实际GDP变化也有所不同，但是二者的方向一致。也就是说，如果征收环境税造成GDP遭受损失，则环境税双重红利效应也不存在。司言武（2010）利用一般均衡分析方法对环境税的经济效应进行了分析，他认为，环境税最优税率的水平应当低于庇古税水平；在次优税收理论架构下，环境税双重红利效应并不存在，在引入非同质假设条件后，环境税双重红利效应则有可能存在。童锦治和沈奕星（2011）利用CGE模型分析环境税优惠政策对社会产出、产品供应和社会福利状况的影响，考察环境税优惠政策的环保效应，认为长期内环境税税收优惠对社会福利影响不大，但是对环境税的生态保护效果会产生负面影响，因此，建议在设计环境税税收优惠政策时，政府要从社会福利和环境保护、能源使用等方面加以考虑，避免社会总福利的净损失。张景华（2012）利用实证分析，对环境税的双重红利效应作出了分析，他分别利用相关性检验、单位根检验和格兰杰因果检验，分析了环境税对GDP、污染度、就业率、失业率等变量的影响，认为我国已经基本确定了环境税的征收条件，同时指出，环境保护税"双重红利"假说为我国环境保护税制建立与完善提供了一种思路。根据我国国情，应将环境保护税的设计与整体税制改革结合起来，从而实现既有利于我国环境保护，又有利于整体税制改革和经济可持续发展的中国式的双赢效应。朱红琼（2014）分析了环境税的生态补偿效应，从供求弹性角度分析了环境税对经济效率的影响；从生态产品的同质性和同价性分析了对收入分配的影响，以及环境税负对不同收入者再分配的影响；从西方国家环境税的最初设置目的分析了环境税对就业的影响；从社会基本福利损失和税收的扭曲效应分析了环境税对社会福利的影响。由此指出，为充分发挥环境税制在进行生态补偿、生态环境保护等方面的重要作用，应基于环境税的各种生态补偿效应在不同的税制设计上的差异，科学合理设计环境税制。周志波（2016）等分析了小型开放经济下环境税的效应，他在一般均衡中假定小型开放经济中只存在一个代表性家庭和一个代表性企业，并且政府只对污染环境的中间投入品和消费品征收从量环境税，而对工资性收入征收从价税。他认为环境税的征收有利于环境质量的改善，但要付出代价；家庭环境税的征收存在收入效应和替代效应，但替代效应大于收入效应；企业环境税的征收也存在收入效应和替代效应，但替代效应小于收入效应；家庭环境税对就业和收入的影响较小，但企业环境税对就业和收入的影响较大；企业环境税在节能减排方面的效应比家庭环境税更为明显，但是付出的经济代价也比家庭环境税大得多。

2. 低碳经济公共财政政策研究

郭代模（2009）提出发展低碳经济的一些基本思路，认为财税政策应从六个方面支持低碳经济发展，包括调整财政支出结构、加大转移支付力度、完善政府采购制度、扩大环保产品采购、推进能源价格机制改革和建立健全环保税种。邓子基（2010）认为，我国公共财政支持、推进低碳经济应遵循四个基本原则：科学发展、可持续发展、社会和谐以及区域协调，配合预算科目设置、财政投资、转移支付、政府采购、收费与税收政策等构建低碳经济发展的公共财政政策。卢现祥和王宇（2012）认为，政府在促进低碳经济发展方面应发挥重要作用，财税政策是政府发挥作用所采取的重要政策工具之一，将环境成本纳入经济系统的价格体系中，通过财税政策促进源头低碳化，转变经济主体对能源的结构性依赖。葛察忠和任雅娟（2010）认为，低碳经济是我国经济社会可持续发展的必由之路，低碳经济发展过程中存在诸多市场失灵，探索构建低碳经济发展的财税政策，弥补市场机制不足，并从法律、行政、经济手段等方面构建全方位、多层次综合调控体系。财税手段作为国家宏观调控的重要工具，在引导节能减排、促进生产和消费模式转变上具有不可替代的作用。刘尚希等（2011）认为，发展中国家与发达国家发展低碳经济具有差别性，财税政策应立足本国国情，充分调动全社会积极性，将财税政策与其他政策配套使用，低碳经济财税政策应设有适当退出机制，避免造成公共资源浪费。由于我国地区经济发展不平衡，低碳经济的模式和特点各不相同，应给予地方政府一定操作空间，使地方政府能够制定适合本地区低碳经济发展的财税政策。采取渐进式税制改革方式，通过对现行税制生态化调整，适时开征独立环境税，支持低碳经济发展。周丽婷（2012）在分析我国发展低碳经济的时代背景和意义的基础上，提出为加快我国低碳经济的发展，需要创新公共政策，如创新能源安全政策，大力发展可再生能源；创新产业、财税政策，扩大低碳投资；创新公共参与政策，推进政策过程的民主化；创新人才政策，加强国际协商与合作。董岩辉（2014）分析了我国促进低碳经济发展的公共政策存在问题的主要成因是公共政策体系不够健全完善、公共政策执行的环境较为复杂、监督制约机制缺乏力度。因此，提出相应的公共政策，包括完善能源法律体系、完善税收优惠措施、完善财政投入制度、完善定价与采购制度、完善国际合作机制。王颀（2017）从发展阶段、资源结构和技术创新三个角度出发，分析当前我国低碳经济发展的实际情况，提出发展低碳经济，要做到健全法律体系、创新低碳技术、加快产业结构的调整升级，同时创新相关的低碳税收政策。

3. 发达国家低碳经济财税政策实践研究

邢丽（2010）对碳税的国际实践与国际影响进行了分析，认为碳税的国际制度差异以及碳税的国际政治影响，使各国碳税有效性受到影响，因而需要进行碳税的国际协调，消除碳税的税收利益冲突和国际影响。刘培林（2011）比较分析了国际社会提出的"行业技术标准""全球排放税"和"可交易排放许可"三种气候治理政策工具，认为"行业技术标准"类政策工具效果优于其他政策工具；"全球排放税"政策工具在排放的静态配置效率方面较"行业技术标准"具有一定优势，但是，在其他方面的优势并不突出；如果把历史排放纳入全球排放许可范畴并在国别间公平划分，且将所有国家都纳入该治理工具的适用范围内，"可交易排放许可"政策工具能够有效克服国别间的碳泄漏，在保证国别碳排放公平性前提下，促进排放的静态配置效率达到最优，有效促进减排技术的进步。罗小兰（2011）从欧洲环境税双重红利改革的角度介绍国外环境税进展，重点介绍了丹麦、荷兰、英国等国在实施环境税后的双重红利成效，以数据证明了环境税的双重红利效应。

4. 环境税实施方案的研究

王金南等（2005）提出了独立型环境税、融入型环境税和对现有税制进行生态化改良三种环境税方案及相应的实施建议。李齐云等（2007）在外部性理论基础上，从经济学的角度考察环境税的效率特性和次优情形下环境税的决定因素，认为环境税的课税范围应暂定为排放废水、废气、固体排放物的行为，税率应以环境效益优先，兼顾税收调节和收入分配职能，并将税收政策与其他环境税政策相互配合，协同发挥合力，保护资源环境。贾康（2008）认为，适应经济发展和保护环境的需要，按照简税制的要求，应开征独立的环境税，完善税收制度，建立与本国经济、社会相适应的环境税。计金标和高萍（2008）对我国环境税改革总体框架进行探讨，并对环境税主要制度要素进行了科学设计，认为环境税计税依据应当根据纳税人的生产规模及环境损害程度来确定，对难以确定排放量的污染行为，可以根据纳税人的生产能力及实际产量核定排放量。王金南（2015）等提出我国环境税收政策可以选择独立型环境税和融入型环境税两种方案。但是，融入型环境税方案受现有税制影响，难以将完整的环境成本内部化，同时，由于对环保目标的体现不明确，不利于形成明确的价格信号，难以充分发挥环境税的外部成本补偿、环境行为激励、优化资源配置等功能。因此，建议我国选择独立型环境税方案，逐步开征一系列以环境保护为明确目标的独立税种。同时，吸收融入型环境税方案的优点，在其他税种改革过程中充分考虑环保要求，实现我国整体税收体系的"绿色化"。

二、国际研究现状

国外分别研究低碳经济和环境税的文献较多，但是将二者结合起来，从低碳经济的角度研究税收问题的文献相对较少。

（一）低碳经济研究

1. 经济发展、人口与碳排放关系研究

研究成果主要集中在碳排放影响因素方面，分析经济发展、居民收入对碳排放的影响。埃利希（Ehrlich，1970）认为，影响二氧化碳排放的主要因素有经济发展水平、人口数量和技术进步等，碳排放是经济、社会、技术和人口因素综合作用的结果。罗摩内森（Ramanathan，2006）采用（data envelopment analysis，DEA）方法对 GDP、能源消耗、碳排放量之间的联系进行了分析。分析结果表明，能源效率指标各个阶段不稳定，并根据研究结论得到了碳排放量与能源消耗量的曲线图。约克和罗斯（York & Rosa，2003）利用 STIRPAT 模型，探讨二氧化碳与人口、城市化进程之间的关系，分析结果认为，人口变化与二氧化碳排放呈线性增长关系，二氧化碳排放增长的主要因素是人口增加，城市化进程对二氧化碳排放量增加影响较小。科尔（Cole，2003）认为，库兹涅茨曲线也适用于二氧化碳排放和经济发展之间的运行规律，二氧化碳排放随着经济发展水平呈现出先上升，到达一定峰值后，会出现转折点，呈现下降趋势，但是目前世界很多国家还没有达到库兹涅茨曲线的转折点。拉索特和萨瑞（Soyta & Sari，2000）利用 VAR 模型，对 GDP、能源消耗、二氧化碳排放量、劳动力和固定资本等变量作了研究，并以美国的能源消耗、GDP 与碳排放量数据作为样本，探讨各个变量之间的关系，认为碳排放主要是能源消耗所致，不是 GDP 增长所致。在这一结论的基础上，提出政府在制定减排政策时候，应该充分考虑将降低能源强度作为主要途径，提高可再生能源利用率，促进清洁能源的研发和推广运用。阿其科等（Kei Gomi et al，2007）对建立区域低碳社会进行了研究，他们认为区域发展应建立二氧化碳减排目标，制定二氧化碳排放的长期计划，通过温和的经济增长来实现目标和计划。

2. 碳排放行业分布研究

马泽里诺（Mazzarino，2000）采用比较静态方法（comparative static approach）和货币估值技术分析各个行业碳排放，研究结果显示，运输行业的碳排放量占整个总碳排放量的 1/3，运输业碳排放对温室气体总量的影响不可低估。同时，马泽里诺以 OECD 数据为样本，分析行业碳排放量，结论与模型模拟结果相同，发现运输行业的碳排放量在 OECD 国家中排在第一位。瑞安和奈地（Rehan & Nehdi，2005）对水泥行业碳排放进行了研究，认为水泥行业的温室气体及烟尘污染等对环境造成严重污染，其中碳排放应名列温室气体的

榜首。

（二）环境税制度安排研究

1. 环境税基础理论研究

环境税基础理论研究以外部性理论和公共产品为基础。环境税的制度安排缘起于马歇尔（Marshall）的"外部经济"理论，这是外部性理论发展过程中的第一个里程碑。马歇尔（1891）在《经济学原理》中提出"外部经济"概念，为环境税理论提供了理论准备。1954年，萨缪尔森提出公共物品思想，认为生态环境和资源具有"准公共产品"特征，为政府介入生态保护奠定了理论基础。英国经济学家庇古（Pigou，1932）提出，要使环境外部成本内部化，消除市场机制形成的边际私人成本与边际社会成本的背离，需要政府通过税收或财政补贴方式解决，庇古提出的以税收的手段解决环境问题，拓宽了税收的作用范围，这就是著名的"庇古税"。庇古是环境税思想的鼻祖，他提出的利用税收手段，解决外部不经济问题，成为环保税思想的第一个里程碑，此后环境税收思想不断丰富。

由于"庇古税"发挥作用需要许多假设条件，现实世界无法满足，为此，"庇古税"的继承人对庇古税思想进行了拓展。保莫和欧姿（Baumol & Oates，1971）提出了"环境标准定价法"。根据市场信息不对称的现实，保莫和欧姿认为，由政府制定一个污染排放标准，即政府制定环境质量标准，在可接受的环境标准范围内对税率进行合理调整。

2. 环境税影响研究

主要集中在环境税对经济、政府税收分配、居民收入及环境的影响等方面的探讨。后藤（Goto，1995）通过一般均衡模型分析了碳税对宏观经济和工业部门的影响。蔡（Chua，1992）在《21世纪议程》中提出，碳税是符合减缓全球变暖战略的有效经济手段之一，碳税可以提高化石能源的利用率、减少化石能源的使用量，而且各国政府可以根据本国的实际情况确定其税率水平来实现二氧化碳减排的目标。古尔德（Goulder，1994）等学者利用GGE模型对环境税进行了一般均衡分析，探讨最优环境税率的设定和效应，分析了环境税对劳动和资本税收负担转移的影响。弗洛罗斯和维拉（Floros & Vlachou，2005）利用成本函数，以希腊的有关数据为样本，分析了排放税对生产的影响。西西利（Lee，2008）分析了碳税和碳排放交易两种不同政策手段对工业部门的影响，研究结果显示，仅仅征收碳税对 GDP 具有负面影响，碳税的征收会导致 GDP 下降，如果碳税与碳排放交易相互配合，对 GDP 具有拉动作用。

3. 环境税双重红利效应研究

环境税的效应主要体现在"双重红利"方面。正式提出"双重红利"的概念是皮尔斯（Pierce，1991），他认为，环境税可以被用来减少现有的具有扭曲性的所得税和资本税，通过降低资本和劳动的税率，以较低成本或负福利成本获得环境收益，如果环境税率比较低，不高于劳动的税率，则环境税不但可以改善环境质量，而且能够促进就业，增加社会福利，环境税的"双重红利"效应减轻了政治家推行环境税的顾虑，也推动了环境税从理论研究逐步成为政府环境政策体系的组成部分。古尔德（Goulder，1995）将双重红利分为两部分，一是环境改善效应，二是收入循环效应。但是，古尔德的收入循环效应没有考虑现实的扭曲性税制。奥尔洛夫和格雷特（Orlov & Grethe，2012）研究发现，在俄罗斯用碳税代替劳动税可以实现"强式双重红利"，但是福利收益在很大程度上取决于劳动供给的弹性以及资本、劳动和能源之间的替代弹性。

三、研究现状述评

从国外研究文献看，对低碳经济内涵、特点、理论基础、实现途径及政策体系研究得较多。学者们对环境税的理论基础、环境税效益和环境税制度设计等进行了较为深入的探讨，尤其是对欧盟国家环境税实践效果的研究较为深入，许多学者根据欧盟环境税实践，依据 CGE 模型分析了环境税对经济、环境、社会等各方面的影响；也有的学者对不同环境税税种的作用、地位进行了探讨。总体而言，国外学者对低碳经济和环境税的研究比较深入，这是研究低碳经济视角下税收制度生态化改革的基础。但是，低碳经济缘起于全球气候变化，是基于节能减排、控制温室气体排放、以低碳为目标的经济转型，以此为背景的税制改革有其特殊的要求，国外研究以低碳经济为视角分析税制改革和税收制度生态化还有待进一步深入。另外，国外对环境税的改革和完善大多是基于发达国家立场，对发展中国家的实际情况考虑得较少，缺乏对发展中国家的指导作用。

国内关于低碳经济及环境税的研究起步较晚，研究方法大多是引用国外的理论和分析方法，研究发达国家发展低碳经济的经验及 OECD 国家环境税，而针对我国经济转型时期如何构建低碳经济政策体系，推进环境税制度建设，尤其是税收制度生态化改革的研究还有待进一步深入。

从上述分析可以看出，国内外学者在研究低碳经济过程中，已经关注了税收制度生态化对低碳经济的影响，在研究税制结构优化过程中，同时探讨了税制结构生态化问题，在理论研究、实证研究方面都取得了大量的成果，为本书研究提供了坚实的基础。国外关于税制结构生态化的研究大多是以发达国家经济发展过程中出现的经济、社会问题为背景，对税制结构优化的原则、目标、功能进行分析，并探讨了环境税在税制体系中的功能定位。国内研究主要集中在两个方面：一是合理架构间接税与直接税的关系；二是对优化税制结构过程中推行环境税的宏观战略进行粗线条阐述。

由此可以看出，国内外对税制结构优化较为深入，但对税制结构生态化的研究仍较为单薄，针对发展中国家税制结构生态化的研究更是少之又少。另外，现有研究多局限于财税学科，很少超越经济学范畴。本书从经济学、生态学和哲学等多学科、多维度系统研究我国税制结构生态化改革。

第三节　研究思路、内容、创新和不足

一、研究思路

首先，本书从税收制度生态化基础理论出发，通过对前人有关税收制度生态化的相关理论的梳理、归纳和总结，遵循创新、协调、绿色、开放、共享的发展理念，对传统的税收理论进行反思，从保护生态环境、追求美好幸福生活出发，提出对税收制度生态化的理解及对现代税收职能的认识。其次，从气候变化引起的经济低碳转型出发，分析促进低碳经济发展的环境政策体系，从中提出低碳经济与低碳税收的渐进融合，并对税收制度生态化效应进行深入分析。再次，选取欧盟、美国、日本等低碳经济和低碳税收政策较为完备的发达国家和地区作为样本，考察典型国家和地区税收制度生态化改革的实践，并观察其改革的特征和创新，以期为我国税收制度生态化改革提供有益的借鉴。最后，梳理我国已有的环境税费政策，分析环境税费改革的利弊得失，分析我国环境税费现状，并提出我国税收制度生态化改革的对策建议。

二、研究内容

本书以低碳经济的缘起为起点，分析经济转型时期促进低碳经济发展的税收制度生态化体系，分析低碳经济与税收制度生态化渐进融合的趋势，在总结典型国家环境税实践经验的基础上，梳理我国环境税费政策的利弊得失，阐述我国税收制度生态化改革的构想。具体内容如下。

第1章绪论。本章主要介绍本书的研究背景、意义、国内外研究现状及评析，研究内容和可能的创新及不足。

第2章税收制度生态化改革的理论基础。本章以税收制度生态化内涵为切入点，对税收制度、税制改革、环境税和税收职能的拓展进行概括性介绍，阐释税收制度生态化的经济学基础、法学基础和伦理学基础，并对有关税收制度生态化理论的前沿研究成果进行梳理，探寻税收制度生态化的理论基础。

第3章经济低碳化与税收制度生态化的融合。本章从对低碳经济的一般分析入手，阐释发展低碳经济的市场化手段、政府管制手段以及财政税收政策，通过对环境政策的梳理，反映低碳税收的产生和发展过程，分析在全球"碳政治"背景下税收制度生态化改革带来的政治博弈和经济博弈。

第4章低碳经济进程中税收制度生态化的国际经验。分析了欧盟、美国和日本税收制度生态化改革，总结了发达国家税收制度生态化改革的特征以及创新，为推进我国税收制度生态化改革提供有益经验。

第5章我国税收制度生态化进程。由于我国税收制度生态化最初是从排污收费发展起来的，因此，本章将环境收费和环境税有机衔接，考察我国税收制度生态化进程，展示我国环境税改革历史轨迹，而后分析我国环境税费现状，指出我国税收制度中存在的问题及原因。

第6章我国税收制度生态化改革的对策建议。分析了我国资源环境面临的窘境，彰显税收制度生态化改革的紧迫性，提出我国税制生态化的目标、原则、总体布局和具体举措，对我国税收制度生态化改革的模式、节奏和环境税制度要素设计进行了全面的阐述，为未来税制改革提出了建设性对策建议。

本书的探索性研究主要体现在提出我国税收制度帕累托改进的"收入中性"的构想，即税收负担在商品税、所得税和环境税的合理分配，构建商品税、所得税和环境税协调统一、功能合理、兼顾公平和效率原则的税制结构，从而形成有利于促进低碳经济发展的税收制度。

本书的主要观点为我国税制结构与经济低碳发展存在着不协调问题。其原因是在处理税收与经济、社会、环境的关系方面，税收杠杆的支点倾向于对经济的刺激，实现经济总量和税收总量"双增长"，相伴而生的是环境问题和社会问题的日益严重。目前，迫切需要适应低碳经济发展需要，有计划、分步骤地实施税制结构生态化改革。改革的效果如何，关键是看税收"收入中性"路径的选择。本书将致力于中国"收入中性"路径的探讨，研究税收负担在商品税、所得税和环境税之间的分配机理，对税收负担从商品税向所得税和环境税转移进行量化考量，利用一般均衡理论分析税制结构生态化改革对市场、商品供求以及税收收入的影响，提出有步骤、循序渐进推进税收制度生态化改革将提高环保产业和产品的竞争力，应大力发展低碳经济，实现经济、社会、环境的可持续发展，着力解决好经济、社会和环境发展不平衡不充分问题，大力提升发展质量和效益，更好满足人民在经济、政治、文化、社会、生态等方面日益增长的需要，更好推动人的全面发展、社会全面进步。

三、创新与不足

本书的创新主要体现在以下四个方面。

第一，多学科交叉研究税制改革问题。本书主要研究低碳经济视角下税制改革问题，但是，财税问题是国家治理的基础，它不仅仅是税收问题，而且关乎经济发展，关乎社会进步和政治稳定，是国家宏观调控的重要手段。因此，本书运用多学科理论基础，采用交叉分析的方法，将税收学、环境经济学、法学和哲学等有机融合在一起，为低碳经济视角下税制改革提供理论支撑，多方位、多维度对环境税及税收制度生态化改革进行研究，以期对"十四五"税制改革提供有益的参考意见。

第二，基于低碳经济视角研究税制改革问题。从国内外现有的研究成果看，对低碳经济或环境税改革分别进行的研究比较多，但是，在低碳经济视角下研究税制改革还需要进一步深入；另外，已有的研究大多针对发达国家和地区发展低碳经济和环境税改革，对发展中国家低碳经济条件下税制改革问题的研究较少，研究税收制度生态化改革的就更少。本书基于低碳经济视角研究我国税收制度生态化改革问题，选取的研究对象和视角是一个创新。

第三，拓宽和丰富了税收职能理论。本书在分析发达国家和地区经济低碳转型过程中税制改革时发现，各国在权衡保护国家产业竞争力、保护环境、减少财政赤字之间关系时，谨慎推进环境税，尽管各国税制改革异质性特征是主流，但是，存在一定共性，即税制改革融入了生态理念，各国税制改革生态化趋势日渐强化，税收的传统职能在经济社会发展过程中发挥着应有的作用，与此同时，税收制度生态化改革衍生了税收的现代职能——生态职能，从而拓展了税收职能理论。

第四，根据税收制度生态化改革对经济、社会和环境的影响，总结凝练了税收制度生态化改革对低碳经济的作用机制。征收环境税会导致生产者剩余减少和消费者剩余减少，增加政府税收收入，因此，会引导低碳生产和低碳消费，使政府治理环境资金较为丰裕，在此基础上，探讨了不同市场模式下税收制度生态化作用的机理。

由于自身理论水平所限，加上研究时间不够充足，本书的研究方法还有待进一步优化，研究内容也有待进一步丰富和提高。

第一，对欧盟、美国和日本税收制度生态化改革进行分析时，虽然尽可能采用统计分析方法，力图以数据事实展现研究对象的本质，但是，由受到对计量经济学方法的驾驭能力以及收集的数据资料的限制，定性分析多，定量分析尚需进一步深入。另外，由于我国开征独立的环境税时间较短，定量分析我国环境税效应的数据选取存在客观局限性，若以某个具有生态理念的税种分析环境税效应有些牵强附会，因此，环境税效应分析多停留在理论分析层面，这是我国环境税研究普遍存在的问题，本书也未能完全避免。

第二，本书的许多研究涉及不同学科，跨学科研究使得一些非本专业理论在税收制度改革中的运用尚需进一步深入，可能在研究深度和广度存在一定局限性，有待于今后加以完善。

第2章

税收制度生态化改革的理论基础

第一节　相关概念的界定及内涵

一、税收制度与税制改革

税收是伴随着经济发展、社会进步而出现的一个古老的财政范畴，经历了萌芽、定型到完善的发展过程，税收的发展历史反映了人类社会的经济发展史。在税收发展演进过程中，人们对税收的认识不断深入，对税收的运用日益广泛，税收在经济、社会中发挥的作用也有所区别。在十六、十七世纪资本主义原始积累时期，重商主义在欧洲流行，税收被认为是在个人财产平等的基础上，为了从政府提供的服务中得到利益而支付的一种代价。到了资本主义自由经济时代，税收成为维持国家机器运转的主要经费来源。19世纪末期，社会改革学派兴起，他们认为，税收不仅为国家机器提供经费，而且要"参与政治"，为缓和阶级斗争服务。20世纪30年代，凯恩斯学派兴起，该学派认为，税收不仅要"参与政治"，为国家机器运转提供经费，缩小贫富差距，而且要"参与经济"，为调节资源配置、稳定经济服务。继凯恩斯研究以后，各学术流派如供给学派、货币主义学派等也纷纷研究经济发展过程中税收的效应问题。

（一）税收与税收制度

由于要稳固政权，建立维护政权稳定的公共权力。税收自古以来就与国家、政权具有紧密联系。恩格斯曾指出："为了维护这种公共权力，就需要公民缴纳费用——捐税。"[①]因此，税收伴随着国家的产生而产生，没有税收，国家和政权就没有存在的物质基础和保障。

从我国漫长的社会发展历程看，早在 2000 多年前的夏朝，就已经出现税收的萌芽。《孟子·滕文公上》记载："夏后氏五十而贡，殷人七十而助，周人百亩而彻，其实皆什一也。""贡""助""彻"就是指夏、商、周的租税制度，是税收的雏形，是以土地为基本载体的赋税制度。春秋初期，出现了"税"。按照中国文字构成看，"税"是典型的合成字，由"禾"与"兑"构成。"禾"是指农产品，"兑"是送达的意思。从字面上看，即送达农产品以为"税"，充分反映了我国漫长的封建社会对赋税制度的深刻影响。在封建社会，土地是基本的生产资料，社会产品主要是农产品，税收的表现形式也是农产品。税收发展史上著名的"初税亩"便在这一时期出现。

春秋时期，农业生产力水平提高，大量的荒地被开垦后，隐瞒在私人手中，成为"私田"。同时，贵族之间通过转让、巧取豪夺以及封赏等不同途径形成的"私田"大幅度增加。实行"初税亩"之前，"私田"不向国家纳税，因此税收收入占全部农业产量的比重不断下降。为了增加收入，公元前594年，鲁国规定无论公田、私田，一律按田亩收税。其后，包括楚国、郑国、晋国在内的许多国家陆续效仿，推行"税亩"制。鲁国推行"初税亩"后，实质上等于从法律的角度肯定了土地的私有制，国家凭借政治权力向土地所有者征收税赋，也就是说，初税亩更接近于现代的税收，初税亩是我国农业税的初始起点。"初税亩"不仅是税收发展史的一次改革，同时，也推动了社会生产关系变革，在某种程度上体现了劳动者的利益要求，是经济规律作用的结果。

西方国家对税收的研究要比我国更早、更深入。瓦格纳认为，税收是对公共团体事务的一般报偿，根据一般的原则和标准，按照公共团体单方所规定的方法，以及公共团体为满足财政上的需要，以其主权为基础，强制对个人征收的赋税。瓦格纳认为，税收的内涵应包括国家征税的原则、标准、目的、依据

[①] 中共中央马克思恩格斯列宁斯大林著作编译局.马克思恩格斯选集（第4卷）[M].北京：人民出版社，1972：167.

以及特征等。亚当·斯密认为，税基由三部分构成：地租、利润和工资，税收也相应分为地租税、利润税和工资税三个系列。一般而言，劳动者创造的剩余价值形成了地租税和利润税。马克思认为，税收是国家参与剩余产品或剩余价值分配的经济形式，是政府机器存在的经济基础，是社会的公共成本和社会生产费用。

尽管不同学派的税收思想不同，税收的定义也各有特点，但总结起来看，其核心并未发生很大的变化。税收是依据国家的政治权力，为了满足社会公共需要，按法律规定的标准，对部分社会经济资源进行的强制性、无偿性的分配。税种的设置、税制结构的架构以及主体税种的选择，反映了不同历史时期政治和经济需要，是一种分配关系和社会关系。

税收是各国财政收入的主要形式，必须通过制度约束，才能得以实施并发挥作用。税收制度是一个国家或地区在一定的历史时期，根据本国经济、社会和政治的具体情况，以法律法规的形式，约束国家与纳税人之间在征税与纳税方面各自权利与义务的法律法规的总称。一个主权国家，通过确立税收制度，约束征收主体要依法治税，约束纳税人要依法纳税，并享有一定的权利。一般而言，税收制度由三个层面构成：一是由税制要素构成的税种，是税收实体法的基本内容；二是由各个税种集合形成的税制结构，是一个国家税收体系的架构；三是与税收实体法匹配的税收程序法，解决如何依法征税的问题。

（二）税制改革

税制改革是通过税制的调整或重新设计，完善各个实体税种，通过税制结构的边际改变，提高税收效率，增进社会福利的过程。一般而言，税制改革要有其经济背景、政治背景以及社会背景，由于税制改革背景不同，改革的原则、目标、内容、形式、步骤会有很大的差别。总体而言，有另起炉灶式的"激进型"改革，也有和缓式的"渐进型"改革；从内容上看，既有征收范围和税率的调整、起征点或免征额的升降等实体税种构成要素的变化，也有新税种的出台和旧税种的废弃。

在不同的历史时期，由于所面临的经济、社会以及环境问题各异，税制变迁的诱致性因素各不相同，导致税制改革的目标、内容和要求有着很大的差异。从历史的角度看，主体税种的历史变迁遵循了主导产业决定主体税种的规律。

人类社会经历了农业社会、工业社会和现代社会，与此相适应的世界税制改革在主体税种选择方面，经历了由古老的土地税或人头税为主体的直接税制向以销售税为主体的商品税制，进而向以所得税为主体的现代直接税制演变。在主体税种变迁的历史过程中，产业部门成为主体税种决定因素，不同时期主体税种的选择取决于当时的主导产业。以土地为主要生产资料、农产品为主要社会产品、以农业为主导产业的客观经济基础，决定了封建社会只有农业税才能成为国家主体税种。随着工业社会的发展，第二产业逐步替代第一产业而成为主导产业，国内贸易和对外贸易得到突飞猛进发展，商品流通的范围、规模不断扩大，决定了税制改革要适应经济发展的需要，商品税替代农业税成为主体税种。进入后工业时代后，在物质财富不断增长的同时，各国面临着各种社会矛盾，社会系统不仅关注效率，同时，民众对公平的期待和需求日益增强，推动了以所得税为主体的现代税收制度改革。

由于各国税收制度均采用复合税制，需要主体税种和辅助税种的相互协调、相互补充，形成结构合理、功能齐全的税制体系。辅助税种的选择更多地反映不同历史时期、不同社会环境和政治环境的需求，因此，辅助税种更是多种多样。

20世纪70年代以后，工业化带来的环境问题日益受到各国民众重视，各国的民间组织尤其是以保护环境为主旨的绿党等民间组织不断出现，推动政府开始重视环境问题。各国政府在税制改革时融入了生态理念，各国税制改革呈现了生态化趋势，促使税收制度生态化改革。

二、环境税与税收职能的拓展

（一）环境税的相关概念

世界经济经过传统的农耕经济、工业经济、知识经济时代，生产力大幅度提高，物质产品不断丰富，人类在经济领域取得了巨大成功，满足了人类的物质需求。当然，经济的飞速发展使得经济对能源的依赖越来越大。能源的大量消费，促使温室气体排放不断增加，造成气候异常变化，影响了经济的长远发展，而且也威胁人类的生存。控制温室气体排放，保护环境，保持地球生态平衡，实现人与自然良性循环成为公众关注的问题。

进入20世纪90年代以来，基于控制温室气体排放的需要，各国政府纷纷大力发展低碳经济，低碳产业成为新兴产业。低碳经济是系统工程，它涉及多个领域，需要国家政策的引导。在这种背景下，环境税跳出了单纯的理论研究，成为各国主要的宏观经济政策工具，在保护环境、减少污染、节能减排等方面的运用日益灵活，理论界对环境税的研究也日益深入。

从环境税的研究脉络和各国政府对环境税的运用方面看，与温室气体排放相关的税收名词很多，有的将其称为绿色税收，有的将其称为环境税或排放税等。至今国际上对环境税没有一个统一公认的定义，具有代表性的观点有以下几种。

（1）排放税，是指对二氧化碳及其他温室气体排放物而征收的税种，是以环境保护为目的，希望通过征收排放税削减温室气体排放，减缓全球气候变暖。

（2）绿色税收，是为了实现保护环境和可持续发展目标，筹集环保资金，对破坏环境的行为进行调节而征收的税。

（3）环境税，是指一切反污染的政策框架中的税收，其核心是使污染者支付与其污染行为的规模相适应的价格。环境税是政府为了合理有效地开采和利用自然资源，保护生态环境，依据税收法律法规的有关规定，对单位和个人无偿地、强制地取得财政收入所发生的一种形式，体现了以国家为主体，采用税收手段保护资源和环境，充分发挥税收的宏观税收调控职能的意图。环境税收是一种既重经济效益又兼顾公平的环境经济政策手段（张中辉，2001），是国家为了限制环境污染的范围、程度而向导致环境污染的经济主体征收的特别税种（丛选功和张毅文，2001）。

环境税是一个集合概念，是将环境污染、生态破坏以及环境补偿的社会成本，内化到私人生产过程中，形成私人生产成本的组成部分，在市场交易中，通过价格分配环境资源的一种经济手段。从深层次讲，环境税从环境、经济、社会三维发展角度，研究税收在生态环境保护以及生态与经济的协调发展过程中的作用，通过税制本身"绿化"，实现经济、社会、环境的可持续发展。环境税并不是一个法律术语，只是作为代名词，即指一切有益于资源利用，有益于环境保护与生态建设，能够减少或者杜绝环境污染的各种税费的形象表述（侯作前，2003）。

通过上述阐述可以看出，国内外研究者从不同角度、不同侧面对环境税进行研究，对环境税的名称、概念和内涵的认识并不统一，从内涵看，主要可分为三种。

狭义的环境税仅指意在控制环境污染的税收，即国家为了限制环境污染的数量、浓度、范围、程度，对向自然界排放污染物的行为而征收的税种，是一种特定的税收。

中义的环境税收的范围有所扩大，包括自然资源税和环境污染税。即对自然开发利用环境资源（包括自然资源、环境容量资源）的单位和个人，根据其在生产经营过程中对环境资源的开发、利用强度以及对环境污染破坏程度而征收的一种税收，也就是说，中义的环境税收主要包括自然资源税和环境容量税或环境污染税。

广义的环境税收是指税收体系中所有与资源利用和环境保护有关的各种税收的总称，包括资源税和环境税等。

（二）税收制度生态化

环境税与税收制度生态化有着密切的联系，同时也存在着一定的差别。税收制度生态化是一个集合概念，它包括税制体系、税制结构以及税制要素三个方面的生态化。第一，由能够充分反映生态化和低碳化要求的税制要素构成的环境税种，实现要素生态化。第二，由不同的环境税种构成生态化税制结构。税制体系包括传统的销售税、所得税、财产税以及社会保障税，还包括环境税。税收在合理节约利用资源、保护环境、防止污染，促进低碳经济发展中发挥着应有的作用，税制结构生态化要求环境税在税制体系中应占有一定位置，尽管环境税无法取代所得税和销售税成为最重要的主体税种，但也不应该只作为一个补充存在于税制体系中，而应是不可或缺的组成部分，作为促进经济转型和发展低碳经济的主要手段存在。第三，从税制体系看，各个税种相互配合、合理分工，实现税制体系优化和生态化。

环境税是税收制度生态化的主要内容，税收制度生态化主要通过环境税体现，税收制度生态化是环境税不断发展完善的结果。

（三）税收的生态职能

众所周知，税收的三个传统职能分别是财政职能、调节职能和监督职能。这三个职能在经济发展、社会进步中发挥了积极的作用。但环境问题逐渐触目惊心，人们开始重视税收的生态职能。

1. 生态职能

经济快速增长带来的日益严重的环境问题影响了经济、社会和环境发展，从而提出产业结构调整和优化，发展低碳经济的需求，同时也对税制改革提出了生态化要求。在税收制度改革过程中，各个税种的制度要素设计融入生态化理念，并设立独立环境税，环境税成为税制体系的组成部分，税收制度生态化改革塑造了税收的生态职能，税收职能得以拓展。

2. 财政职能

财政职能是税收的最基本职能，组织税收收入，满足国家公共需求，是税收的核心功能。只要有国家，就需要税收，税收都是国家运行的经费来源，是提供公共产品的成本补偿。从世界范围看，无论是发达国家还是发展中国家，财政收入大部分来自税收收入。"赋税是喂养政府的奶娘"，马克思的名言形象地阐释了税收的基本职能。

3. 调节职能

调节职能也称稳定职能或经济职能，它是税收的重要职能。税收调节职能主要体现在以下几个方面。

调节国内经济总量平衡，发挥稳定经济的功能。在市场机制充分发育和市场功能比较健全时，市场机制可以实现帕累托最优，保证经济总供给和总需求的大体均衡，此时，市场机制具有自我稳定功能，无须税收调节。但是，市场机制并不是永远有效，若出现市场失灵，市场机制缺乏及时调整经济行为的动力和能力，税收作为主要的经济杠杆，应发挥稳定职能，促进市场趋于供需平衡和经济总量稳定。

税收对社会总供给与总需求的调节主要是通过税收的内在稳定机制和相机抉择的税收政策发挥作用。税收的"内在稳定器"功能主要体现在所得课税制度上，通过科学合理设置所得税累进税率发挥调节功能，边际税率越高，累进程度越大，税收对经济过热的抑制作用很强；反之，在经济衰退及萧条时期，会刺激经济复苏。由于"内在稳定器"是税收制度稳定的前提，通过所得税自有的稳定功能发挥作用，以"不变应万变"，它只能使经济波动减缓，而无法熨平经济的周期振动，因此，在经济发生质的变化时，要启动"相机抉择"机制。"相机抉择"是根据不同的经济形势，运用税收政策有意识地调整、消除或减缓经济波动。当经济衰退时，政府应当执行扩张性税收政策，实行减税。当经济高涨时，政府应当执行紧缩性的税收政策，通过提高税率、开征新的税种、扩大税基等增税政策，抑制消费和投资，从而抑制总需求，使税收"逆经济风向行事"，有效调节经济，使之平稳运行。

调节经济结构平衡，发挥资源配置功能。市场机制发挥作用的前提是完全竞争的市场，但是，完全竞争的市场是一个美好的愿景，在现实经济生活中基本不存在，从而使市场机制不能在任何领域、任何情形下均发挥有效作用。此时，需要政府"看得见的手"配合市场"看不见的手"，有意识地利用课税手段对市场配置进行调整和干预，以形成课税的最大福利收益，提高和改善整个社会资源配置效率。

调节个人收入差距，发挥税收的分配功能。在市场基础上的初次收入和财富再分配往往带来过大的差距，这种差距经过时间的累积，超过社会价值所能认可的程度，会带来社会不稳定因素，引发严重的社会问题。因此需要政府运用宏观调控手段来缓解贫富悬殊，使分配趋于公平。其中税收是主要的调控手段之一，税收的分配功能通常通过个人所得税、财产税以及遗产税等实现。根据纳税能力确定不同群体的税收负担，所得和财产多的多负担税收，反之则少负担税收，没有纳税能力的不纳税，并通过财政转移支付使贫穷的人群得到救济，缓解社会矛盾，实现社会和谐稳定。通过遗产税解决财富代际转移的不公。

4. 监督职能

税收的监督职能是依法征税、依法治税的派生职能。国家在征税过程中，必然会与各类纳税人和各类经济实体建立征纳关系，了解和掌握各类经济实体和纳税人的经营情况，在日常财务管理基础上，会发现问题，监督纳税人依法纳税，并对纳税人的经济活动产生监督作用，维护社会生活秩序。

第二节　经济学相关理论

税收发展的初始阶段，生态理念未进入税收范畴，税收未在环境保护、节能减排、促进低碳经济发展等领域发挥作用。但是，伴随经济快速发展，碳排放大量超标带来的环境问题日益突出，经济和社会发展以低碳化形式推进成为必然，为此，经济学、法学、哲学等不同门类的学科分别从不同角度开始研究保护环境、控制污染的手段。这些研究为税收制度生态化改革奠定了坚实的理论基础。

一、外部性理论

从马歇尔的"外部经济"理论、庇古税理论、可持续发展理论，到萨缪尔森的公共物品理论、产权交易理论，再到鲍尔丁的"宇宙飞船理论"等经济学理论为税收制度生态化改革奠定了坚实的经济学理论基础。

（一）马歇尔的"外部经济"理论

外部性理论起源于英国"剑桥学派"的创始人马歇尔的"外部经济"理论，这是外部性理论发展过程中的第一个里程碑。马歇尔并没有明确提出外部性这一概念，但是，外部性概念源于马歇尔1890年发表的《经济学原理》中提出的"外部经济"。外部经济是指当整个产业的产量（因企业数量的增加）扩大时（企业外部的因素），该产业各个企业的平均生产成本下降，因而有时也称为外部规模经济或范围经济。当一个国家某个产业的累积产量扩大时，该产业各企业的平均成本下降，通常被称为动态的外部经济。

马歇尔认为，外部经济包括三种类型：市场规模扩大，提高中间投入品规模和劳动力市场供应，信息交换和技术扩散。前两者称为金钱的外部性，后者被称为技术的外部性（也称"纯"外部经济）。

马歇尔认为，传统的生产要素包括土地、劳动和资本，除此之外，还有第四类生产要素是不可或缺却被忽视的，这一要素对产量变化起着重要作用，该要素就是"工业组织"，包括分工、机器设备的改良、产业的相对集中、规模生产以及企业管理等。第四类要素对产量增加的影响是通过"内部经济"和"外部经济"实现的。马歇尔曾指出："我们可把因任何一种货物的生产规模之扩大而发生的经济分为两类：第一类是有赖于工业的一般发达的经济；第二类是有赖于从事工业的个别企业的资源、组织和效率的经济。我们称前者为外部经济，后者为内部经济。""换言之，我们可以概括地说，自然在生产上所起的作用表现出报酬递减的倾向，而人类所起的作用则表现出报酬递增的倾向。报酬递减规律说明：劳动和资本的增加，一般导致组织的改进，而组织的改进增加劳动和资本的使用效率。"由此可以看出，马歇尔把企业内分工而带来的效率提高称作是内部经济，把企业间分工而导致的效率提高称作是外部经济（马歇尔，1981）。

从上面的分析看出，马歇尔以企业自身发展为问题研究的中心，从内部和外部两个方面考察影响企业成本变化的各种因素。

外部经济提出后，许多学者从多角度进行了研究，包括外部性产生的根源、存在的领域、外部性的方向以及外部性的影响效果等。但各流派对外部性的定义却没有统一。萨缪尔森认为，外部性是指企业或个人向市场之外的其他人所强加的成本或收益。当私人成本或收益不等于社会成本或收益时，就会产生外部性。外部性的主要类型有外部经济和外部不经济。外部经济也称正外部性，是指某人或某企业的经济活动会给社会上其他成员带来好处，但该人或者该企业却不能由此得到补偿。外部不经济也称负外部性，是指某人或者某企业的经济活动会给社会上其他人带来损害，但该人或该企业却不必为这种损害进行补偿。

外部性产生的根源是没有对外部性经济活动的产权进行明确的界定，从而产生了私人成本或收益的"溢出"，而这种"溢出"不需要按照市场规律要求付出或得到应有的价格补偿，而出现"搭便车"现象。正如奈特所指出，如果财产由私人所有，并索要竞争性价格，就不会产生外部性问题。

马歇尔考察的外部经济是外部因素对本企业的影响，那么，本企业的行为如何会影响其他的企业的成本与收益，这一问题是由著名的经济学家庇古来完成的。

（二）外部性理论在税收领域的应用

1. 庇古对外部性的阐释

庇古在其著作《福利经济学》中首次用现代经济学的方法，从福利经济学的角度系统地研究了外部性问题。庇古通过分析边际私人净产值与边际社会净产值背离阐释外部性。他指出，边际私人净产值是指个别企业在生产中追加一个单位生产要素所获得的产值，边际社会净产值是指从全社会来看，在生产中追加一个单位生产要素所增加的产值。他认为，如果每一种生产要素在生产中的边际私人净产值与边际社会净产值相等，它在各生产用途的边际社会净产值都相等，而产品价格等于边际成本时，就意味着资源配置达到最佳状态。边际私人净产值与边际社会净产值之间存在下列关系：如果在边际私人净产值之外，其他人还得到利益，那么，边际社会净产值就大于边际私人净产值；反之，如果其他人受到损失，那么，边际社会净产值就小于边际私人净产值。庇古把生产者的某种生产活动带给社会的有利影响，叫作"边际社会收益"；把生产者的某种生产活动带给社会的不利影响，叫作"边际社会成本"（庇古，1999）。实际上，外部性就是边际私人成本与边际社会成本、边际私人收益与边际社会收益的不一致。存在外部经济效应时，纯粹个人主义机制不能实现社会资源的帕累托最优配置。古典经济学从市场秩序的角度分析国家职能认为，将政府仅仅作为"守夜人"存在逻辑弱点，现实中存在的"外部性"问题是市场本身无法克服的内在缺陷，是市场有效运行的一种威胁。"如果说政府不干预的全部根据在于市场的完美秩序，那么市场缺陷就成为政府干预的有力证据"（胡代光，1998）。资源的有效配置需要借助政府的力量。

2. 庇古税

在边际私人收益与边际社会收益、边际私人成本与边际社会成本背离的情况下，依靠自由竞争是不可能达到社会福利最大的，需要由政府通过征税或者补贴矫正经济当事人的私人成本。这种纠正外部性的方法被后人称之为庇古税（Pigovian tax）方案。

庇古税的基本原理是基于市场机制，即庇古税作为私人厂商的税收费用，私人厂商在安排经营活动时，必然要从其自身利益出发，对保持现有污染水平所要支付的税收与减少污染少缴纳的税收进行比较，如果市场主体是理性的，则生产者的选择将符合国家保护环境的需要，降低环境税费用，达到污染控制的社会总成本最小化。庇古税的这种特点被称为最小成本特征（Baumol & Oates，1988）。

3. 庇古税思想的发展与实践

庇古税与其他环境政策相比，具有静态效益和动态效益。静态效益是指在静态条件下，只要存在污染就要被征税，这会以税收成本的形式给生产者提供减少污染的刺激；动态效益是指私人厂商通过技术进步、技术革新以及高新技术的运用可以达到减少污染的效果。

庇古税理论作为一个完美的政策工具，曾经是解决经济外部性的主流理论，但是，庇古税发挥作用需要以下前提：第一，厂商是理性的经济人，即作为污染者的厂商追求的是自身经济利益的最大化；第二，市场充分竞争，即不存在垄断性问题，每个污染者都只能是价格接受者；第三，污染外部成本与污染者的生产水平相关；第四，信息对称，即不存在信息不对称问题，不存在信息费用。

上述四项前提要求政府能够掌握相关的成本和收益的完全信息，但是，现实中很难满足这些条件，因此，庇古税只是理论上探讨，在税收制度建设过程中未得到推广。尽管如此，庇古试图运用税收手段解决碳排放等环境污染问题的思想，为环境税奠定了理论基础。

为了使庇古税思想在实践中得以实施，随后的研究者以庇古税基本思想为基础，提出具有可操作性的收费制度，代表人物巴罗（Robert J. Barro）认为，市场必然存在信息不对称问题，在信息不完全的情况下，法律性收费及标准化收费法可以避免庇古税实施过程中由于边际污染成本难以确定，使税率制定陷入无所适从或不切合实际的尴尬境地。

法律性收费及标准化收费法一方面能够体现庇古税的基本思想，同时也不需要更为详细的资料，操作层面更多关注的是厂商的投入和产出，政府可以根据私人厂商生产过程或生产技术产生的外部性，确定不同的费用率，引导私人厂商的经济行为，这种做法同样会发挥庇古税的动态效应，刺激污染者寻找有效的环境技术，达到控制污染、保护环境的目的，而且该方法具有最低成本的经济效益。

补贴和抵押退款制度是庇古税理论运用和发展的又一个途径。在政府不能提供公共产品时，补贴生产企业可以扩大公共物品的生产，补贴对象主要包括生产生态产品的经济主体。补贴的缺陷是可能使污染受到鼓励，不利于治污技术提高，有悖于生态道德伦理。押金退款制度是对可能引起污染的产品征收押金，当产品回收时退还押金的一种手段。押金退款制度的优点在于兼顾了经济效益和环境效益，可减少有毒物质进入环境，对公众具有环境教育意义。其缺陷是需设置足够高的押金额度以刺激消费者退还的积极性，需要建立健全回收渠道，保证废物收集利用等。上述手段各有优势，只有税收手段具备规范性较强的特征，因此，环境税改革为各国家政府普遍接受。

4. 庇古税与传统方法的兼容

税收的主要功能是财政功能，可称之为收入型税收。收入型税收的思想来源可追溯到亚当·斯密，他认为税收是政府依据一般规定的强制征收，目的是为国家提供稳定的财政收入。税收与政府所提供的服务之间不遵从等价交换原则。庇古税理论主要功能是通过外部效应内部化实现生态保护功能，可称之为生态型税收。如果将生态保护目的融入收入型税收，需要考虑国家财力，适度强化生态功能，但收入功能不会被替代，这与环境税的"双重红利"理论内涵相吻合。

（三）科斯定理：庇古税的扬弃

按照庇古的思想，由于污染者的排污行为对他人造成了损害，因此，要对污染排放者征收污染税，拓展了税收的调控范围。但是，科斯在1960年发表的《社会成本问题》中，对庇古税的合理性和必要性提出了质疑。在科斯看来，污染者和被污染者之间的损害具有相互性，为了避免损害被污染者，反过来会损害污染者，这种做法是值得商榷的，真正的问题不是如何阻止污染者，而是要在准许污染者损害被污染者，还是准许被污染者损害污染者之间作出权衡，防止避重就轻，防止或避免更为严重的损害。为此，科斯提出了产权交易和交易成本，科斯认为，适当界定产权，产权清晰后可以通过交易成本的选择和私人谈判，实现外部性内部化。产权是一个权利束，包括了接近权、收益权、管理权、排他权和转让权。"产权是一个社会所强制实施的选择一种经济物品的使用权利。"产权是人们在资源稀缺的条件下使用资源的规则。产权与资源的稀缺性联系在一起，并伴随着外部性的产生而产生，产权反映了人们围绕资源使用时的责、权、利关系。产权就其实施群体范围而言，可以区分为四个层次：私人的、集体的、政府的、公开的。私人产权是由单一个体实施的产权，集体产权是由某个特定团体实施的产权，当团体是一个政治实体时，这种权利称为政府产权，当团体是"所有来者"时，这种产权称为"公开产权"。产权有许多功能，最重要的是它为资源所有者有效利用资源提供了激励。从由于环境资源的产权没有得到明确界定，或者虽然有明确规定但无法有效实施，从而产生了环境问题。由此可以看出，科斯定理强调明晰的产权对资源配置效率的重要性。

科斯认为，如果产权确定是明晰的，且交易成本为零，则污染者与被污染者之间通过双方自愿协商，外部性产生的社会成本就会被纳入交易当事人的成本函数，通过市场机制达到资源最佳配置结果，无须任何形式的政府干预。在协商过程中，需要政府作为的事情只是适当地界定产权，无须对微观主体的生产进行干涉，私人交易完全可以克服外部性造成的效率损失。因此，如果交易费用为零，在产权界定清晰的情况下，作为理性的私人主体产生，外溢成本和收益是其必须考虑的内部经营因素，环境外部性的社会成本问题不复存在，解决外部性问题自然不需要庇古税，自愿协商同样可以达到最优污染水平，可以实现和庇古税一样的效果。

当然，现实生活也无法满足严格意义上科斯定理需要的前提条件，为此，科斯针对交易成本无处不在的事实，进一步提出解决外部性问题的手段，即要根据成本—收益的总体比较。显然，科斯已经站在了巨人——庇古的肩膀之上，是对庇古理论的一种扬弃。

（四）排污权交易理论：科斯定理的延伸

排污权交易的理论基础源自科斯定理。1968年，戴尔斯（Dales）进一步发展了科斯的理论，将产权概念引入污染控制领域，首次提出排污权交易的概念。排污权交易是指在一定区域内，在污染物排放总量不超过允许排放量的前提下，各污染源之间通过交换的方式相互调剂排污量，从而达到控制排污量、保护环境的目的。即实行总量控制，内部调剂。其核心载体是排污权，就是建立合法的污染物排放权利，运行方式是排污权的流通，这种权利通常以排污许可证的形式表现。在市场上，排污权与其他商品一样被买入和卖出，以此来进行污染物的排放控制。政府是该商品的所有者，政府可在专家的帮助下，把污染物分割成一些标准的单位（也就是排污权），污染者可以一定价格购买这种权力，取得排污许可证，由于新增排污权不得不付出代价，其支出的费用实质上是环境污染的代价。排污权交易制度的意义在于它可使企业为自身利益提高治污的积极性，使污染总量控制目标真正得以实现，这样治污就从政府的强制行为变为企业自觉的市场行为，其交易也从政府与企业行政交易变成市场的经济交易，供求规律在排污权市场发挥作用，促使排污权交易市场达到最佳配置。

二、公共产品理论

公共产品理论是公共经济学中一个重要范畴，现代西方公共经济学的核心理论是公共产品理论，即对财政收入和公共支出的分析基本上是围绕着公共产品的生产和提供展开的。

（一）公共产品理论产生的背景

根据西方经济学理论，由于市场机制需要一定的条件，如果条件不能满足，将出现"市场失灵"，市场机制使某些领域难以达到"帕累托最优"。如环境、国防等公共产品在私人部门无法或不能有效地通过市场提供，从而出现了"免费搭车者"，即公共产品生产存在"外部性"，无法遵循市场规律进行产品成本核算，无法按照市场等价交换的原则定价，市场自由交易可以实现私人物品的有效生产，但在公共产品领域，市场机制出现了失灵，难以实现全体社会成员的公共利益最大化，这是市场机制本身难以解决的难题，需要政府来出面提供公共产品或劳务，满足私人厂商无法提供的公共产品，弥补"市场缺陷"。

（二）公共产品理论的发展轨迹

从公共产品的研究轨迹看，公共产品思想萌芽于18世纪，由英国集哲学家、历史学家、经济学家于一身的大卫·休谟提出，其主要思想反映在他的著作《人性论》一书中。他指出，两个邻人可以达成协议，共同在一片草地上排水，但在一千人之间却难以达成同样的协议，因为每个人都企图坐享其成，诸如桥梁、海港、城墙和运河的建造，舰队的装备和军队的训练等，都应由政府出面去做（休谟，1980）。休谟从人性的角度分析公共产品存在的必要性，他认为，人类本能存在着自私、褊狭心理，而公共产品又具有外部性、非排他性，人类的心理不可避免导致"公共墓地"现象。而国家提供公共产品，能够"在某种程度上免去人类所有的这些缺点"，解决"搭便车"问题。

英国古典政治经济学的主要代表人物之一亚当·斯密在其代表作《国富论》中正式谈到了公共产品。他认为，政府有"设立并维持某些公共工程和公共机关的义务，这类事业是不可能为了个人或少数人的利益而设立或维持的；因为所得的利润不能补偿个人或少数人的所费，尽管这对社会说来是足够补偿而有余的"（亚当·斯密，1974）。科斯信奉市场机制，他运用实证的方法，证明政府生产的公共产品，在实际中被私人大量地提供着，为大量公共产品的私人生产的信奉者提供了信心，也似乎发现了通过私人产品的排他性来获得公共产品排他性的手段（Coase，1974）。英国著名经济学家约翰·穆勒提出较为折中的方法，他以灯塔为例，探讨了公共产品的问题，指出"无人出于自私的动机去建造灯塔，除非由国家强制收费以保障和补偿其利益"。他认为，"公共服务的提供是重要的，却没人感兴趣，因为这些服务的提供，并不必然自动地获得适当的报酬"。其原因是"个人不具备任何手段去截留或控制那些利益，而避免其流向他人，也难以收取费用以保障和补偿创者"。穆勒认为，政府不要使人民永远处于这种状态，而应该想办法消除这种无能为力的状态（约翰·穆勒，1991）。他认为，政府提供公共产品的理由是"提供了普遍的便利"。他认为，"也不可能用任何普遍适用的准则来限制政府的干预，能限制政府干预的只有这样一条简单而笼统的准则，即除非政府干预能带来很大便利，否则便决不允许政府进行干预"（约翰·穆勒，1991）。这是穆勒对政府提供公共产品界限的界定。政府介入提供产品的标准以个人自由与个人利益为基础，通过利益衡量而得出的结果。

19世纪70年代初，奥地利的门格尔、英国的杰文斯和法国的瓦尔拉斯几乎同时"重新发现"了边际效用理论，并在此基础上建立了公共产品论，这是边际效用价值论在财政学上运用的结果。公共产品论是一种适应国家干预经济需要而确立的理论，它从理论上说明了政府行为与市场经济活动是融为一体的。

以亚当·斯密为代表的古典学派非常重视市场的作用，对政府采取了根本的排斥态度。古典学派主张的劳动价值论无法证明政府活动的生产性，无法阐述政府活动与市场的内在联系和不可分性。"边际革命"揭示了人们尚未注意的一个问题：政府的活动和私人活动有着共同的特点，即都能够带来效用，都是创造价值的生产性活动，因而，市场机制也可以适用于公共产品的生产，政府活动与市场活动规律具有一定共同性。

（三）公共产品理论的内容

1. 公共产品的含义

萨缪尔森（Samuelson，1954）将公共产品定义为"某一消费者对某种物品的消费不会降低其他消费者对该物品消费水平的物品"，这一描述成为经济学关于纯粹公共产品的经典定义。这一概念是相对于私人产品而言的，换句话说，公共产品不能由私人部门通过市场提供，只能由公共部门提供产品。

2. 公共产品的特征和内容

公共产品或劳务与私人产品对比而言，具有三个显著特征：效用的不可分割性、受益的非排他性和消费的非竞争性。效用的不可分割性是指公共产品是不可分割的，不能归属某些个人、家庭或企业，具有共同受益的特点，其效用为整个社会成员共享。而私人产品可以分割为若干部分，分别归属于某些个人、家庭或企业。例如，国家安全保障服务的对象是国内所有国民，只要生活在该国境内，都享受这种服务，不可能创造一种市场将为之付款的人同拒绝付款的人区别开来。公共产品的非排他性是指任何人消费公共产品，其他人可以同样拥有消费同一产品的机会，公共产品非排他性不可避免地会导致"搭便车"现象。如政府提供的公共安全便是一个突出的例子，如果提供公共安全的资金来源于公众的自愿捐献，那么可能有部分人享受着安宁祥和的社会环境，却不去捐献任何资金，或者按低于其边际收益的数额捐献资金。很显然，如果所有的人都如此，公共安全的提供就会没有资金来源。公共产品的非排他性特征决定了消费者既要分享公共产品，又希望"搭便车"，从而使市场无法提供公共产品，导致市场在公共产品供应方面发生失灵。公共产品的不可分割性，使得其消费具有非竞争性。非竞争性是公共产品的消费者可以同时消费同一产品，在现有公共产品供给水平上，新增消费者不需增加供给成本，边际生产成本为零。

公共产品理论从界定公共产品、准公共产品和私人产品出发，基于私人产品和公共产品的不同特征，认为公共产品的非竞争性特征使得该类产品或服务是社会的普遍需求，但公共产品的非排他性特征导致以价格的形式完成成本核算和补偿是不现实的，仅靠市场机制无法提供最优配置标准所要求的规模，政府是解决上述困难的有效途径，只有解决公共产品和私人产品供给途径，政府机制与市场机制有机配合，方能促进经济有效运行。政府机制更适合公共产品的配置，市场机制更适合私人产品的配置，也就是说，公共产品理论实际上是划分政府和市场的理论分野。"边际革命"提出，政府公共服务是具有价值的"公共产品"，认为只要公共服务的效用得到个人主观评价的肯定，它就具有了价值。边际效用价值论将稀缺性与效用性结合起来，使得原有的关于公共服务具有价值的思想明晰和精确起来。既然公共产品具有价值，那么，等价交换原则也适用于公共活动，市场等价交换原则也适用于政府公共服务的成本和费用补偿分析。作为公共产品的成本和费用的补偿，将通过赋税来完成，也就是社会成员缴纳的税收，视为是由于他们享受政府公共服务的利益而向政府支付相应的税收"价格"。

（四）公共产品理论对税收制度生态化改革的指导

由于大部分环境资源产权的公共性，产权主体缺位，或产权难以界定，或界定的成本很高，这些自然资源一般由社会成员共有，属于"自由取用的物品"。这些"自由取用的物品"大多是大自然经过多年沉淀奉献给人类的宝贵财富，具有"稀缺性"和"不可再生性"，在获利动机驱使下，每个市场主体都从自身利益出发，渴望通过"搭便车"式的方式，最大限度地开发利用自然资源，市场机制在此失灵，等价交换为"无偿获取"所替代。其结局是个体利益短期最大化，最终导致自然资源的破坏、枯竭甚至毁灭，环境污染日益严重，对全社会的整体利益造成不可挽回的损失。

当生态环境发生严重的污染和破坏，影响社会生产和人类生活时，作为理性的个人，理应采取相应的措施以解决资源环境问题，从源头控制污染和浪费，发展低碳经济，从末端治理，对生态损害进行有效的补偿。但个人理性并不必然产生集体理性，个人理性只能依靠法律约束和道德约束，靠大家齐心合力才能做到。在环境保护中，个人的最优"理性"选择与集体或社会利益往往是背道而驰的，环境保护、生态补偿这类对社会有益的集体理性无法自我实现，从而会出现市场失灵，这种现象在公共选择理论中被称为"理性的无知"，也就是说，在环境保护领域单纯强调市场机制的作用是不够的，需要政府对具有公共产品性质的资源和生态环境进行有效的保护，以便为公民提供质量过关的"环境产品"，使自然资源能够永续供给。作为公共产品成本的回收，其成本具体表现为税收，从而避免或杜绝"搭便车"问题。由此，公共产品理论也是生态税收存在的理论依据，税收生态化过程是适应公共产品的需要而逐步发展和完善的。

三、生态资本理论

（一）资本的含义

在不同的历史时期，对资本的认识有所不同。亚当·斯密在《国富论》中认为，资本是指机器、厂房、工具及改良的土地。按照马克思主义政治经济学的观点，"资本是能带来剩余价值的价值"，而"价值是人类抽象劳动的凝结"。[①]资本是一种由剩余劳动堆叠形成的社会权力，反映了一种生产关系，资本并不完全是一个存量的概念。西方经济学通常认为，资本是经营过程中投入的能够带来增值或利润的物。经济学意义上的资本是指用于社会再生产的基本生产要素，包括厂房、设备、材料等物质资源，从更加广泛的意义而言，资本是可作为人类创造物质、精神和信用财富的各种社会经济资源的总称。从后工业时代社会再生产要素看，资本应包括人造资本、生态资本、人力资本和社会资本。各类资本在社会再生产过程中发挥着不同的作用，而且彼此之间存在着

---

① 马克思.资本论（第3卷）[M].北京：人民出版社，1972：265.

替代关系或互补关系。现代生态经济学将资本定义为"能够为未来产生有用产品流或服务流的存量"。

（二）生态资本理论的内容

生态资本具有自然和资本的双重属性。是"生态"和"资本"两个概念的组合、延伸和发展。生态资本也称自然资本，是资本家族中的新成员。生态资本的提出源于环境污染成为世界性的重大问题，是从人类对生态环境的重新认识逐渐析出的概念。1987年布伦特兰委员会提出将生态环境作为资本看待并按照资本的运行规律加以利用。

生态资本是指作为社会再生产的要素，能够带来经济和社会效益的生态资源和生态环境，主要包括自然资源总量、环境质量与自净能力、生态系统服务能力，具有带来使用价值的潜力。

资本具有稀缺性，但生态资本的稀缺性与其他资本的稀缺性不同。其他资本可以通过人类经营过程，通过流通得以恢复或维持和增加，但是，生态资本源于自然，源于自然的资源环境分为可再生性资源和不可再生性资源两部分，对于不可再生资源而言，无法通过人类经济活动使其恢复或增加，从而体现了生态资本的稀缺性和不可恢复性。

生态资本来源于自然，但是，并不是所有的自然环境都是资本，只有具有使用价值的自然资源才有可能成为生态资本。第一，生态资本是生态环境质量要素，是经济发展、维持人类生命和追求美好生活的保障。生态系统作为一个整体的使用价值，各环境要素的总体状态对人类社会生存和发展具有有用性。生态资本的价值表现是能够支持生产或提供生态服务。对生产的支持包括提供必要的场所、部分投入物，如能源、水资源、森林资源、矿产资源等，生态资本的生产成本相对较低，级差收入较高，这是生态资本对生产的支持功能（Pearce & Turner，1990）。第二，生态资本的价值不仅仅局限于物化的资源，还包括具有价值的生态服务，尤其在物质文明达到一定程度后，人类对恬静、优美、舒适的自然风光，清新的空气等精神方面的需求和道德需求日益增加，使得生态服务具有了价值，而成为生态资本的组成部分，更能体现资本的特征，优越的外部环境使自然资源的价值得以充分体现，包括生态价值和社会价值，是难以简单地用货币形式衡量的价值。第三，生态资本对人类生存的支持。人类作为地球生物的组成部分，生产和发展的场所离不开生态系统，优良的生态环境为生命活动提供的生态服务，是支撑整个生物圈稳定的力量。自然资源（及环境）所形成的生态潜力，是人类经济社会持续发展不可缺少的物质基础，也是生态资本在人类生产、生活中得以持续发挥作用的具体体现。

（三）生态资本理论对税收制度生态化改革的指导

资本的本质特征就是具有价值、使用价值和增值能力。这意味着"天然生成的环境和资源不再是生产以外的因素，而是包容、供应和支持整个经济的一个外壳，它向社会提供着环境和资源服务。因此，必须把环境和资源纳入资本范畴。与使用其他生产要素一样，享受环境资源服务，必须支付代价"（陈少英，2008）。衡量环境资源及服务的代价需要界定产权，但是，在现实生活中，由于资源环境产权界定比较困难或成本较大，资源环境作为人类共同的资产，经常出现多重产权或产权不明晰，呈现出不可分割性的公共产品特征，难以依靠市场机制按照等价交换原则支付成本或代价，经常出现资源环境零价格使用或低价使用，资源环境的相对价格与其市场价格严重偏离。

解决环境资源问题的经济学方法是针对生态资本的不同类别，分门别类地进行合理定价，使其相对价格真正体现市场价格，对那些能够界定产权的生态资本，通过市场机制有效配置，实行市场定价；对那些难以界定产权或界定产权成本大，具有公共产品和准公共产品的生态资本，由政府机制进行配置，由政府定价，制定环境资源的"服务价格"，这种价格具体表现形式便是环境税。通过"看得见的手"和"看不见的手"协调配合，解决某些生态资本领域由于市场机制失灵带来的低效或无效配置，实现生态资本的保值、增值，体现生态资本的本质特征，推动自然资本动态属性的实现，保障自然资源的可持续性。

生态资本是人类对生态环境和资本的重新认识，体现了经济、社会和资源协调发展的可持续发展的要求，是税收制度生态化的自然基础。

四、可持续发展理论

（一）可持续发展理论的发展轨迹

从18世纪中叶开始，以蒸汽机为标志的工业革命，引起了从手工劳动向动

力机器生产转变的重大飞跃。科学技术的发展推动了采矿业、冶炼业以及机器
制造业的迅速发展，人类进入第一次产业革命，这一时期也称为蒸汽时代。19
世纪70年代，随着科学研究的发展，电力得到广泛使用，汽车、飞机、船舶以
及石化、电力等成为世界经济的主导产业，人类经历了第二次技术革命，进入
了"电气时代"。20世纪80年代以来，建立在知识和信息基础上的生产、分配、
消费的知识经济迅猛发展。知识经济时代是以知识运营推动经济发展，知识产
业为主导产业，知识是重要的生产要素，是促进经济发展的主要动力和源泉。
知识经济时代人类对资源环境的开发和利用的程度逐步加深，带来超越主权国
家国界和管辖范围的环境污染和生态破坏问题，全球化环境问题的产生，给人
类敲响了警钟，人们开始反思以往经济高速增长给经济、社会、环境的持续发
展带来的影响。为此，许多学者不仅研究经济发展、社会进步，更加关注环境
问题对未来世界的影响，萌生了"可持续发展"的思想。

"可持续性"起源于林业和渔业这两个农业部门，指的是保持林业和渔业
资源延续不断的一种管理战略。之后从文学界开始，有关环境危害和呼吁保护
环境的文学作品不断问世，引起人们对环境与经济关系的深层思考，最为著名
的是美国海洋生物学家蕾切尔·卡尔逊（Rachel Carson）1962年发表的环境保
护科普著作《寂静的春天》，初步揭示了污染对生态系统的影响，指出人类长
期以来形成的道路终点潜伏着灾难，保护地球是最后唯一的机会。该书的出版
引发了公众对环境问题的关注，也将环境保护问题提到了各国政府面前，引发
了人类对自身传统行为观念的反思，它所阐述的"合理的、持久的均衡发展"，
孕育着可持续发展思想的萌芽。

20世纪60年代以后，可持续发展理论的研究不断深入，在不同的历史时
期，分别从不同角度阐释了可持续发展的思路。

1966年，美国经济学家鲍尔丁（Boulding, 1996）提出了著名的"宇宙飞
船经济理论"，认为传统的经济增长方式是一种"牧童经济"，只管放牧而不顾
草原植被的修复和保护。"牧童经济"的理念就是将地球上的资源看成取之不
尽的资源，进行无限度的索取，通过大量、迅速地消耗自然资源取得眼前短期
的经济增长，造成废物大量累积，环境污染日益严重，为了解决这种困境，他
提出"宇宙飞船经济"。宇宙飞船运行过程中非常注重内部循环和废物回收利
用，在封闭的宇宙飞船内部建立良性生态系统。他认为，宇宙飞船内部生态运
行原理可以运用于人与自然环境关系当中，提示人类应重新审视人类与生态环

境之间的关系。"宇宙飞船经济理论"把地球看成一个巨大的宇宙飞船，除了依靠太阳提供能量外，人类的一切物质需要靠完善的循环来得到满足，按照生态学原理建造一个自给自足的、不产生污染的封闭的经济循环体，避免人口和经济无序增长造成生态系统破坏，改"消耗型"经济增长方式为"生态型"经济增长方式，从"开环式"转为"闭环式"。他提出应以"宇宙飞船经济"代替"牧童经济"。在"宇宙飞船经济"的发展模式中，他形象地将经济发展与环境的关系比作"宇宙飞船"与"飞船乘员"之间的共命运关系，认为环境与人类的关系是相对封闭的，地球资源与地球生产能力是有限的，必须要在容量是有限的、未来是封闭的地球上，建立循环生产系统，因此，经济发展应当是资源储备型，能够使自然资源和环境得以休养生息，主张以储备型经济替代传统的增长型经济，以休养生息经济替代传统的消耗型经济，以福利量经济替代传统的生产量经济，以循环式经济替代传统的单程式经济。

1987年，由挪威前首相布 G. H. 布伦特兰（G. H. Brundland）夫人主持的世界环境与发展委员会（WECD）发表了著名的研究报告——《我们共同的未来》。在研究报告中首次提出了"可持续发展"的概念，"可持续发展是既满足当代人的需要，又不对后代人满足其需求的能力构成危害的发展"（世界环境与发展委员会，1989），这是世界范围内对可持续发展作出的明确界定。

可持续发展思想是环境与发展认识上的一次重要飞跃，拓宽了人类的视野，将单纯考虑环境保护引导到把环境保护与人类发展切实结合起来。

1992年，联合国环境与发展大会通过了《里约环境发展宣言》，宣言第一项原则阐明了人类处于普受关注的可持续发展问题的中心，他们有权过一种与自然相和谐的健康而富有成效的生活（张坤民，1996）。至此，可持续发展得到了世界最广泛和最高级别的政治承诺。以这次大会为标志，人类对环境与发展的认识提高到了全新阶段，是环境与发展的里程碑，可持续发展进入各国政治领域。

（二）可持续发展的原则

可持续发展理论提出后，各个流派从经济学、社会学、伦理学等多个角度进行了多方位研究，对可持续发展理论的三原则的认识非常一致，即公平性、持续性和共同性。

1. 公平性原则

公平性原则包括横向公平和纵向公平两个方面。横向公平是指代内公平，是不同区域、不同国家的同代人应公平地享受发展的成果。可持续发展要满足各国和地区当代所有人的基本需要，尤其是人类最基本的生存需要，发展中国家和发达国家应当享有公平的发展权、公平的资源使用权，并承担与享有的权利相适应的责任。纵向公平是代际间的公平，在代际传递的过程中，环境与自然资源的质量应实现代际公平，当代人在追求眼前发展和满足消费时，应为后代人满足其发展需求留出空间，保留后代人公平利用环境资源的权力，尽量使自己发展的机会与后代人的发展机会相等，维持"帕累托改进"的代际关系。

2. 持续性原则

可持续发展的持续性原则认为，环境资源是人类生存与发展的基础条件，环境资源的可持续利用是可持续发展的重要保证。社会经济系统的发展要消耗资源，会破坏环境系统的平衡，资源环境系统的失衡会削弱经济系统的进一步发展，因此，人类社会经济发展必须以不损害支持地球生命的大气、水、土壤、生物等自然环境为前提，必须充分考虑环境资源的临界性，在资源环境系统的承载阈值内发展经济，固守"环境阈值"的限定，保证环境资源的可持续性和经济发展的可持续性。

3. 共同性原则

随着经济全球一体化进程的发展，可持续发展是全球共同的发展。尽管不同国家的历史、经济、文化和发展水平不同，可持续发展的具体目标、政策和实施步骤也各有差异，但是公平性和可持续性是一致的。同时，由于地球的整体性和环境的相互依存性，环境污染以及治理是跨国界的，一个国家或地区孤军作战很难取得理想效果，因此，要实现可持续发展的总目标，必须争取全球共同行动，以谋求全球共同发展。

（三）可持续发展理论对税收制度生态化改革的指导

可持续发展理论具有深刻的内涵，它体现了经济、自然资源、生态环境和人类之间的内在关系，其中资源环境的可持续是基础，经济可持续是条件，社会发展可持续是目标，在这一体系中，人是核心，最终要达到人的全面发展。

实现经济、环境和社会协调发展的途径有多种，通过经济手段有效地引导和调控是重要途径之一，其中，环境税在经济手段中有着独特的优势，是由国家以环境税的形式为环境资源进行合理定价，而后通过市场机制发挥引导作用，将负外部环境影响融入生产者的决策函数中，制约人们对环境的破坏行为，促进经济和环境的协调可持续发展。

第三节　法学相关理论

一、环境权成本理论

权利与义务是法学的基本范畴之一，是法律赋予权利主体作为或不作为的许可、认定及保障。权利是指法律赋予人实现其利益的一种力量，是人在相应的社会关系中应该得到的价值报偿，是义务的对称。

（一）环境权

环境权是人类的基本权利，任何人都不能离开自然环境，自然环境包括空气、水、土地等，是人类生存的基础，没有环境权就没有人类生存条件，环境权是与生俱来的不可剥夺的自然权利，环境权是由道德与法律共同支持的权利。《人类环境宣言》中提出，"人类有权在一种尊严和福利的生活环境中，享有自由、平等和充足的生活条件的基本权利，并且负有保证和改善这一代和世世代代的环境的庄严责任"（汪劲，2000）。

环境权理论认为，每一个公民都有在良好的环境下生活的权利，这种权利应该受到法律的保护（金瑞林，1999）。

从道德角度看，环境权利包括生命权、健康权、日照权、通风权、安宁权、清洁空气权等生态性权利；从法律角度看，环境权包括环境使用权、知情权、参与权、请求权等经济性权利。从法律关系内容看，"环境权应界定为环境法律关系主体对其赖以生存、发展的环境所享有的基本权利和承担的基本义务，即环境法律关系主体有享有适宜环境的权利，也有保护环境的义务"（蔡守秋，2000）。

在经济高度发达的现代社会，公民的环境权应是法定的，国家作为环境权的管理者，应保证其公民享有生存和发展所需的环境权；为了保证充分享受环境权，公民应承担环境保护的义务，并让渡一部分私有财产，形成国家税收收入。国家对生态环境与自然资源享有的管理权，能够消除生态环境的外部不经济性，满足公共产品的需要，并以环境税的形式取得管理收入，获得环境保护的成本补偿，促进经济、社会与生态协调、可持续发展。环境权的性质与税法性质的发展出现了趋同现象，税法一方面维护国家的公共利益，同时，也表现出对社会利益的关怀，对环境利益的关注。

公民享受环境权依赖于政府，依赖于法律规范。赋予公民享受环境权不等于政府撒手，而是需要政府通过法律手段保障公民能够公平享有环境权利。有法律保障的权利才是能够享有的权利，才不仅仅是个宣言。为此，政府需要科学制定环境保护的规划，完善环境保护的法律法规，明确规定环境保护、节能减排的责任和义务，并履行监督管理职责，最终目的是政府能提供符合公共需要的环境公共产品，满足公众对环境质量的需求。

（二）环境权利成本

按照霍尔姆斯（Holmes）、桑斯坦（Sanstein）的权利成本思想，权利是有成本的，"主权者向人民征收的税不过是公家给予保护平民各安生业的带甲者的薪饷"（霍布斯，1985）。没有税收，国家将无法存在，社会将无秩序，对于公民而言，则无财产、无权利的保障，享有权利必须承担相应的责任和义务，没有无权利的义务，也没有无义务的权利，权利是有成本的。环境权利同样如此，环境权的成本就是环境税。

二、公共信托理论

（一）公共信托理论的内涵

"公共信托"理论来源于罗马法，13世纪在英国逐步发展为公共信托原则，主要是对国王转让土地进行限制，曾被誉为英国判例法对世界法学的最大贡献，英国普通法在此基础上形成了公共信托理论。该理论认为，国王是公共信托财产的受托人，拥有海洋底土和潮汐地，委托为航运、商业和渔业的公共使用进行管理（蔡守秋，2000）。

公共信托原则在罗马法和英国法上处于简单而较为原始的状态，该原则在美国得到迅速发展。20世纪70年代，美国教授萨克斯（Sax，1970）最早将公共信托理论引入环境保护领域，形成环境公共信托理论，萨克斯教授认为，应采用公共信托这一古老的原则保护自然资源的价值。

公共信托理论指的是出于公共利益和公众利益目的，对于非私人财产以委托的方式交由国家公共职能部门统一进行管理，政府作为被委托人，有义务和责任替委托人管理和经营好这些公共财产。假如公共职能部门对权力进行滥用或未尽妥善保管的义务，以至损害了全体公民的利益或偏袒了部分人的利益，公民有权要求政府维护公共财产的有效、合理利用。

公共信托理论被美国联邦法院用来对抗水资源的私人所有，在美国环境保护法律实践中，确定私人在权利的行使上要服从公共权利原则，自然资源、环境等共同财产通过委托的方式由国家掌握管理权，国家作为受托人，必须有效地管理好这些共同财产。

（二）公共信托理论在税收制度生态化中的运用

环境公共信托是公共信托理论在环境保护领域的运用，也被称之为环境共有理论，是指政府接受全体人民的委托，义务性管理诸如海洋、湿地、湖泊、河流等公共资源，保障社会公众能够享有环境权。它包含三个方面内容：第一，国家作为受托人，必须有效地管理好这些共同财产；第二，所有权者不得任意使用共有财产，侵害他人的生存权和幸福追求权；第三，公民出于公共利益不得不对个人的财产权利作出一定的让步。由此可以看出，公共信托是根据环境共有的法理，明确了环境的所有者和利用者都有使环境保持良好状态的责任。

根据"环境公共信托理论"，国家享有的生态环境管理权是基于全体国民的委托，在生态环境管理过程中所发生的一切费用，无可厚非应由全体国民承担。税收制度生态化是以国家对生态环境等事务的管理权为基础形成的国家与公民之间的权利义务关系。每个公民应当承担必要的费用。这使得税收制度生态化的基本原理与"环境公共信托理论"高度吻合，无论是委托费用也好，还是享受环境权成本也好，该费用以环境税的形式体现，这种支出并非由全体国民平均地分摊，而是遵循"污染者付费原则"和"受益者付费原则"。

三、正义理论

西方正义理论有三种典型的代表观点：一是以罗尔斯（Rawls）为代表的

以"平等"为取向的公平"分配正义"理论；二是以诺齐克（Nozick）为代表的以"权利"为取向的自由主义者；三是马克思从社会生产的角度提出的正义理论。

（一）罗尔斯的正义原则

罗尔斯的公平正义理论在当代西方最具有影响力。罗尔斯（2003）认为，社会正义的本质是分配问题，其核心就是分配平等。罗尔斯认为正义就是对全社会成员共同创造的价值如何公平分配，为此，正义原则是："所有的社会价值——自由与机会、收入和财富以及自尊的基础都应平等地分配，除非任何价值的不平等分配对每一个人都是有利的。"罗尔斯的正义原则可以具体分解为两个层面，一是自由的平等原则，即公平正义原则，是指每一人对于所有人所拥有的最广泛平等的基本自由体系，应相容于自由体系，都应有一种平等的权利，它是处理公民政治权利问题时应遵循的原则；二是机会的公正平等和差别原则，这是处理公民社会经济利益问题时应遵循的原则。

尽管理想的公平是无法实现的，但它必须作为一个目标，使得分配符合每个人的利益。同时，应追求社会"机会公平"，包括受教育、培训、就业、升迁等各种机会对于每个成员而言，都是有可能的，都能有机会平等参与。在这一框架下，科学地安排社会的与经济的不平等，使每个人都有权利和机会从中获益，尽可能多地实现实质上的"权利公平"，这是基于现实条件下的实质性正义原则。

（二）诺齐克的正义原则

诺齐克主张持有正义，把自由优先、权利至上的原则贯彻于社会和经济利益分配领域，认为经济领域应遵循市场机制的自然规则，贯彻自由原则，反对推行人为的分配平等。持有正义包括获取正义、转让正义和矫正正义三原则。获取正义是指"一个符合获取正义原则获得持有的人，对那个持有是有权利的"。该原则解决无主物占用问题，诺齐克主张"劳动获取理论"。转让正义是指"一个符合转让的正义原则，从别的对持有拥有权利的人那里获得一个持有的人，对这个持有是有权利的"（罗伯特·诺齐克，1991）。该原则是判断利益从一个人的持有到另一个人的持有的转让是否正义应遵循的原则。如果每一个人的持有都是合乎正义的，那么，社会持有总体也就是正义的。矫正正义原则是上述两个原则的补充，诺齐克的持有正义的权利原则是历史原则，并对历史性的不正义提出了"不正义的矫正"。他认为，现实中通过非法或不正当手段获取或转让的持有是非正义的，对于历史积累的不正义，需要进行矫正。在他看来，分配是否正义，依赖于形成的过程，看它是如何演变过来的，看其来路是否正当，而不仅仅看当下的结果。诺齐克的权利理论的核心是个人权利论，个人权利是神圣不可侵犯的，个人权利是国家以及其他公民行动的边际约束。

（三）马克思的正义理论

马克思和罗尔斯都对分配问题提出了正义原则，并追求形式平等和实质平等的统一。但是，罗尔斯仅仅就分配论分配，其前提是在公民的基本政治自由和基本权利安排好之后，按照两个正义的原则，探讨社会成员之间社会经济利益如何分配与调节。马克思从物质生产出发，提出在不同历史阶段分别按照生产要素、劳动和需要进行分配，正义的触角更为广泛。马克思的分配思想简单归结为按要素分配、按劳分配和按需分配几种类型。第一，按要素分配。这是资本主义的分配原则。在资本主义社会中，生产的各个要素都会参与社会分配，这些要素包括劳动力、资本和土地等，不同生产要素的所有者对社会生产的总价值进行分配。劳动力、资本和土地分别以工资、利润和地租这三种收入获得社会总价值的一部分。第二，按劳分配。这就是社会主义分配原则。在社会主义社会，实现生产资料公有制，人们用公共的生产资料进行劳动，按照商定的计划，把个体劳动力作为社会劳动力使用，在此基础上实现按劳分配，分配原则是各尽所能，按劳分配，这种分配制度消除了人们凭借占有生产资料而参与分配的经济基础，较之资本主义社会不劳而获的分配制度是历史的进步，但是，它默认了劳动者天赋和能力的不平等，因此并不能实现真正的公平。第三，按需分配。这是未来共产主义社会分配原则。人的需要成为社会产品分配的唯一标准，这是一个令人向往的社会，只有生产力全面发展，物质财富极大丰富，社会成员才能各尽所能，按需分配，真正实现人的全面自由发展的正义社会。

（四）正义原则对税收制度生态化改革的指导

正义原则运用于应对全球气候变化形成了气候正义原则。温室气体的大量排放出现温室效应，全球气候变化已成为既成事实，抑制气候变化需要经济投入和制度安排，以便对大气层温室气体容量这一稀缺资源重新分配。与其他稀缺资源重新分配相同，利益格局的调整必然涉及利益的重新分配，因此，需要遵循分配的公平正义原则。

从国际环境法的角度，气候正义是指与气候变化及其解决方案相关的收益和负担在发达国家与发展中国家之间得到公正合理的分配。气候正义的实质是因气候所带来的利益和福祉应公平地分配给全体社会成员，同样，气候破坏所带来的不利后果也应由全体社会成员公平承担。气候变化不仅仅是环境问题，更是正义和人权问题，它关乎于人类的生存和发展，是一个超越国界、种族的世界性问题。所有国家无论大小和强弱，都不能免于承担责任，对其历史的、现实的成本予以公平地负担，实现在气候变化应对领域内的环境正义，是正义理论应用的延伸，也是解决全球气候变化问题的理论基础。

气候正义包括分配正义、社会正义以及矫正正义，每个方面的正义都需要有法律保障，在气候变化国际协调方面，还需要国际法给予明确的规定，以实现法律正义。

气候正义首先是分配正义。大气流动是没有国界的，控制温室气体排放需要主权国家的协调，温室气体排放额的确定只是一种初始分配，也是一种经济资源的分配，核心是各国之间减排量的分配，它也决定了各国的减排义务。既然是经济资源的分配，就应该遵循分配正义的原则。排放权的分配正义包括横向正义和纵向正义。从世界范围内看，横向正义是指对条件相同的国家给予相同的对待，纵向正义是指对不同的国家和地区给予不同对待。因此，减排义务的承担应根据各自排放数额及带来的影响确定。若一个国家温室气体排放水平超过其应得到的排放额，那么该国就应承担减排义务。但是，气候分配正义的困境也是显而易见的，首先是代内公平的困境，即区别对待不同国家的原则受到挑战，在排放权分配方面，基于负担能力的约束，发达国家和发展中国家的分配存在难以协调的矛盾。其次是代际公平的困境，即对历史积累的排放和现实排放的衔接存在技术性问题。

气候的社会正义是基于利益失衡而进行的利益平衡和归位。气候变化是由于人类在经济发展过程中使用矿物性能源，排放的温室气体超过大气容量，异常气候变化带来的一系列问题具有社会性和全球性。但是，气候变化领域的制度安排和各国的战略选择却是局部的，是出于本国或本地区自身利益考虑和分析。气候变化的社会性和制度安排的区域性矛盾的解决需要建立应对气候变化的制度体系与国际合作机制，是全球范围内的社会正义。

气候矫正正义是对历史温室气体排放造成的发展中国家与发达国家的不公平进行矫正，使遭到损害的主体有权利要求损害者对受损害的利益进行恢复和补偿。温室气体排放与经济发展阶段有关。一般而言，在经济发展初期，大多是"高投入""高污染""高排放"的经济模式，在人类生存和环境保护抉择方面，生存是第一位，控制排放退居其次。经济发展到一定阶段后，经济发展水平和技术进步为节能减排提供资金来源和技术基础，减排能力增强。发达国家工业化过程中累积的排放对现有的气候变化产生较大影响，应按照历史排放量的份额提供国际气候变化资金。发展中国家由于气候变化受到的损害，必须由发达国家按照工业革命以来的排放总量来进行补偿和分担，矫正不同国家在不同历史时期排放量分配的不正义，气候正义需要发达国家承担其相应义务，实现社会的矫正正义。

（五）公平原则对税收制度生态化改革的指导

公平原则是税收的基本原则之一，是近代平等性原则和宪政原则在税收法律制度中的运用。"公平"作为税收的重要原则随着社会历史进程的演进，内容不断丰富，并被赋予许多新的含义。在当今社会，追求经济公平、社会公平和环境公平统一是人类发展的目标，遵循正义原则，也即税收制度生态化改革应着力建立和完善社会和环境公平发展的税收制度，构建以能源税为主体的环境税，通过环境税引导气候正义的实现。

第四节 社会学相关理论

一、人与自然伦理价值关系

（一）人与自然伦理价值关系的演变

在传统的思想观念中，人与自然并非没有价值关系，约翰·洛克认为，大自然中有着取之不尽的财富，人们对自然可以为所欲为，因为他们之间没有利害冲突。亚当·斯密在《国富论》中也宣称，若仔细研究经济学自然规律，就会得出，最有效的经济结构是放任主义的经济结构，人们为实现自身利益最大化而进行的一切活动，不受任何管制。

人与自然的价值关系在历史的进程中不断得以完善和发展。人与自然的历史关系首先必须厘清人与自然的本质关系、价值关系。一方面，人类的历史是整个自然进化史的一部分，是人与自然相互交往的产物；另一方面，人与自然的关系是在矛盾斗争中形成的，正是在这种相互联系、相互矛盾中产生了文明和历史。人与自然的本质关系、价值关系正是在历史中得以表现出来的。因此，要从人与自然相互作用的整体关系出发，而不是单纯从人或自然的单方面或它们二者的某一局部出发分析和考察人与自然的关系，如果脱离社会与自然的整体关系，则无法看清社会的进步，也无法读懂自然。

如果按照文明或历史发展的逻辑顺序，人与自然的历史关系经历了三种形态：原始形态、农业形态和工业形态。马克思基于原始形态、农业形态和工业形态三大社会形态，提出在不同的社会形态中，人与自然的关系具体体现。在原始社会形态下的自然经济社会，人对自然绝对依赖，自然界物质的奉献是人类生存的基础，人的生产能力只是在狭窄的范围和孤立的地域内得以发展。在农业社会形态下的商品经济社会，人类改造自然的能力增强，以自然界物质依赖为基础的人的独立性日趋加强。第三种工业形态下的产品经济社会，建立在个人全面发展基础上。随着经济的发展，人类进入了知识经济社会，在知识经济社会，人类更加重视生态伦理，认为大自然承载了多样性价值，人与自然处在"多用性"的价值关系中。罗尔斯顿在其名著《哲学走向荒野》《环境伦理学》中均试图证明这种观点，认为价值既是主观的、精神的，又是实存的、物质的。自然的价值无一不体现了自然与人的相关性。一方面，人与自然就是处在这种价值交流关系中的；另一方面，自然的价值又是可以离开人类的评价而独立存在的。如多样性与统一性的价值、稳定性和自发性的价值，它们并不依赖于人的评价而事实地存在，自然是多样性、丰富性和差别性的，又在生命之网中相映成趣，统一于一体，自然是有序的、进化的和有规律的，又是野性的、偶然性和自发性的，人们不能否认它们的存在。

（二）人与自然历史关系的特点

纵观人类的各个历史形态，人与自然的历史关系有着各自的特点，如表2.1所示。

表 2.1   人与自然历史关系的特点及类型

比较项目	原始形态	农业形态	工业形态	生态形态
时间尺度	距今一万年以前	农业革命之后	工业革命之后	信息革命之后
空间尺度	个体范围或部落范围	区域范围或国家范围	国家范围或洲际范围	洲际范围或全球范围
哲学思考	无中心，低智状态	追求"是什么"	追求"为什么"	追求"将发生什么"
对自然的态度	自然拜物主义	自然优势主义（天定胜人）	人文优势主义（人定胜天）	天人互补协同（天地和谐）
经济水平	融于天然食物链中	初级水平（农业为主）	高级水平（工业与服务业为主）	优化水平（决策与管理为主）
经济性质	自然型经济（自然供给）	自给型经济（简单再生产）	商品型经济（复杂再生产）	协作型经济（可持续性生产）
消费标志	满足于个体生命延续需要	低维持水平的生存需求	高维持水平的发展需求	自然—社会—经济的可持续发展需求
生产模式	从手到口	简单技术和工具	复杂技术与体系	智能转化与再循环体系
能源输入	人的肌肉	人、畜及简单天然动力	非生物能源	清洁的与可替代的能源
资源利用方式	采集型	改造型	掠夺型	协调型
系统识别	无结构系统	简单网络结构	复杂功能结构	控制调节结构
环境响应	人纯粹依赖环境（无污染、无干扰，环境破坏小于自然环境恢复能力）	人主要依赖环境（环境低度与缓慢退化，局部污染）	人企望脱离环境（全球环境污染与生态危机）	人与自然的和解（环境与资源循环利用）

资料来源：曾建平，杨方. 人与自然的关系构成及道德意蕴［J］.江西师范大学学报（哲学社会科学版），2002（1）：60-66.

从人与自然的伦理价值关系的发展历程可以看出，生态伦理的产生是人对自然及其相互关系的重新认识。

世界是物质的，物质世界中的地球是由人类与非人类组成的物理结构，人类世界和自然界构成了相互依存的两个世界。以前的哲学思想，包括马克思主义哲学在内，都是把人与人的关系作为研究的重点，追求的是人人平等的理想社会，从"物"的角度关注人的问题。当然，这也确实是地球上存在的重要问题，因此，在处理人与人关系时更多的表现为"物化"思想，片面地追求经济数量、规模的增长，以满足人们的物质需求。工业化进程大大提高了人类的物质文明，但是，这种文明是以牺牲资源环境为代价，在物质世界不断丰富多彩的同时，环境问题日益突出，影响人类生活质量，因此，西方发达国家的民间组织首先发起了绿色运动，产生了环境思潮，以文学、哲学等社会科学为媒介，宣传生态思想，生态伦理是在生态问题成为严重的社会问题的情况下诞生的。

生态伦理学从伦理学的视角审视和研究人与自然的关系，以"生态伦理"或"生态道德"为研究对象，倡导人与自然和谐发展、同生共荣、协同进步的经济、社会、环境多维可持续发展。

"生态伦理"认为，世界是"人—社会—自然"的复合生态系统，人类应将道德关怀从社会延伸到非人的自然，人与自然的关系是一种道德关系。生态伦理打破了只关注协调人际利益关系的人类道德文化传统，实现了伦理学由人际道德向自然道德的拓展。在时间上，把道德关怀的对象从现在扩展到未来，强调代际发展的公平性和世界发展的可持续性和永续性；在空间上，从区域扩展到全球，从人际关系扩展到自然界，强调国家不分强弱、区域资源不分优劣，都有保证地球物种多样性的伦理义务和责任，强调人类要善待自然，尊重自然的内在价值（李建珊，2008）。维护和促进生态系统的完整和稳定是生态伦理的核心内涵。

生态伦理学追求万物公平正义发展，它的本质是和谐，即人与人的社会和谐，人与自然的生态和谐。生态伦理思想也影响着税制改革，各国税制改革目标之一就是建立和谐税收，也促进了税收制度生态化改革，使得税收制度建设融入生态建设当中。

二、自然价值理论

（一）大地伦理

大地伦理理论是美国哲学家奥尔多·利奥波德（Aldo Leopold）在20世纪初创设的。利奥波德将环境伦理学的研究范围进行了拓展，把人类与非生命体之间的伦理关系纳入环境伦理学的研究范围，奉行生态整体主义，确定人与大地共同体的伦理关系是大地伦理的关键。大地伦理认为，生态共同体是指自然生态系统，它的内容非常丰富，将人、土壤、水、空气、动植物以及潜在的生命形式（非生命体）包含在内，他们在生态系统中相互作用、相互影响、相互支撑，每个组成部分都是系统的要素，各个要素都有其内在的自然价值、工具价值和系统价值，并由此构成存在差别性的统一的价值系统。当一个事物有助于保护生物共同体的完整、稳定时，它就是对的，反之，就是错的，这是大地伦理在确定人与自然关系的基本原则。

大地伦理认为，人类在自然界中与其他存在物是一个共同体，生物或大地自然界应当像人类一样拥有道德地位并享有道德权利，对于非生命体应赋予一定的道德关怀。人类不应该以自然界的征服者身份出现，而是作为自然界共同体中的维护者，人类作为自然共同体的组成部分，应从整体利益出发，站在自然的立场上客观地思考，培养人的"生态良心"，承担"生态责任"。人的道德约束和义务不仅仅限于人与人之间，还要关心和保护自然界，个人或人类应当对生物或自然界负有道德义务或责任。人类不但要对自身负责、对后代负责，更要对整个生物圈负责（利奥波德，2016）。

（二）尊重自然的理论

"尊重自然的理论"是"生物中心主义"的延伸。"生物中心主义"的重要内涵是有生命的存在物才有资格成为道德关怀的对象。西方环境伦理学专家保罗·泰勒（Paul Taylor）在此基础上提出了"尊重自然"的理论。他以"生物中心主义"的道德观点为基础，进一步提出"尊重自然"，并将"尊重自然"当作一种终极的道德态度。

泰勒认为，尊重自然必须明确两个概念："存在物的好"和"固有价值"。所谓"存在物的好"是指所有生命的个体都是有其自身"好"的存在物。既然存在物有其"好"，则所有的道德代理人都有义务把它当作一个自在的目的，去增进或保护它的好（Taylor，1986）。"固有价值"是对自然的一种态度，即尊重自然。尊重自然的态度就是将地球生态系统的动物、植物看作是拥有固有价值的实体，生物固有价值被认为是尊重自然的基本前提假设。

泰勒将人作为地球生态圈的组成部分，人是地球生物圈自然秩序的一个要素，因此人类在自然系统中的地位与其他物种的地位是一样的（李建珊，

2008），都是生态系统中的普通一员，有着共同的特征，其他生物与人类共有一个生态环境，与人类拥有同等的固有价值。尽管泰勒认为其他生物没有道德权利，但是，地球生态圈的各个物种的地位是平等的，它们的利益应被给予像人类的利益一样多的道德关怀（保罗·沃伦·泰勒，2010）。

（三）自然价值理论在税收制度生态化中的运用

自然价值理论倡导自然系统是价值的创造者，自然系统本身就是有价值的，自然系统的价值应当以适当的形式体现。自然系统具有"准公共产品"性质，因此，其价值的对价在现代财政体系中以税收的形式体现，这是人类对自然价值在法律上的认同，也是税收制度生态化的基础。

第3章

经济低碳化与税收制度生态化的融合

第一节　低碳经济一般分析

一、低碳经济产生的缘由

如前所述，低碳经济的产生与经济发展阶段密切相关，根本原因是经济发展过程中大量使用矿物性能源，温室气体排放超过环境阈值，形成的"温室效应"，造成气候异常。低碳经济是为了控制温室气体排放而对经济发展方式的调整。

（一）全球气候变化的事实

工业革命以来的人类活动，特别是进入工业化阶段以后，各国大量使用矿物性燃料排放的二氧化碳致使大气中的温室气体浓度不断超过环境阈值，造成全球性的气候变暖，这种温室效应给生态系统和人类生存环境带来了严重的影响。

2021年8月，政府间气候变化专门委员会发布的第六次评估报告（以下简称IPCC报告）指出，21世纪的前20年（2001~2020年）全球平均温度比1850~1900年的平均值高0.99℃，2011~2020年全球平均温度较1850~1900年的平均值高1.09℃。其中陆地的增温幅度（1.59℃）高于海洋（0.88℃）。[①]温室效应日益明显，造成全球海洋温度增加，海水升温引起海水热膨胀，全球海平面上升，北半球积雪面积减少，冰川和冰盖融化速度加快。观测结果表明，全球气候变暖已是不争事实，气候变暖带来越来越多的自然灾害。

引起气候变化的原因是多方面的，有自然的，也有人为的。但是，第六次IPCC报告认为，工业革命以来，全球地表温度上升，几乎完全是人类活动引起的。人类活动主要是指矿物性燃料燃烧排放大量的温室气体以及伐木毁林等土地资源不合理利用，造成生态系统吸纳温室气体能力下降，温室气体排放超过环境阈值导致大气中游离的温室气体浓度大幅度增加，引起全球气候变暖。根据IPCC报告，全球气候变化及归因如表3.1所示。

表3.1　　　　　　　　IPCC 4次评估报告关于气候变化检测及归因

评估报告	全球气候变化检测	气候变化归因
第一次 （1990年）	全球平均地表温度在过去100年中上升了0.3~0.6℃（不能确定观测的气候变暖全部或其一部分可能是由于增加的温室气体排放造成的）	近百年的气候变化可能是自然波动或人类活动或两者共同造成的
第二次 （1996年）	在检测人类活动对气候变化影响方面已取得了相当的进展。其中最为显著的是气候模式包括了由于人类活动的硫化物气溶胶和平流层臭氧变化的作用。其次是通过几百年的模式实验，能够更好地确定气候系统的背景变率，全球平均地表温度在过去100年中增加了0.3~0.6℃，与第一次评估结果相同	人类活动对全球气候变化的能力是有限的，并且在一些关键因子方面存在着不确定性。但是，越来越多的事实表明，人类活动的影响被察觉出来
第三次 （2001年）	确认了20世纪的气候变暖是很异常的，证据表明过去100年的温度变化不可能完全是自然因素造成的，20世纪后半期的增暖与气候系统的自然外部强迫也不一致，因而不能用外部的自然强迫因子解释最近40年的全球变暖。全球平均地表温度在过去100年中检测出上升了0.4~0.8℃，比前两次评估值略高	人类活动引起气候变化的可能性为66%
第四次 （2007年）	气候系统变暖，包括地表和自由大气温度，海平面以下几百米厚度上的海水温度以及所产生的海平面上升均已被检测出来。近百年全球平均地表温度上升了0.74℃	人类活动引起气候变化的可能性为90%

① AR6 Climate Change 2021：The Physical Science Basis［EB/OL］.https：//www.ipcc.ch/report/sixth-assessment-report-working-group-i/.

续表

评估报告	全球气候变化检测	气候变化归因
第五次 （2013年）	全球几乎所有地区都经历了地表增暖，地表平均温度还表现出明显的年代际和年际变化，2003~2012年这一时期的平均温度的总升温幅度为0.72~0.85℃	人类活动引起气候变化的可能性为95%
第六次 （2021年）	21世纪前20年（2001~2020年）全球平均温度比1850~1900年的平均值高0.99℃，2011~2020年全球平均温度较1850~1900年的平均值高1.09℃。其中陆地的增温幅度（1.59℃）高于海洋（0.88℃）	自工业革命以来全球地表温度的上升，几乎完全是由人类活动引起的

资料来源：根据政府间气候变化专门委员会（IPCC）第一次至第六次《气候变化国家评估报告》整理而成。

IPCC报告认为，全球气候变暖，导致极端气候事件日趋增多。自20世纪50年代以来，全球许多地区热浪频繁发生，尤其是热带和副热带地区高温、干旱、台风等极端气候事件不断增多，范围不断扩大。全球气候变暖，已经对自然系统产生了影响，从观测到的影响看，主要是冰川和积雪的融化，春季洪峰提前，季节发生变化，自然生态系统受到影响，同时也对人类社会造成影响，人类不可缺少的水资源空间分布失衡矛盾更加突出，农业和林业生产的自然风险不断加大，沿海和低洼地区人类生存空间受到冲击等，促进经济发展方式转变，如何应对气候变化成为各国政府和公民普遍关心的问题。

（二）气候变化的趋势和影响

气候变化是指在全球范围内，气候平均状态统计学意义上的巨大改变或者持续较长一段时间的气候变动。气候变化的原因是多方面的，可能是自然的内部进程，也有外部因素以及人为因素。

全球气候变化的趋势是全球变暖。全球气候变暖将改变自然内部的运动以及人与自然的关系，会给人类带来难以估量的损失，具体表现在以下几个方面。

1. 极端气候事件频率增高，强度提高

世界气象组织规定，当某个（些）气候要素达到25年一遇时才称之为极端气候。极端气候包括干旱、洪涝、高温热浪和低温冷害等。随着污染日渐严重，出现极端气候的现象频繁，次数大幅增加。

自20世纪50年代以来，全球许多地区热浪频繁发生，强降水事件和洪涝灾害频率增多，风暴强度加大。20世纪70年代以来，热带和副热带地区的干旱严重，台风和飓风强度增多，强台风的频率由20世纪70年代的不到20%，增加到21世纪初的35%以上（2050中国能源和碳排放研究课题组，2010）。全球气候变暖直接导致极端事件不断发生，影响范围不断扩大，破坏力更为严重。

1951年以来，我国大陆地区极端气候事件频率和强度也发生了一定变化，但不同类型和不同区域极端气候变化存在明显差异。从全国范围看，与异常偏冷相关的极端事件如寒潮、冷夜和冷昼天数、霜冻日数等，显著减少减弱，偏冷的气候极值减轻；与异常偏暖相关的暖夜、暖昼日数明显增多，暖夜日数增多尤为明显，但高温事件频率和偏热的气候极值未呈现显著增长趋势；全国平均暴雨和极端强降水事件频率和强度有所增长，特别是长江中下游和东南地区、西部和西北地区有较明显增长，而华北、东北中南部和西南部分地区减少减弱；多数地区小雨频率明显下降，强降水的强度似有增加；全国遭受气象干旱的范围呈较明显增加趋势，其中，华北和东北地区增加更为显著；登陆和影响我国的热带气旋、台风频数有所下降，其造成的降水总量有较明显减少；北方地区的沙尘暴事件从总体上看有显著减少减弱趋势；我国东部部分地区夏季雷暴发生频率也存在较明显下降趋势。

2. 生态系统发生变化

气候变化后的中国森林初级生产力的地理分布格局没有显著变化，但森林生产力将增加1%~10%，从东南向西北递增。东北森林的组成和结构将发生较大变化，落叶阔叶树将逐步成为优势树种。

冰川随着气候变化而改变其规模。大多数岛状冻土发生退化，季节融化深度增加。高山、高原湖泊中，少数依赖冰川融水补给的小湖可能先因冰川融水增加而扩大，后因冰川缩小、融水减少而缩小。

3. 生态系统与人类社会交互产生影响

气候变化将对中国的农业生产产生重大影响，农业生产的不稳定性增加，产量波动增加，产量下降，如不采取任何措施，到21世纪后半期，我国主要农作物，如小麦、水稻和玉米的产量最多可下降37%。气候变化将影响中国粮食安全。由于气候变暖使农业需水量加大，供水的地区差异也会加大。为适应生产条件的变化，农业成本和投资需求将大幅度增加。在牧业方面，气候变化导致的干旱化趋势，使半干旱地区潜在荒漠化趋势增大，草原界限可能扩大，高山草地面积减少，草原承载力和载畜量的分布格局会发生较大变化。气候变化将导致粮食和林产品贸易增长，大多数发展中国家将更加依赖粮食进口。

气候变暖造成海平面上升，沿海地区遭遇洪涝、风暴、咸潮，以及其他自然灾害的频率加大，这些问题会直接影响到沿海和低洼地区的生存和发展，特别是亚洲和非洲大型三角洲以及一些小岛屿，经济社会发展和生态安全将受到严重影响。

4. 生态系统变化影响全球经济发展

全球气候持续变暖将使得人类社会的经济发展的脆弱性增强，实现可持续发展需要付出更大的代价。气候变化的影响利弊并存，但是低纬度和极地地区，即使温度有小幅度升高，也会遭受净损失。如果温度升高 2~3℃，全球所有区域遭受的影响都将以不利影响为主，特别是发展中国家将承受大部分损失；如果全球升温达到 4℃，全球平均损失可达 GDP 的 1%~5%。

（三）应对气候变化的国际行动

面对日益严峻的全球气候变化，各国政府采取了一些降低或控制二氧化碳排放的措施，低碳发展成为全球关注的问题。1997 年 12 月，《联合国气候变化框架公约》第三次缔约方大会在日本京都召开。149 个国家和地区的代表通过了旨在限制发达国家温室气体排放量，抑制全球变暖的《京都议定书》。《京都议定书》规定，到 2010 年，所有发达国家二氧化碳等 6 种温室气体的排放量，要比 1990 年减少 5.2%。2001 年，美国总统布什刚开始第一任期就宣布美国退出《京都议定书》，理由是《京都议定书》对美国经济发展带来过重负担，美国国内的经济发展无法支撑《京都议定书》的减排要求。2005 年 2 月 16 日，《京都议定书》正式生效。这是人类历史上首次以法规的形式限制温室气体排放。2007 年 3 月，欧盟各成员国单方面承诺，到 2020 年，欧盟温室气体排放量在 1990 年基础上至少减少 20%。2007 年 12 月 15 日，联合国气候变化大会产生了"巴厘岛路线图"，"巴厘岛路线图"为 2009 年前应对气候变化谈判的关键议题确立了明确议程，但实行"双轨"谈判。即签署《京都议定书》的发达国家要履行《京都议定书》的规定，承诺 2012 年以后落实大幅度量化减排指标；另外，发展中国家和未签署《京都议定书》的发达国家（主要指美国），要在《联合国气候变化框架公约》下采取进一步应对气候变化的措施。2009 年 12 月 19 日，联合国气候变化大会分别以《联合国气候变化框架公约》及《京都议定书》缔约方大会决定的形式发表了不具法律约束力的《哥本哈根协议》。《哥本哈根协议》决定延续"巴厘路线图"的谈判进程，就各国二氧化碳的排放量问题签署协议。《哥本哈根协议》目的是商讨《京都议定书》一期承诺到期后的后续方案，就未来应对气候变化的全球行动签署新的协议，国际社会应对气候变化问题的具体行动如表3.2所示。

表 3.2 国际社会应对气候变化问题制度构建的历程

年份	重要事件
1988	联合国环境规划署和世界气象组织成立政府间气候变化专门委员会（IPCC）
1990	联合国启动气候公约谈判进程
1992	《联合国气候变化框架公约》在纽约通过，并在里约热内卢召开的地球峰会上供各国签署，1994年开始生效
1995	在柏林召开公约第一次缔约方会议，开始了强化其附件一缔约方义务的新一轮谈判；IPCC发表第二次评估报告
1997	在日本东京召开公约第三次缔约方会议，通过了《京都议定书》，为发达国家规定了具有法律约束力的减排目标
2001	美国总统布什宣布美国拒绝批准《京都议定书》；IPCC发表第三次评估报告
2002	在印度新德里召开公约第八次会议，通过了《气候变化和可持续发展德里部长级宣言》
2005	《京都议定书》生效
2007	在印度尼西亚巴厘岛召开公约第十三次缔约方会议，通过了"巴厘岛路线图"，为2012年后气候变化国家制度安排指明了方向；IPCC发表第四次评估报告
2015	《巴黎协定》对2020年后全球应对气候变化行动作出统一安排。《巴黎协定》通过后，国际上超过130个国家和地区以立法、法律提案、政策文件等不同形式提出或承诺提出碳中和目标，全球范围有越来越多的国家将碳中和作为重要的战略目标，共同应对气候变化
2021	《联合国气候变化框架公约》第26次缔约方大会达成"格拉斯哥气候协议"，IPCC发表第六次评估报告

资料来源：笔者整理形成。

二、低碳经济发展历程

工业革命以来，人类不断追求经济高速发展与物质生活极大丰富，大量利用化石能源，放任CO_2高排放，以农业为主的原生态低碳经济体系逐渐被以工业社会为主的高碳经济体系所代替，同时人类也把自己带入了全球变暖的尴尬境地。面对全球气候变化，人类重新理性地分析人与自然、人与社会、人与人的和谐关系，开始在经济增长与福利改进、经济发展与环境保护的关系中积极寻求一种理性权衡，促进人类发展，同时，遵从环境极限的约束，提出了非原生态的低碳经济理念。全球气候变化是经济低碳化的直接原因，应对气候变化成为国际社会的主流思潮，气候变化推动全球步入低碳经济时代。

低碳经济思想的早期探索者是美国著名学者莱斯特·R. 布朗，他提出能源经济革命论，开始研究探索低碳经济。他认为，面对地球温室化的威胁，要尽快从以化石燃料为核心的经济，转变为以太阳能、氢能为核心的经济，化石燃料或以碳为基础的经济将受到能源和环境的双重约束，向高效的、以氢为基础的经济转变十分必要和紧迫，要建构零污染排放、无碳能源经济体系。

低碳经济是以低能耗、低污染、低排放为基础的经济模式，是人类社会继农业文明、工业文明之后的又一次重大进步，是通过更少的自然资源消耗和更少的环境污染，获得更多的经济产出。"低碳经济"的理想形态是开发低碳（无碳）能源，充分发展"阳光经济""风能经济""氢能经济""核能经济""生物质能经济"。它的实质是提高能源利用效率和清洁能源结构，追求绿色GDP，核心是能源技术创新、制度创新和人类生存发展观念的根本性转变。低碳经济发展模式对节能减排，保护人类赖以生存的地球具有重要意义。其内涵可以界定为低碳生产方式是在可持续发展理念指导下，通过技术创新、制度创新、产业转型、新能源开发等多种手段，借助技术创新和经济制度变迁，改变人类以碳基能源消费为主的结构，高效率利用化石能源，发展以可再生能源为主的能源结构，减少温室气体排放，达到经济社会发展与生态环境保护双赢的一种经济发展形态。低碳经济是创造更高的生活标准和更好的生活质量的途径和机会。低碳经济是一种发展理念，更是一种发展模式。这种发展理念以高效能、高效率、高效益、低能耗、低污染、低排放（"三高三低"）为基础，以降低对自然资源依赖为目标，以能源可持续供应为支撑，在发展过程中注重生态环境的保护，是可持续发展的经济，是人类社会的第四次浪潮。

英国政府最早将"低碳经济"纳入政府政策视野。2003年，英国贸易工业部发表《能源白皮书：我们能源的未来——构建低碳经济》，分析了能源效率、低碳排放技术和低碳交通，提出发展可依赖的、可承担的新能源，同时指出，为了应对环境变化和国内能源挑战，英国应当改变原有的能源政策，发展低碳经济。报告认为，低碳经济在技术上可行，在保证经济发展的基础上，具有能源消耗较低的优势，使英国经济更好地应对挑战，不断繁荣发展。2006年10月，世界银行首席经济师、英国经济学家尼古拉斯·斯特恩（Nicholas Stern）受英国政府委托，撰写了《斯特恩评述：气候变化经济学》。尼古拉斯·斯特恩认为，气候变化对经济学上提出的挑战，是迄今为止规模最大、范围最广的市场失灵现象。气候变化所带来的影响不应该只是狭隘地集中在GDP这样的收入度量上，它对健康和环境的后果有可能更加严峻。斯特恩报告分析了减缓气候变化的成本，认为碳的社会成本有可能随着时间的推移不断上升，因为随着大气中温室气体存量的增加，边际破坏也在加剧，而且存量是随着时间的推移而不断增长。斯特恩指出，应尽早采取有力的低碳经济行动，扩大低碳、高效商品和服务市场规模，全球以每年1%GDP的投入，可以避免将来每年5%~20%GDP的损失，呼吁全球向低碳经济转型（Stern，2006）。

英国提出发展低碳经济后，欧盟各成员国紧随其后，提出了一系列发展低碳经济的计划和战略。2007年，欧盟通过了能源技术战略计划，该计划的重点是鼓励发展低碳能源技术。2008年1月，欧盟委员会制定欧盟能源气候一揽子计划，并于同年12月通过。

美国政府针对多年经济发展过程中出现的温室气体排放问题，也出台了有关气候变化及低碳经济的相关法案。2007年，《美国气候安全法案》在议会委员会层面上通过。2007年2月，美国参议员提出《低碳经济法案》。2007年11月，美国进步中心为政府提出《渐进增长，促进美国向低碳经济转型》的报告。2009年3月，美国众议院能源委员会向国会提出《2009年美国绿色能源与安全保障法》。以上可以看出，尽管美国没有在《京都议定书》上签字，但是在能源、经济增长方式、气候安全以及低碳经济等多方面还是积极的。

中国作为一个负责任的发展中国家，在抑制全球气候变化问题、节能减排、发展低碳经济方面也展现了自身的积极态度。2006年，科技部、国家发改委、中国气象局、国家环保总局等六部委联合发布了《气候变化国家评估报告》，倡导建立低排放社会。2012年启动了《第三次气候变化国家评估报告》研究活动。2007年6月，中国发布了《中国应对气候变化国家方案》，提出中国政府将通过实施调整经济结构、提高能源效率，开发利用水电和其他可再生能源、加强生态建设，促进经济、社会和环境的可持续发展。2007年12月，《中国能源状况与政策》白皮书发布，将可再生能源列为国家未来能源发展的重要部分。

三、低碳经济的构成要素

低碳经济以减少温室气体排放为目标，构筑低能耗、低污染为基础的经济发展体系，发展低碳技术、产品和服务，确保经济稳定增长的同时，消减温室气体排放。低碳经济是经济系统的组成部分，应按照市场经济的原则和机制来发展，提高能源利用效率，创建清洁能源结构，促进生产低碳化，带动消费低碳化，实现低碳约束下的经济效益和社会福祉最大化。发展低碳经济关键是技术创新和制度创新，也就是通过技术进步，在提高能源效率的同时，降低 CO_2 等温室气体的排放强度。低碳经济由低碳能源、低碳技术、低碳产业三个要素构成。

（一）核心要素：低碳能源

能源是经济发展的投入要素，不同的能源碳含量不同，因此，能源消费结构不同，碳排放量也会大为不同。如果矿物性能源等碳基能源所占比例较大，就很难做到低碳发展。低碳经济的实质就是用低消耗、低排放和低污染来保证国民经济和社会的可持续发展，其核心是能源低碳化。低碳经济发展的核心就是低碳能源和新能源开发和利用。发展低碳经济必须加大推进科技创新，积极开发高效、经济、实用的低碳能源，优化能源结构，使高碳能源结构逐渐向低碳能源结构转变。

（二）动力要素：低碳技术

科学技术是经济发展的第一生产力。低碳技术是国家发展低碳经济的核心动力源，是解决日益严重的生态环境和能源问题的根本出路。低碳技术包括清洁能源技术、可再生能源和新能源开发技术、传统技术的节能改造、油气资源和煤层气的高附加值转化和二氧化碳捕捉及储存技术等。它广泛涉及石油、化工、电力、交通、建筑、冶金等多个领域。这些低碳技术一旦物化和作用于低碳经济的生产过程就成为直接生产力，成为低碳经济发展最为重要的物质基础，是低碳经济发展强大的推动力。

（三）载体要素：低碳产业

载体是事物从一种状态变化到另一种状态的过程中所借助的中介物质。经济发展不同阶段的载体有所不同。低碳经济发展的载体是低碳产业，经济模式低碳化是扭转经济粗放式增长向集约式增长的一剂良药，它需要改变国民经济的产业规模、结构。产出规模是影响经济发展、能源消费以及碳排放的重要变量。在其他条件不变的情况下，产出规模越大，经济发展规模越大，越需要更多的能源支撑，也就是说，能源需求会随着经济规模增加而同方向变动，能源消耗量的增加，导致温室气体排放量自然增加。一般而言，经济增长与产出规模、能源消费以及碳排放具有正向关系。在经济发展规模不变的前提下，产业结构是影响能源消费规模及温室气体排放的一个重要因素。低碳经济发展的水平取决于低碳产业承载能力的大小。

发展低碳经济就是要在保持现有经济发展速度和质量不变甚至更优的条件下，通过调整产业结构、增加碳汇等措施实现碳排放总量和碳排放强度的减少以及能源的可持续供给。换句话讲，低碳经济发展的理想状态是不损害能源可持续供应、不践踏生态环境的，低碳经济的发展只会进一步增加清洁能源的可持续供应能力，确保能源、环境、经济协调发展。

四、实现低碳经济的途径

低碳经济是人类社会发展到一定阶段的产物，是经济发展方式转变的具体体现。低碳经济是由多个因子组成的复杂系统。在这个系统中，彼此相互影响、相互促进、相互协调，具体包括低碳能源系统、低碳产业系统、低碳技术系统以及支持低碳因素运行的制度系统。

（一）国家战略部署是导向

低碳经济作为新的经济发展方式，需要政府乃至全社会的努力。从政治角度看，需要在国家战略、法律和政策层面给予引导，尤其需要从国家层面作为国家战略的组成部分，由政府在宏观上制定超前和具有远见的战略规划强力推行，方可在低碳经济发展初期有所成效。英国首先将低碳经济作为国家战略的重要组成部分，将低碳经济作为国家层面的宏观战略，致力于发展低碳经济。2007年12月，联合国气候大会及其形成的"巴厘岛路线图"，基本确定了各国减排义务，并将低碳经济作为全球战略，世界各国也纷纷制定了各自的低碳战略，根据《联合国气候变化框架公约》的约定以及保护环境的要求，各国政府形成低碳共识。

（二）能源低碳化是基础

源头低碳化能从源头上改变能源供给，加速从"碳基能源"向"低碳能源"和"轻基能源"转变。能源是为人类社会活动提供能量的天然物质。从广义而言，能源既包括煤、石油、天然气等传统的化石类能源，也包括风能、生物质能、太阳能、海洋能、地热能、核能等新能源。纵观社会发展史，人类经历了柴草能源时代、化石类能源时代。柴草能源时代的经济发展水平较低，对能源消费需求较少，能源种类主要是以柴草等生物性能源为主。化石类能源时代，生产和生活消耗的能源以煤炭、石油、天然气为主，在世界一次能源消费结构中，三者占能源消耗总量93%左右。化石类能源为经济发展提供了超乎寻常的动力，推动了经济的高速发展，生产和生活对化石类能源消费的不断增长，带来了无法回避的碳排放增加，目前，世界在不断寻求、开发更新更安全的能源，改变传统的以化石类能源为主体的能源结构，以清洁能源和可再生能源逐步替代化石类能源，构建低碳能源系统。根据世界能源委员会推介的分类标准，能源可以分为以下不同类型（见表3.3）。

表 3.3　　　　　　　　　　　　能源的分类

分类标准	主要构成
按形成分类	一次能源：煤炭、石油、天然气、太阳能、风能、水能、生物质能、地热能等
	二次能源：电能、汽油、柴油、酒精、煤气、热水氢能等
按是否可再生分类	可再生：风能、水能、太阳能、地热、生物能、海洋能等
	不可再生：石油、煤炭、天然气、核能等
按来源分类	来自太阳的能量：太阳能、煤炭、石油、天然气、水能、风能、生物能等
	来自地球内部的能量：核能、地热、潮汐能
按对环境影响分类	污染型：石油、天然气、煤炭和生物能
	清洁型：水能、风能、海洋能、太阳能等

资料来源：根据世界能源委员会用能分类整理而成。

从表3.3可以看出，按照不同分类标准，相同的能源可以隶属于不同的能源类别。不同的能源在促进经济发展过程中对环境系统的影响有着截然不同的结果。

根据能量守恒定律，自然界的资源能量是恒定的，能源消耗的另一端口出现了资源耗竭、环境恶化，具体到气候变化方面，体现为气候变暖。这其中缘由就是能源消耗。但是，在消耗相同数量的能源的情况下，能源结构不同，产生的碳排放也会有很大差别。由于碳基类能源在使用过程中可能产生的温室气体排放量往往很难准确测量，大多根据不同能源的碳含量推测能源消耗的碳排放量。目前，主要有一些研究机构对能源消费的碳排放系数进行了测算，尽管不同研究机构的研究结果不尽相同，但大体方向是完全一致的。

以煤炭为主的化石类能源的消费是引起碳排放的主要诱因，在所列举的主要能源中，煤炭的碳排放系数最高，各个研究机构的研究结果均显示，其排放系数均超过了0.7，其次是石油、天然气，核能和水能排放系数均为0。

人类社会经济需要发展，能源的消费不可避免。如何协调经济社会发展和温室气体排放之间的关系，成为问题的核心。解决问题的出路是优化能源结构，减少碳基大的能源的使用，提高优质、低碳能源比重，推进化石类能源的洁净化利用，积极开发低碳型能源与可再生能源，同时，从技术进步、产业结构调整和政策机制创新等多方面寻找出路。低碳型能源的推广使用，是实现低碳经济的基础。

（三）经济社会低碳化是核心

经济社会低碳化即过程低碳化，包括经济发展低碳化和社会发展低碳化两个方面。实行低碳生产是实现经济发展低碳化的重要途径之一。低碳生产是一种可持续的生产模式，要实现低碳生产就必须实行循环经济和清洁生产，调整产业结构。三次产业的能源消耗差别较大。一般而言，第二产业能源消耗较多，第一、第三产业能源消耗相对较少，在第二产业内部，轻工业能耗小，重工业能耗大。因此，需要调整产业结构，促进低碳产业发展。

关于低碳产业的内涵至今并没有统一的认识，国内外研究机构对此的定义各有侧重，但是总体而言，包括低碳产品生产、低碳技术运用，并形成相互衔接、相互关联的产业布局，形成低碳规模经济。英国研究机构 Innovas Solutions 对全球的低碳经济和产业进行了全面翔实的分析，认为低碳产业包括三个领域：环保产品和服务、可再生能源和新兴低碳行业，涵盖23个行业95个子行业。

低碳产业是对传统产业的扬弃，是按照低碳经济发展的要求，摒弃高投入、高能耗、高污染的"三高"产业，发展低碳化的产业。

产业低碳化并不是某一个行业、某一产品降低能耗，而是整个社会再生产低碳化。三次产业的低碳化转型，形成低碳化的规模经济，也是人类社会从农业文明、工业文明后进入信息化引领的知识经济时代后，掀起的第四次浪潮，即低碳化浪潮。在低碳理念主导下，现有产业的发展将以低碳化为核心进行转型，具体表现在三次产业的各个领域，包括农业低碳化、工业低碳化、交通低碳化、建筑低碳化、服务低碳化和消费低碳化。

三次产业低碳化发展是世界潮流，也是未来经济发展新的增长点，从目前看，各个主要国家已经开始抢占先机，发展低碳环保产业，低碳经济大多体现在国家战略之中，低碳和环保产业自 20 世纪 90 年代开始，经过 20 多年发展，已经具有一定规模。

社会发展低碳化是指民众要改变以往高消费、高浪费的生活方式。通过调整交通方式，大力发展公共交通和轨道交通，大容量公共交通的发展可以有效削减道路交通的能源需求和温室气体排放，居民徒步或依靠自行车出行，通过调整出行方式、居住方式等低碳消费生活习惯，优先选择低碳产品，促进社会发展低碳化。

（四）低碳技术是动力

无论是经济低碳化转型还是产业结构低碳化调整，技术研发和运用都是非常重要的关键和支撑，是发展低碳经济的前提。低碳技术种类繁多，并且有不断增加的趋势，主要包括资源再生利用技术，新能源技术，节能技术，减排技术，清洁生产技术，绿色建筑技术，二氧化碳捕捉、封存和资源化技术等。低碳技术的研发和推广投资较大，任何一个国家在技术进步方面的投资都是有限的，很难做到对低碳技术进行全方位研究、全面推进。因此，各国都根据本国低碳经济发展和环境保护的需要，有选择地研究和推广低碳技术。

欧盟从 20 世纪 90 年代开始，着力于研究开发清洁、高效、廉价的低排放能源技术，以期在低碳技术方面夺得国际领先地位，如英国和德国加大资助发展煤炭清洁技术，资助碳捕捉技术，对收集并存储碳分子技术等研究项目给予政府财政补助，建设示范低碳发电站，为发展低碳经济提供技术支持，欧盟将低碳经济的兴起视为重新获得世界领先地位的重要历史机遇。

日本资源和能源匮乏，对发展低碳经济异乎寻常地重视，为此，在国家层面对低碳经济技术给予大力支持。首先，日本将低碳经济作为国家战略，日本是最早制定并推行太阳能政策的国家。1974年开始执行"阳光计划",并加大对太阳能、煤炭、氢能以及地热等四个领域的重点开发研究,以解决对石油能源的依赖。1980年,成立新能源及产业技术综合开发研究机构,将煤炭液化技术、深部地热勘探及开发技术、太阳能发电等技术作为重点攻关项目。1981年,启动"月光计划",重点对燃料电池进行开发研究。1993年,日本将"日光计划"和"月光计划"进行整合,将原来各自独立的关于节能技术、新能源技术以及地热能源技术三个领域的研究统筹安排,综合推进。到2002年,日本的太阳能发电、太阳能电池产量居世界首位,占世界总产量的50%左右,光伏产业规模也不断扩大。2004年,日本投入巨资开发太阳能、风能、光能、氢能和燃料电池等替代能源和可再生资源,并开始对潮汐能、水能进行研究。2007年,日本决定在5年内投入2090亿日元,用于开发研究清洁汽车技术,以便降低汽车燃料消耗,降低机动车温室气体排放量。2008年,日本在达沃斯世界经济论坛上表示,在未来的5年内,日本将投入300亿美元来推进"环境能源革新技术开发计划",用于减少碳排放革新技术和将二氧化碳封存到地下的碳捕集及封存技术的开发。同年,在内阁"综合科学技术会议"的主导下,日本经济产业省制定并公布了"凉爽地球能源技术创新计划",在电能方面,启动高效天然气火力发电、高效燃煤发电、新型太阳能发电、先进的核能发电等技术的研究开发;在交通领域,启动先进道路交通系统、燃料电池汽车、插电式混合动力电动汽车技术研发;在能源领域,加强生物能替代燃料、固定式燃料电池、氢的生成和储运等技术研发;在其他方面,开展了超导高效输送电技术、节能型住宅建筑、新一代高效照明、超高效热力泵、节能式信息设备系统、电子电力技术的研究开发工作。2008年下半年,日本内阁"综合科学技术会议"又公布了"低碳技术计划",开始推进五大重点技术领域的创新,包括超时空能源利用技术、超燃烧系统技术、低碳交通构建技术等。

日本政府通过制定低碳经济"技术战略图",推动政府、企业和科研机构共同构成国家低碳经济创新系统,调动国家以及民间等各方面因素和资源,全方位多角度立体推进低碳经济技术创新攻关,通过长期低碳经济的创新研发、推广运用,日本的减排技术以及烟气脱硫环保产业达到了世界领先水平。

美国是一个经济强国,也是历史碳排放量较大的国家。美国的能源结构以煤炭为主,美国50%的电力供应来自煤炭,因此,美国减排的重点始终是研究开发煤炭资源的高效利用技术。目前,美国联邦政府层面设立了白宫科技政策办公室和国家能源部。白宫科技政策办公室主要为总统提供建议。国家能源部主要与各类研发机构、企业研发部门合作，促进低碳科技创新，保障能源安全。2007~2009年美国联邦政府支持的低碳技术计划主要体现在"美国竞争力计划""先进能源计划""气候变化技术项目战略计划"，美国政府的减排目标始终是利用技术进步提高能源效率，减少碳排放技术的研发一直是美国政府支持的重点。

德国在开发和利用低碳技术时，首先从战略角度推进高技术攻关，从1977年开始，德国先后推行了五期国家能源研究计划，以提高能源利用效率为重点，加强新能源的开发、气候保护高技术研究开发。煤炭是德国中长期主要能源，为此，德国非常重视发展应用清洁煤技术的发电站，将发展低碳发电站技术作为减少温室气体排放的关键，加大资助发展清洁煤技术、收集并存储二氧化碳技术等研究项目，研究并推广热电联产技术，减少热量流失。

（五）宏观政策是保障

由于低碳产业投资风险大、技术水平要求高，造成低碳经济发展初期的市场竞争力较弱，因此需要政府给予一定的扶持政策，包括完善的法律法规、财政税收政策、金融政策以及产业政策等。政府可以通过立法，制定完善的有利于促进低碳经济发展的法律法规，将法律手段、经济手段以及社会公德等多手段交互运用，约束公民及法人的高碳行为。综合运用价格、财政、税收和金融等，采用市场机制运行方式，将污染排放的负外部性内部成本化，纠正市场失灵，通过有效设计和市场机制，充分发挥市场配置资源的基础作用，促进资本、资源和技术等要素向低碳领域流动。

第二节　发展低碳经济的环境政策

低碳经济的培育和发展，需要国家合理设置经济杠杆的"支点"，在宏观层面培育经济绿色增长点，尤其是低碳经济发展初期，更需要国家层面的支持和引导，通过政府引导和市场机制配置，从根本上转变对化石能源的依赖，真正减缓和适应气候变化。从大类划分，政策工具可以分为市场机制主导下的自愿性工具、政府主导的强制性工具和前两者混合性工具三种，即政府管制手段、市场化手段以及财税政策手段。

以市场机制主导的自愿性工具是在自愿的基础上，按照市场化机制运作，发挥市场价值规律作用，通过供求关系博弈和市场价格的波动，利用市场主体对利益的追求自动调节经济运行，是市场经济机体内的供求、竞争、价格等要素之间的有机联系及作用的结果。在这一体系中，博弈主体是私人部门，包括家庭、法人、社区和志愿者组织等市场微观主体。以政府主导的强制性工具主要基于公共产品供给机制，采取直接提供、以税费作为价格表现形式及政府管制等方式，直接作用于目标个人或公司。混合性政策工具兼具自愿性工具和强制性工具的特征。混合型工具是政府与市场有效衔接，包括信息与劝解、补贴、许可、征税与用户收费。促进低碳经济发展的政策工具需要多个杠杆合理配置，科学利用价格杠杆、金融杠杆、财税政策杠杆等，发挥自愿性工具和强制性工具在低碳经济发展过程中的资源配置功能，同时，通过国际税收协调，促进独立主权国家税收制度生态化，实现全球的温室气体减排目标，循序渐进地推进经济发展与温室气体排放"脱钩"。

一、市场化手段

市场化手段包括价格杠杆、碳减排量交易和排污权交易等。市场化手段可以根据市场的供给和需求，按照市场经济运行规律配置资源，自动发挥调节功能。

（一）价格杠杆

价格杠杆是市场机制中的基本调节手段。价格杠杆在市场竞争过程中，影响各种经济要素价格变动，从而使其供求变动之间形成相互制约、相互联系和作用的机制，也称为价格机制。价格机制是市场机制中最敏感、最有效的调节机制，价格的变动对整个社会经济活动有十分重要的影响。

价格机制对低碳经济的影响是通过低碳要素投入、低碳产品、低碳服务等商品劳务价格实现的，即通过低碳产品和劳务的价格影响低碳产品供给和需求，从而促进低碳经济的发展，其中对能源价格的影响最为显著。能源价格的变动对二氧化碳排放的影响是通过对经济总量和经济结构两个方面发挥作用的。

首先，能源价格会影响一定时期的经济总量。能源价格是通过能源的供给冲击影响经济总量的。经济活动中，供给冲击普遍存在。供给冲击通过相对价格变化发挥作用。具体来说，能源价格变化时，就意味着生产投入要素价格发生变化。当能源与其他要素的替代弹性不为零时，就会改变要素的市场价格水平和均衡值，进而影响生产，导致社会总供给变化；生产要素价格的变动会使消费品价格总水平和相对价格发生变动，社会总需求水平发生变化，最终影响均衡产量和价格。由于社会供给和总需要的变化，影响了经济总量。因此，能源价格上涨会导致单位产量的生产成本提高，总供给曲线向左上方移动，若短期内工资水平不能充分调整，劳动力需求下降，经济只能在存在失业的情况下实现均衡，从而导致经济总量下降。另外，基础能源产品处于产业链的上游，基础能源价格增加，生产者成本增加，并通过价格传导机制转嫁给最终消费者，抑制有效需求，给经济总量带来负面影响。经济增长所导致的碳排放又源于经济增长对能源的需求，而能源价格是影响供给和需求的重要因素。

其次，能源价格会促进经济结构调整。根据部门转移理论，对一个多部门的经济体而言，能源价格冲击增加了高耗能行业的投入成本，降低了消费者对于高耗能产品的需求，高能耗投资规模减少，要素投入萎缩，使得高能耗产业比重下降。而对于能源开采、新能源开发和利用、清洁生产、低碳消费等，其劳动和资本需求会增加，引发生产要素在不同部门的重新配置。可见，能源价格变化鼓励能源投入较少产业、抑制能源投入较多行业的生产活动，从而引发经济结构的调整优化。

能源价格会通过影响能源效率对碳排放产生调节作用。通过能源价格机制影响碳排放的主要有两个途径：一是能源价格变动引起生产资料价格变动而影响上下游企业的行为，形成要素替代效应，改变能源消费结构，进而影响碳排放；二是能源价格的调整必然会影响能源产业利润，利润的变化将引起能源产业投资的改变，从而改变能源供给，能源供给规模及结构的变化会影响碳排放。在这两个途径中，价格杠杆处于基础地位，对其他机制都起着推动作用。

（二）排污许可及排污权交易

排污许可和排污证交易是两个相关的政策手段，是由政府确定污染物排放总量，并发放排污许可证，建立排污权的市场，再由市场供求决定排污权交易价格，调节一个区域污染物排放总量，必要时还可以通过发放或收购许可证调节供给，从而控制排污许可证的交易价格，政府通过排污权市场，将排污许可证商品化。目前欧美各国排污许可和排污交易制度运用比较广泛，相关制度也比较完备。

排污许可和排污交易是美国最常用的市场化环境规制之一。使用这类机制的主要项目包括美国国家环境保护局排污交易计划、铅排放交易计划、水质许可证交易计划以及旨在控制酸雨的二氧化硫排放交易计划。1974年，美国国家环境保护局将可交易排污许可运用于改善地区空气质量项目中，并进行了试验，该交易许可适用于空气污染排放控制，并通过了《清洁空气法案》作为指导性文件。1982年，美国推行铅排放交易制度，对提炼商生产出来的汽油，规定了汽油的含铅量标准，若企业生产的汽油含铅量低于规定标准，政府给予厂商铅排放信用。1985年，美国国家环保局颁布了允许提炼商存储铅排放信用的制度，厂商也充分利用了这一制度。铅排放交易计划在实现环境目标上取得了显著的成效，当铅排放削减获得阶段性的成功后，美国国家环保局于1987年末终止了这一制度。1990年美国通过了《清洁空气法修正案》，该法案的核心内容是建立控制二氧化硫排放交易许可机制。在该机制实施的前几年，排污许可交易水平比较低，然而随着时间的推移，交易额与日俱增，一个充满活力的二氧化硫排放许可交易市场已经形成，每年有10亿美元左右的交易额发生，与"命令—控制"型规制手段相比，可交易排污许可节省了大量成本。

从20世纪90年代开始，欧洲国家对利用可交易排污许可机制控制环境的兴趣日增，欧盟委员会在整个欧盟国家大型污染排放者之间建立交易体系，以便促使可交易排污许可机制在欧洲国家得到更普遍实施。1990年7月，欧洲委员会启动了欧洲气候变化计划，该计划建议在欧盟国家内进行排污许可交易。为此，部分欧洲国家开始尝试可交易排污许可机制。其中，荷兰建立了排污权力机构，对排污量进行监测并对减污量交易实施监督。英国最早针对包装物实施可交易排污许可，并实施较为复杂的碳排放交易，将排放总量的控制、气候变化税以及减排协议相互协调，构建了碳排放交易许可系统，形成了对气候变化征税协议与排污交易计划有限制的交换方式，欧盟地区污染排放交易中具有特色的政策是"绿色证明（green certification）"交易。它是在国家层面建立政令或法律，允许能源企业在电力生产中利用一定比例的可再生或非石油能源，对能源使用比例有节余的企业，会获得"绿色证明"，并允许"绿色证明"进入流通领域，出售给那些难以履行其义务的部门。

（三）排污收费制

排污收费与排污许可及交易不同，政府只确定污染物排放的价格，污染物排放的总量由市场去决定。政府通过价格，引导企业从关心微观经济利益的角度，自动调节排污行为，从而实现控制排污总量。

排污收费在欧洲运用较为广泛。目前，德国、法国、丹麦、荷兰和挪威等大多数欧洲国家都实施了针对市政固体废弃物的收费（或征税）制度，以削减固体废弃物。另外，排污收费用被利用于水质管理领域，几乎所有欧洲国家都实施了污水排放收费制度。欧盟国家对厂商和居民个人污水排放的收费依据有所不同，厂商根据实际测量的排放量交费，以利于激励减排。针对居民的污水排放，欧洲国家都实施了依据用水量征收排污费的办法，将排污费和水费合并征收。欧洲国家实施的税费机制设计得比较细腻，排污收费规定非常注重市场化机制与其他机制的配合，减污效果比较明显。

（四）押金返还

"押金返还"制度是指消费者或下游企业在消费交易时在价格之外预先支付高于价格的押金，消费后按规定归还标的物后获得押金返还的一种政策。"押金返还"制度在一定程度上构成了对消费者的行为约束，利用押金这一市场经济杠杆刺激消费者将废旧产品返回给厂商或指定机构，避免随意丢弃产生的环境污染，能够以最低的代价减少垃圾处理费用，降低环境治理成本。

目前德国、法国、瑞典、挪威、丹麦和荷兰等国家都对金属容器、塑料容器和玻璃瓶等实施了押金返还制度。瑞典和挪威对报废车辆也实施了押金返还制度。如瑞典政府于1976年就规定，对新车购买者须征收250克朗的押金，若车主在汽车报废时能够将报废汽车送至指定的废车处理场，可以获得300克朗的押金返还。挪威自1978年也开始实施针对废旧汽车的押金返还制度。押金返还制度使挪威废旧汽车的回收率高达90%以上，收取的押金主要用于退还押金，其余划归国家预算，用于废旧汽车的收集、运输和粉碎以及重复再利用等方面的财政补贴。

美国在州一级地方政府对饮料容器实施押金返还制度，押金返还制度在美国的运用被称为"瓶子法案"，大多数州都是针对所有类型的容器征收。该法案规定，消费者在购买商品时支付一定的押金，消费者将空的容器归还给指定的容器回收中心时可以将押金赎回。美国实施押金返回制度一年后，容器的回收率大幅度提高，废弃物丢弃的现象减少，促进了容器的再利用。另外，美国还对铅酸电池实行强制性押金返还制度，消费者用旧电池换新电池可以获得一定的折扣。

二、政府管制手段

（一）政府管制的含义

政府管制是指政府通过执行机构，采取强制性的行政命令、指示、规定等措施调节和管理经济的手段。环境管制是政府通过制定环境法律制度，对环境质量标准通过法律法规的形式进行约束和规定，通过污染限制、禁止（禁令）和规定等法律规定对企业污染及其防治进行管理。政府管制手段存在的经济基础是"市场失灵"，其本质上是弥补市场机制在发展低碳经济过程中的资源配置缺陷，解决私人产品在生产以及消费过程中的外部性问题，实现"市场机制"的"自由性"与"政府管制"的"强制性"有机结合，避免在"市场失灵"的情况下"政府失灵"。

（二）政府管制手段在节能减排中的运用

各国早期环境保护和污染防治主要采取政府管制，即命令—控制手段，这种环境政策手段的具体表现形式是政府对市场私人主体污染排放的直接干预以及对环境资源的直接管辖，是各国管理环境问题中最常见的手段。如美国早期为了管理环境问题采取的《清洁空气法》和《清洁水法》等。各国（地区）在环境保护和污染治理方面的政府管制主要政策如表3.4所示。

表 3.4 主要国家（地区）的管制政策

国家（地区）	管制政策
欧盟	《欧盟可再生能源电力指令》（2001） 《建筑物效能指令》（2002） 《国产家用电器能源效率标识指令》（2004） 《能源效率行动计划》（2006）

续表

国家（地区）	管制政策
美国	《"能源之星"计划》（1975）
	《能源政策和节约法》（1975）
	《国家电器产品节能法》（1987）
	《国家能源政策法》（1992）
	《国家能源政策战略》（1998）
	《国家能源政策法》（2005）
日本	《节能法》
澳大利亚	《国家家用电器设备能源效率项目》
	《澳大利亚建筑规范》
	《最小化能源性能标准》
	《燃气效率转化计划》

资料来源：笔者整理。

直接管制手段的指向性强，又具有强制性，具有较强的约束力，这种手段在促进低碳经济发展、保护环境、节能减排方面通常会有立竿见影的调节效果。

三、财政税收政策

促进低碳经济发展的财税政策体系包括两大组成部分：激励性的财税政策和约束性的财税政策。激励性财税政策主要对市场主体的节能减排行为给予政府财政补贴和税收优惠，主要包括财政专项资金安排、国债投入、财政补贴、财政贷款贴息、政府采购制度和税收优惠等政策措施。约束性财税政策是通过增加市场主体的成本支出，促使其改变经营行为，优化能源消费结构，调整经营方向和产品结构，构建有利于低碳经济发展的政策环境，主要措施是征收与能源消费有关的各种税费，如碳税、资源税、环境税等。

不同类型财税政策在节能减排技术生命周期的各个阶段作用效果有所不同。从财政政策看，在低碳产品和节能减排技术研发阶段，事业费拨款、预算投资和补贴政策效应依次递减，在技术示范阶段，各类财税政策效应基本相同，在大规模商业化推广阶段，预算补贴的政策效应高于投资政策。总体来

看，在节能减排技术生命周期的前期阶段，采取事业费拨款和预算投资政策
较为有利，且效果呈现递减趋势；在降低成本和大规模商业化推广阶段，预
算补贴政策更优，其效果呈现递增趋势。从税收政策来看，激励型税收优惠
效果好、可行性高，政策效果呈现递增趋势；约束性税收惩罚政策在节能减
排技术生命周期的各个阶段效果均有限，各类财税政策节能减排效果如表3.5
所示。

表 3.5　　　　不同类型财税政策在不同的节能减排技术生命周期内的效果

政策类型	节能减排技术生命周期					政策可行性
	政策手段	研发阶段	示范阶段	降低成本阶段	大规模商业推广阶段	
预算政策	事业费拨款	★★★	★★★	★★	★	★★★
	预算投资	★★	★★	★	★	★★★
	预算补贴	★	★★	★★	★★	★★
税收政策	激励型优惠	★	★★	★★★	★★★	★★★
	约束型优惠	★	★	★	★	★★
基金收费	专项基金和收费	★	★★	★★	★★	★
折旧政策	加速折旧	★	★	★★	★★	★★
政府采购	强制或优先购买	★	★	★★	★★	★★

注：★表示政策效果的强弱程度，★数量越多，政策效果越好，反之越弱。
资料来源：笔者整理。

由于不同的环境政策手段效应不同，各国政府大多根据本国经济、社会和
环境发展的需要，选择适合本国环境保护的节能减排政策工具。

第三节　低碳税收的产生及发展

一、低碳税收的产生

（一）环境的外部性

生态环境是一种公共产品，具有产权的不可界定性和消费的非排他性、非

竞争性，气候环境属于典型公共物品的范畴，具有非排他性和非竞争性，在无外部约束条件下，经济主体可以随意向大气排入温室气体而不承担任何代价。气候环境的外部性是由于气候环境的"无价使用"，形成社会净产值与私人净产值的偏离，或社会边际成本与私人边际成本的不一致。而且由于无法界定全球气候产权，全球气候变化造成的损耗和破坏后果需要由全世界分担，从而刺激单个利益主体和国家利益主体对其过度利用，以谋求自身利益的最大化。温室气体排放具有典型的"负外部性"，企业向环境任意排放二氧化碳等温室气体，导致气候恶化，而无须承担消除对其他人造成不利影响的成本，其私人成本小于社会成本。排放者从自己的私人成本或私人收益出发选择"最优产量"，各国政府从本国眼前利益出发，力争使本国经济竞争力最大化，从而无法按照市场机制自动有效配置碳排放，它只能使某些私人或个别国家福利达到最大，却无法使全球温室气体排放与环境容量相适应。

另外，"利益分散"使得气候变化的外部性更加难以控制。在市场经济条件下，经济活动都是分散进行的，各经济主体在利益上有其相对独立性，经营过程中有意识地增加外部成本，降低私人内部成本，或者出于生产过程中某些便利的考虑，各个厂商通常只考虑内部成本与效益，忽视了企业的社会责任。即使有个别厂商主观上愿意承担部分社会责任，试图减轻经济活动对气候变化的负面影响，但是，监控手段有限，执法约束性尤其是跨国监控和约束较差，无法知晓温室气体排放浓度（温室气体供给）是否控制在环境所能承受（温室气体的需求）的环境阈值范围内，无法实现私人利益与社会福利的成本与收益的对应。

（二）理性的抉择：外部性内部化

外部不经济带来资源的低效或无效配置，是社会财富的净损失，减少这种损失的有效途径是外部性内部化。其途径一般有两个：基于市场效率论的市场化途径和基于政府效率论的政府管制途径。市场效率方式主要是运用科斯定理，即通过产权转让使市场充分发挥资源配置作用。科斯定理认为，只要产权明晰，并且交易成本为零或者很少，市场机制会有效发挥作用，达到市场均衡。对于温室气体排放而言，只要能确定排放量产权，谈判费用不大，温室气体排放导致的气候变化的外部效应问题是可以通过当事人之间自愿交易实现内部化的。科斯定理具有浓厚的理想主义色彩，尤其是在温室气体排放领域，温室气体排放具有全球性影响，确定其产权显然是无法操作的，无法满足科斯定理发挥作用需要的条件。政府效率包括政府直接管制和征收排放税。政府直接管制是政府运用行政权力直接处理温室气体排放所产生的外部性问题。政府直接管制是解决外部性问题最基本的方式，具有权威性和指令性特征，能够迅速有效地达到目的，但同时也容易导致政府干预扭曲市场机制，造成效率上的损失。征收排放税是采用庇古税方式遏制温室气体排放。前面我们介绍过庇古税，其核心是环境污染无法通过市场机制自动调节完成，无法解决外部性引起的边际私人成本和边际社会成本偏离问题，需要引入外力，需要政府对产生外部性的厂商课税，增加厂商负外部性的内部成本，使其私人边际成本上升，最终等于该行为所产生的社会边际成本。政府课征排放税，发挥"税收楔子"作用，避免温室气体排放过度造成的社会总收益减少。

二、低碳税收的发展

20世纪70年代以来，以低碳税收为主的税收制度生态化发展大致经历了三个阶段。

（一）补偿收费阶段

1972年，经济合作与发展组织首先提出把"污染者付费"原则作为环境政策的基本原则，要求"污染者应当承担由政府决定的控制污染措施的费用，以保证环境处于可接受的状态"。在这一原则指引下，欧盟各国开始探索环境污染补偿治理的政策措施。

20世纪70年代开始，环境问题日益受到发达国家国民重视，尤其是欧盟地区，欧盟范围内的各种绿党类民间组织不断增加，推动政府将环境保护和污染治理纳入政府调控范围。但是，环境税仍处于萌芽状态，生态思想还没有表现为税收形式，而是以收费的形式存在。按照"污染者付费"原则，为治理环境污染而收取费用，补偿污染产生的外部成本。1970年荷兰开始征收废水排污费以及居民生活垃圾处置费。20世纪80年代初期，法国和德国采取激励和惩罚措施，分别制定了鼓励较少排污和提高污水处理能力的收费规定。如法国规定，向公共水域排污者一定要交纳费用，属于惩罚性收费，而承担污水处理设施建设者可以获得补助。德国的排污者采取先收费，而后根据企业减少排污的措施及效果给予补助。由此可以看出，环境税的发展是以收费为起点，实行"惩戒"与"奖励"相结合的原则，以保护经济竞争力为前提，先向个人征收，而后普及到生产厂家。在欧盟委员会的协调下，环境税收法律制度得到了突破性的发展，欧盟委员会在促进各国环境税收法律制度方面也独树一帜，欧盟各国政府间的国际组织在促进国际环境法方面发挥了积极作用。

（二）环境税初步发展阶段

20世纪80年代至90年代中期，环境税建设取得了很大进展，生态思想融入各国税制改革过程中，成为税收发展的新亮点，环境税从学者的理论研究进入政府执政政策体系之中，环境税开始登上税收舞台。各国根据本国环境状况推进环境税，诸如能源税、汽车税、排放税、垃圾税等独立环境税相继出台，征收环境税主要目的是筹集环境治理和环境保护专项资金，并发挥税收的调节功能，而且以调节功能为主。在这个时期，环境税种日益增多，征收范围不断扩大，但是，税率较低，为了不影响国家竞争力，还规定了名目繁多的税收优惠政策。

（三）环境税功能多样化阶段

20世纪90年代后期至今，环境税成为许多发达国家环境政策最主要手段，各国进一步推行环境税，并实施绿色财政、绿色金融等绿色运动，环境税在这一时期得到迅速发展，尤其是欧盟地区，欧盟各国不仅普遍建立了环境税制，而且环境税成为许多国家税制体系的重要组成部分。环境税从单个税种逐步形成多种环境税构成的环境税体系，并将原有税种进行调整，使之具有环保功能，从而实现全面"绿化"税制的目标。

在欧盟税收制度生态化过程中，环境税的功能已经不仅具有筹集治理环境污染资金的财政功能，也被用于实现其他宏观经济目标，如促进低碳经济发展，调整产业结构，降低失业率，调节居民收入等，成为政府调整环境与经济、社会关系的重要手段，环境税的功能得到多方位的拓展，并衍生了税收的现代职能，即税收的生态职能。

三、低碳税收发展的动因

发达国家低碳税收制度发展是多种因素共同推进的，既有经济因素，又有政治因素、社会因素和制度因素。

（一）经济动因：经济全球化和一体化

经济全球化出现于20世纪80年代中期，90年代得到认可，随着经济全球化的加快，跨国商品与服务贸易及资本流动规模增加，技术的广泛迅速传播使世界各国经济相互依赖性增强。经济全球化是在经济发展过程中，经济、市场、技术与通信形式全球特征日益明显，逐渐超越了主权国家管辖的区域限制，民族性和地方性日益淡化，世界各国经济联系加强，相互依赖程度日益提高，国家主权的独立和经济的对外依赖同时存在，各国国内经济规则不断趋于一致，国际经济协调机制强化，各种多边或区域组织对世界经济的协调和约束作用越来越强。

随着经济全球化的发展，出现世界"经济一体化"。经济一体化是一种超国家的经济联合形式，是随着经济的不断发展，经济活动跨越国界，超越了主权国家政治范围的全球性经济活动，是在国际贸易中"将各个独立的经济结合成更大的自由贸易区的那种事态或那个过程"（EL-Agraa，1988），"一体化是这样的一种局势，在这种局势下，各国之间贸易关系可以像在一个国家经济内部存在的那样自由和有利可图"。[①]经济一体化是在承认和保持主权国家政治主权独立的前提下，消除各成员国经济主体之间的歧视，形成和实施协调的共同政策，谋求更大区域经济利益和发展机会，从而实现增强整体经济实力，提高社会整体福利目标（王鹤，1988）。经济一体化的直接途径是超越主权国家的经济融合，提高地区国际经济竞争力。在经济一体化过程中，必将伴随着主权国家经济主权的部分让渡，各主权国家经济主权弱化，使得一体化集团整体经济利益增加，主权国家经济主权让渡的程度取决于各个经济体所具有的条件，以及各主权国家在经济一体化获得的比较收益的对比抉择。

从静态角度看，经济一体化是参与国之间的经济结合体；从动态角度看，经济一体化是在一定区域内，各主权国家达到一种联盟状态的过程，是追求提高国际经济地位的过程（杨逢珉和张永安，2009）。欧盟、北美、东亚被普遍看作是未来世界经济格局的三大集团，而且在经济一体化不断深化的背景下，世界经济区域化趋势在加强。欧盟实现的一体化程度让世界任何其他区域组织

---

① 《世界经济百科全书》编辑委员会.世界经济百科全书［M］.北京：中国大百科全书出版社，1987：259.

望尘莫及。欧洲经济一体化从较为低级的单一商品联盟发展到一体化程度较高的货币联盟，经历了煤钢联盟、经济共同体、统一大市场、经济货币联盟四个发展阶段，欧洲经济一体化形成的欧盟集团采取了一系列共同经济政策，包括关税政策、共同农业政策、市场机制和统一的欧洲货币政策。欧盟共同经济政策构成了欧盟经济一体化的主要内容。

欧盟统一大市场的建立和发展，促进了欧盟内部市场公共化，技术标准统一化，资本市场与金融服务自由化，人员流动自由化，消除技术壁垒，促进欧洲共同体的建立。以商品、劳务、资本和人员四大自由为基本内容的欧盟统一大市场，为欧盟各国的进一步融合提供了更广阔的空间，也为税收一体化以及欧盟层面的税收制度生态化改革奠定了良好的基础。

欧盟以外的区域经济联盟的经济一体化与欧盟有着共同特征，资本、劳务、技术等生产要素在区域范围具有较强的流动性，经济一体化促使联盟内部各国税收制度改革趋同化，也推动了环境税的统筹发展。

（二）政治动因：政治生态化

人类社会步入20世纪60年代以后，全球性环境问题日益加剧，生态危机困扰着世界各国，人类越来越关注自身共有的生态环境和生存家园，生态环境问题受到世界各国前所未有的关注，也迫使人类重新审视以往历史进程中人类自身与自然之间的关系。在理论研究方面，出现了生态学与政治学联姻形成的生态政治学以及政治生态学等新兴交叉边缘学科，世界各国纷纷建立了各种各样的民间生态组织或生态绿党，推动各国政府生态政治的发展。

政治从来都不是孤立的存在物，政治是社会的政治。政治问题甚至也是延伸至社会以至自然环境之中的政治。传统政治发展观也逐步将生态问题纳入研究视野，传统的政治发展观也由此向政治生态发展观转变。

1. 政治生态化与生态政治化

所谓"政治生态化"是把生态环境问题提到政治问题的高度，将政治与生态环境的发展一体化，促进政治与生态环境持续、稳定和谐发展。环境问题不仅仅是区域问题，从政治角度看，生态问题影响着政治区域结构、功能和政治区域之间的相互作用，影响区域居民的生活质量和对政治的满意度，从而制约着政治区域系统的运行以及政府高层决策者的政治举措。

"生态化"是用人和自然协调发展的理念去思考和认识经济、社会、文化以及政治等问题，是生态学原理向人类全部活动渗透，根据社会和自然的内在循环规律，处理人和自然的关系，以期达到人与经济、社会和环境的帕累托最优。

政治生态化遵循生态学基本原理，奉行公平性、持续性、协调性，坚持生态系统的自我调节、循环再生、生态平衡等基本原则。在人类社会从工业文明向生态文明转变过程中，生态理念融入政治体系，成为传统政治发展的历史转折点，构成与生态文明时代相适应的新型政治生态观，以推动世界政治、经济、生态环境间的协调发展，崇尚物质节俭、精神层面丰富的生态文明，使人类战胜生态危机，走出"人类中心主义"的阴影，步入生态文明时代。

生态政治化和政治生态化是两个既有区别又有关联的问题。两者的区别是生态与政治的结合程度以及对生态问题认识的差别。生态政治化呈现的是一个过程，是生态政治发展的过程，即生态与政治相结合，在这个过程中，政治对生态的关注不断增强，当达到生态与政治的辩证统一，融合度达到一定程度时，就实现了政治生态化。两者的内在联系在于生态政治化是政治生态化形成的前提和基础，而政治生态化是生态政治发展的必然趋势和结果。

2. 政治生态化的缘起：生态危机

工业文明以来，尤其是20世纪后50年，工业文明使全球环境遭到空前严重的破坏和污染，生态环境退化，生态系统对人类经济和社会的支撑作用减弱。这些问题被一些生态学家、政治家称为工业文明做出的愚蠢行为之一，其破坏作用相当于"第三次世界大战"。"地球日"的发起人盖洛德·纳尔逊（Gaylord Nelson）曾精辟阐释：来自自然的威胁——生态危机，是要比战争更为危险的挑战。一个国家、一个民族可以从战争的创伤中恢复起来，但没有一个国家能从被毁坏的自然环境中迅速崛起，生态危机的创伤需要相当长的历史时期进行疗伤。20世纪50年代以后，相继出现的十大全球性环境问题："温室效应"、大气臭氧层破坏、酸雨污染日趋严重、有毒化学物质扩散、人口爆炸、土壤侵蚀、森林锐减、陆地沙漠化扩大、水资源污染和短缺、生物多样性锐减等，泯灭了工业文明给人类带来的物质化的享受，全球生态环境的严重破坏成为人类实现未来美好愿望和梦想的障碍，会殃及一代、两代人，甚至几十代人的生存繁衍。来自于生态危机的威胁，已远远超过战争、瘟疫，保护地球家园已刻不容缓、迫在眉睫。正如生态学所指出的，在整个地球生物圈这个最基本、最重要的生态系统中，人类作为自然界的组成部分，和其他任何生物一样，一定的生态环境、特定的生态系统是其生存繁衍的基础和载体。同时，人类作为整个生物界中的特殊角色，对生态环境有意识的影响改造以至征服无时无刻不在发生着。另外，人类自从诞生之日起又无时无刻不依赖于其他生物和自然生态环境。人类与生态环境的交互关系从来不是独立的，它与国家息息相关，与政治生活息息相关，而政治又从来不是孤立存在的，政治是人的政治，政治是人类社会的政治。生态危机既然已关系到人类的生存和发展，人类社会的政治就必然与生态危机发生必然而深刻的内在联系，政治的触角必然会延伸到社会之外的自然环境之中。当今全球性环境问题引发的生态危机对人类构成巨大威胁，生态危机就不再是环境问题，而是一个社会问题和政治问题，生态政治应运而生。因此，在生态危机的推动下，政治必须谋求一种全新的政治发展观，生态政治缘起于生态危机。

3. 政治生态化的推动：绿党组织

人类首先具有自然属性，是受自然环境限制、约束的人，而后才是具有社会属性的人。如果政治行为仅仅去把握人与人、人与社会间的社会属性关系，单纯以"人类为中心"，忽略自然生态规律对人的影响，甚至违背自然生态运行规律，以牺牲生态环境及资源为代价谋求人类短期发展，其结果是整个人类自掘坟墓，走向自我毁灭的绝境。生态政治理论是在生态自然环境约束下，站在全人类生存利益的高度，引导政治的生态化运动有序地进行。

最初的生态政治运动源自于文学领域。1962年，美国著名学者蕾切尔·卡尔逊出版了《寂静的春天》这一惊世骇俗的著作，为人类敲响了生态危机的警钟。该著作唤起了人们的环境意识，对人类环境意识起到了启蒙作用，引发了公众对环境问题的注意。1972年，一个主要由科学家组成的非政府组织——罗马俱乐部发表了一份振聋发聩的研究报告《增长的极限》，向全人类宣告了能源与环境问题对人类社会与延续的终极制约，极大地影响了各国经济生产方式、社会生活模式乃至政治发展内涵。从20世纪60年代末至今，世界生态学家、经济学家、政治家以及科普学家不断推出一系列生态环境发展与预测报告。除卡尔逊的《寂静的春天》以外，还包括丹尼斯·加博尔（Dennis Gabor）等的《超越浪费的时代》，以及由58个国家152位世界著名生态学家、经济学家、政治家共同编写的《只有一个地球》等。

20世纪60年代后期，全球生态环境问题成为西方发达国家公众关心的热点，伴随着世界范围内的生态政治运动规模的扩大，各国绿党组织应运而生，并在国家政治生活中的地位、影响日益增强。世界各地绿党的产生，标志着全球生态政治运动的兴起。

1972年，世界上的第一个全国性绿党——价值党在新西兰成立，并参加了当年新西兰全国议会选举，得到了2.7%的选票。1979年德国绿党诞生，并首次参加了欧洲议会的选举，各地小组联合起来，以绿党的名义参加竞选，最后赢得了引人瞩目的90万张选票。仅1979~1989年，西北欧15个国家的绿党共有117名成员进入11个国家的议会，绿党等民间组织逐渐参与本国政治，推动了政治生态化。

20世纪60年代后期，在欧美国家开展了声势浩大的和平运动、环境保护运动。在此推动下，"自然之友""峰峦俱乐部""绿色和平组织""布仑特兰委员会"等非政府组织蓬勃发展，推动着"绿色政治运动"的发展，其影响日益深入，并渗透至社会的每一角落，形成所谓"绿色政治化"的局面。

由于各国绿色组织的建立，社会影响逐步加强，推动了联合国生态政治活动不断创新，组织机构不断涌现，如联合国下属的教科文组织、人与生物圈计划、联合国环境规划署、联合国开发计划署、世界环境与发展委员会、国际自然资源保护同盟、世界自然保护基金会、世界环境与发展研究所、地球之友等绿色和平组织以及非政府间国际生态保护组织纷纷成立。到目前为止，非政府和政府环保组织共存，并逐渐参与政治。全世界官方的和非官方的绿色组织数量已达到7000多个，他们活跃在世界政治舞台上，并通过协商、沟通等方式，传播环境意识、生态思想、生态伦理、生态哲学等理念，解决环保领域的国际争端、冲突、战争，最终对维护国际和平，促进国际间经济、文化、政治协调发展，解决跨国资源的合理开发利用和污染治理起到了举足轻重的作用，同时，也促进了生态运动的国际化。

1999年2月，在巴黎召开了欧洲绿党联合会第二次代表大会，有28个国家的300多名代表参加会议，提出了"绿色国际"等国际生态政治新概念，要建立一种真正的力量对比关系和一种新的国际，即"绿党国际"。

与传统政党不同，绿党的意识形态希望超越阶级界线、超越国界，它的出发点是全人类的，不分阶级和阶层，它所关心的不是哪一个阶级、阶层或哪一部分人的生存，而是整个人类和星球的生存，将人类作为一个整体，协调人类与地球生态系统的关系，将与人类和自然界共存亡看作是自己的最高目的。

绿党的政治学原则是"生态优先"。在理论纲领、意识形态、政策主张等方面都以生态主义哲学为理论基础，强调保护环境，实现生态平衡，这是绿党制定纲领和政策的基础。

绿党的意识形态以系统论为哲学基础，以生态学为核心思想。绿党认为，人是自然界的一部分，而不是在自然界之上，人类不可以自然界主人的身份自居，以征服自然、改造自然为追求目标而自鸣得意，不断地向自然进行索取。否则，一旦生态环境遭到破坏就不可能恢复，人类赖以生存的环境出现紊乱，其后果是令人触目惊心的，补救措施也只能是损人利己、嫁祸于人的权宜之计。

绿党的经济政策反对经济效用最大化，反对只受物质利益驱动而肆无忌惮地破坏资源、破坏生态平衡，反对毫无限制地提高生产率的消费性经济，认为以资源的耗费换取经济增长的外向型经济会推动经济走向崩溃。为了生态平衡，保护环境，绿党提出"不进行不考虑未来的投资"，强调保护生态系统的平衡高于一般经济增长的需要，主张以"生态经济""生态财政"代替"市场经济""市场财政"。

在消费政策上，绿党倡导简约、质朴、回归自然的生活方式，要求从改变人们的生活方式开始，逐步否定传统的消费观念，尊重自然、尊重人类、尊重自己。

绿党采用现代生态学的基本原则和原理，用系统的观点、动态的观点，全局、整体、多维度、多层次地看待经济、社会和环境，把环境污染、高经济增长、高失业率等经济社会问题联系起来对待，提出社会公平公正等纲领和目标。

西方国家民间自发的生态政治运动在推动公民及官方关注环境问题中发挥了积极作用。有效利用资源、保护环境、控制污染逐渐纳入政府施政理念，"生态牌"成为政治竞选不可忽视的因素之一，政治家在竞选时，无论从公民生存需求、社会发展需求以及政治竞选需求，都首先提倡保护环境，以"生态牌"来夯实竞选实力和政治地位，例如1976年美国卡特成功当选总统，其中很重要的一个原因是他提出了对生态环境保护的承诺。1992年，克林顿在竞选总统时，选择的竞选伙伴便是环保主义者《濒临失衡的地球》的作者阿尔·戈尔，这体现了生态政治主张是一种人心所向，更是竞选获胜的王牌之一，"生态保护"成为政府施政内容之一。环境保护运动的高涨同时也对政府行为产生了巨大影响，环境保护问题摆在各国政府面前，"公共决策"过程的"生态化"使生态运动真正成为生态政治运动。政府机构中环保部门是各国最重要的政府管理实体，它不仅是国家重大的环境保护工程的制定和实施者，而且负有国家环境法规的执行和监督责任，强化生态保护法制化，制定严厉的污染物排放标准和环境法规，加大环境财政开支。在公众生态政治运动推动下，西方发达国家从工业文明时代逐步过渡到生态文明时代，生态政治成为政治事务中不可或缺的组成部分，生态政治运动几乎触及各国政治、经济、文化、军事、人权等每一个领域。

综上所述，生态危机是影响公众生存、发展以及经济和社会发展的障碍，从而成为民众生态政治运动的动因和基础。非政府组织的生态运动使得环境问题上升为政治问题，并进入政治家的视野，用全球性的环保联盟来代替军事、经济联盟，这是全球政治生活和经济战略的一个具有划时代意义的转变。人类文明从物质文明、工业文明向政治文明和生态文明转变，进入一个崭新时代。由于世界各国绿党参政以及民众生态政治运动的深入开展，使得国际及各国内部政治的生态化趋势成为各国政治和国际政治发展的新方向。

4. 政治生态化的层次

生态政治具有三个生态层次，即政治体系内的生态政治、政治的社会生态和政治的自然生态。在这三个层次中，生态政治是以协调为特征的。政治体系内的生态是生态政治的第一个层次，生态政治构成的主体是参与生态政治的政治角色，既包括个人，如公民、政治家、政府官员，也包括集体，如政党、政治团体、政府机关、国家等。从全球政治的范围看，政治体系是指国际政治体系，由主权国家内的政治体系和主权国家间的政治关系两个部分构成。主权国家内政治体系的生态政治表现为政府与公民、中央与地方、上级与下级以及立法与行政、立法与司法、行政与司法等之间生态关系的处理与平衡。当然，这种协调与平衡是一个动态的过程，而且它有一个明确的主体和目标。为谋求政治目标的实现，体系内部各亚体系围绕体系主体进行良性协调互动，形成生态学意义上的生态平衡。而国际政治体系内部关系的生态化，则表现为国家与国家、民族与民族、区域与区域、组织与组织之间政治关系的协调互动，这种协调互动是以符合人类最高利益为宗旨的。违背这一宗旨，以牺牲人类最高利益为代价，为追求一国、一族之利益而进行的所谓协调，则是非生态化的。

政治的社会生态，是生态政治的第二个层次。在这一层次，政治体系的生态效应外延于社会层面。由于政治关系的变化涉及不同群体的政治利益，由此而形成观念、信仰、追求和需要各异的利益集团，这些利益集团的需求，通过各种渠道反馈于政治体系，形成政治压力。而具有政治—社会生态功能的政治体系通过体系内的协调运行，可以搜集各个利益集团的政治需求和政治压力信号，并将其内化为决策，使之尽量满足不同阶级、阶层的不同利益需求，巧妙地化解矛盾，达成相互间的协调一致，形成相互制约、守衡的态势，最终取得良好的社会生态效益。由此可见，政治的社会生态谋求的是均衡与和谐，即社会体系内各力量间的均衡和谐，通过对政治与社会间生态关系的确立，在政治与社会关系上形成具有相互推动作用的"生态回路"。在这一生态回路中，政治的发展推动社会发展，同时，社会的发展又作用于政治发展，从而推动了社会各个方面的变革和超常发展。当代政治与社会关系往复正向作用，是对二者之间生态回路的最好注解。

政治、社会、自然生态，是生态政治的第三个层次。随着全球工业化进程不断加快以及人类社会物质化程度提高，生态阈值屡屡被突破，造成环境污染与生态破坏，生态系统内在的协调被人类行为无情打乱，给人类生存带来了前所未有的严重生态危机。改善自然生态，为人类创造美好的生存环境成为各国政治家和政府的重要任务。未来政治的重要使命之一将是重塑地球生态，政府将面对如何解决生态环境问题及经济社会发展的多方压力。因此，政府将重新思考和安排社会要素，把更多的时间、精力和更多的资金份额用于环境保护和生态维护及恢复，改善人类赖以生存的自然环境，促进政治、经济、社会的发展与人类生存环境的改善。从这个意义上说，未来的政治就是给予自然和人同样的关注，维护生态平衡的政治，维护生态环境与人类发展平衡的政治，形成政治发展、经济发展、社会发展与自然发展相统一的生态政治。

5. 政治生态化的税收要素：环境税

政治生态化使得生态理念融入政治体系，各国政府的执政党不断完善环境政策，并将环境税纳入环境政策体系之中，各国针对全球性环境问题，在合理高效利用自然资源、发展低碳经济方面的步调更加协调，政治生态化对环境税收制度建设起到了推动作用。世界从经济一体化到政治生态化推动了国际层面上低碳税收制度的推广和完善，环境税收在各国税收制度舞台上作用越来越突出。以能源税为主体的环境税收制度建设是人类对气候变化问题的重新认识在制度安排方面的反映，也是在环境政治运动推动下实现的，政治生态化推动着环境税收制度建设。

（三）政策动因：环境政策缺失

传统的环境政策工具主要是"命令—控制"的直接管制，包括行政管理、信息服务和经济制约，"命令—控制"的直接管制未考虑排放单位为此付出的努力和费用，不符合公平原则，执行过程中阻力较大，执行成本高。为了寻求更有效的环境治理手段，各发达国家在使用传统的环境规制方式以外，开始转变管理和控制方式，寻求更为有效的环境规制手段，环境税便成为政府环境政策的主要工具之一。环境税的优势在于市场主体的自我抉择，由市场主体权衡税收成本和减排成本的大小，自行决定是选择纳税还是选择削减污染。

四、税收制度趋同化和生态化

（一）税收制度国际化及生态化

经济国际化对税收提出国际化要求，适应该需求，各个主权国家之间的税收差别缩小或消失，以便国际经济交流和合作。税收国际化是税收分配关系在独立主权国家之间的扩展，是经济全球化向税收领域的传递，是伴随着经济国际化而产生的，也是税收在国际经济领域特有的运行规律表现出的共有特征，税收涉及的分配关系从一个独立的主权国家扩展到国际间，是社会生产力发展和经济国际化的自然结果。经济国际化对现有的税收理论、税收政策、税收制度以及税务管理实践产生重大的影响，经济国际化带来税收国际化，税收的国际化导致税收分配关系从一个主权国家内部向国际拓展。生态税制建设的引领者影响着其他国家税收制度的生态化改革。

（二）税收制度趋同化

世界经济一体化促进了商品、资本、人员和劳务的自由流通，适应了统一大市场的需要，使各国产业结构、产品结构、能源供给以及消费结构不断升级，促进了各国低碳经济发展。在过去的几十年中，全球税制经历了轰轰烈烈的改革，尽管发达国家和发展中国家的经济发展水平不同，征管水平差距也较大，税制改革的重点各有特点，但是，全球税制改革趋同化的趋势非常明显，主要体现在以下几个方面："简税制、宽税基、低税率、严征管"原则成为各国税制改革普遍遵循的原则；广泛推进增值税；以能源税为主体的税收生态化改革步伐逐步加快。税收在环境保护、促进低碳经济发展、控制温室气体排放等方面作用日益突出。其中欧盟税收制度在促进低碳经济发展的税制改革方面最具有代表性。

税收趋同化是经济一体化和税收国际化的结果，经济一体化是全球化的世界经济，不同国别、不同民族相互依赖、相互促进，"全球维度"的合作规模达到最大化，在经济一体化的进程中，各个民族、国家之间的经济界限日益模糊和缩小。生产要素以空前的速度和规模冲破国别限制，在世界范围内流动，以寻求最佳的资源配置。这种不可逆转的经济全球化趋势也对各国税制带来较大的冲击，主要表现为税收的趋同化。

在税收制度国际化程度不断加深，趋同化日益明显的情况下，各国政府针对本国经济发展过程中出现的环境问题，不约而同地利用税收手段作为治理环境问题的手段，环境税成为各国税制体系的重要组成部分。

第四节　税收制度生态化本质的诠释

税收制度生态化改革与一般意义上的税制改革相比，不仅表现为作为经济杠杆的税收调节方向和力度的变化，也是国际政治舞台上各国及各个利益集团利益格局的博弈和调整，即税收制度生态化是一种以税收为载体的博弈。

一、政治利益的博弈

温室气体排放对气候变化的影响，引起人类对气候问题的关注。大气的空间流动性使得世界各国无法像划分陆地、领空和海洋等政治领土一样，保持领土不受其他主权国家的骚扰和侵犯。各国不可避免地参与气候变化的行动中，气候问题逐渐显露出全球性政治化的趋向。在《联合国气候变化框架公约》和《京都议定书》得到绝大多数国家认同，并获得国际法地位后，气候变化问题呈现出初步政治化特征。自 2007 年开始，气候变化、控制温室气体排放成为国际政治舞台上的热门话题，国际社会对气候变化日益关注。

在气候问题政治化进程中，碳税和能源税成为国际气候政治问题的载体，税收制度生态化成为平台。在气候政治中，以英国为代表的欧盟国家致力于发展低碳经济，率先推进以能源税为核心的税收制度生态化改革，从而赢得气候政治的话语权。

（一）气候变化问题的政治化历程

随着人类对温室气体排放对气候、环境及社会影响的认识逐步深入，气候问题逐渐出现政治化的色彩。从历史角度看，早在19世纪末，瑞典科学家斯万特·阿尔赫尼斯（Svante Arrhenius）就曾提出温室效应的概念，但当时并未引起理论工作者及政府的重视，各国科学家很少对气候变化问题进行系统研究。这种情况一直延续到1972年6月斯德哥尔摩召开的人类第一次环境国际会议，该会议通过了《人类环境宣言》，确立了与环境保护有关的原则，尽管这些原则没有现实的法律约束力，但是为国际环境保护提供了政治和道义上所应遵守的规范。该宣言属于"软法"的范畴，本身不具有法律约束力，但是它反映了国际社会的共同信念，对国际环境法的发展产生了深远的影响。

1992年，在欧盟的推动下，通过了《联合国气候变化框架公约》，这是世界上第一个应对全球气候变化问题的国际合作基本框架。1997年出台了具有可操作性的法律文件《京都议定书》，这是人类历史上首次以法规的形式限制温室气体排放。

在这些法律文件中，围绕着气候问题和"碳"问题出现了许多新生事物，在国际法律上围绕"碳排放权"展开了全球的政治博弈，促进了国际上所推崇的新型经济发展方式——低碳经济，在国际政治领域，出现了新的风景——碳政治，国际商品市场上出现了新产品——碳排放权，国际市场出现了新交易——碳交易，税收舞台增加了新成员——碳税。

欧盟率先发展低碳经济，低碳产业和产品成为欧盟新的经济增长点。在发展低碳经济时，欧盟充分利用税收手段。目前，欧盟在促进节能减排方面非常积极，其原因是多方面的。

一是独特的地理位置因素。欧盟所处地理位置的特殊性，使得欧盟各国政府意识到气候变化将会使北大西洋暖流减弱或消失，如果不减小温室气体排放，整个欧洲的经济、社会安全将受到很大影响，欧盟各国无论是政府还是国民的环保理念都比较强，环保意识已深入人心，控制气候变化，缓解气候危机的积极性非常高。

二是独特的政治因素。欧盟作为一个经济统一体，内部减排成本分摊容易落到实处，欧盟削减温室气体排放的成本相对较低，而且更具有可操作性，这是其他国家无法比拟的区域优势，为此，欧盟采取了强有力的促进节能减排的措施。

三是产业结构因素。欧盟很早就开始了能源结构的调整，已经从煤炭、石油转向天然气，可更新和可再生能源的使用率较高，能源消费结构的调整使控制温室气体排放量不影响经济运行和经济发展，具有可行性。低碳经济的发展使得低碳产业、产品占有较大比重，经济发展过程中的碳排放强度下降，这足以使欧盟在"碳政治"的博弈中赢得主动，同时，欧盟希望借助气候危机问题提高自身软实力和政治影响力，从而抢占国际规则和道义的制高点，重塑其在国际政治格局中的主导权。

（二）气候问题政治化下的国际政治格局博弈

在气候变化的历史进程中，各国的国际政治格局也发生了微妙的变化。其核心问题是利益的调整，包括政治利益和经济利益。矛盾的焦点主要体现在基于历史和现实状态，发达国家与发展中国家的利益协调和调整。随着气候政治的博弈，国际间的政治格局由发达国家与发展中国家的两方博弈变化为多方博弈，各个利益集团内部也出现了分化的趋势，从而使基于气候问题和碳排放的博弈政治色彩更浓，在法律上围绕"碳排放权"展开全球碳排放"博弈"，进而形成"政治博弈"和全球"碳政治"。

从限于科学领域的研究到出台具有法律约束力的《京都议定书》，各国在气候问题上的主要矛盾集中在发达国家与发展中国家的历史责任的分担和现实利益和责任博弈与均衡。

发达国家与发展中国家在博弈时，其核心主要体现在历史和现实的均衡和公平问题。一是现实的代内不公平。发展中国家人口众多，与发达国家在人均排放和人口数量方面存在着较大不平等，如美国人口仅占全球人口的3%~4%，而排放的二氧化碳却占全球排放量的25%以上，是全球温室气体排放量最大的国家；从经济发展阶段看，发达国家已经走过了工业化阶段，进入后工业化或知识经济阶段，温室气体排放趋于下降，减排的技术成熟，资金丰裕，节能减排并不会影响经济发展和人民生活。发展中国家仍处于工业化进程中，目前需要迫切解决的问题是发展经济和缓解贫困甚至关乎国民生存的问题，控制温室气体排放并不是关注的重点，而且国内由于资金和技术的制约，控制温室气体排放，优化能源结构仍是一个难题。二是历史的代际不公平。发达国家工业化过程已有200多年历史，在此历史进程中，排放了大量温室气体，是导致全球变暖的主要"责任者"。统计数据显示，从工业革命到1950年，发达国家排放的二氧化碳量占全球累计排放量的95%；1950~2000年，发达国家碳排放量占到全球的77%。发展中国家的人均二氧化碳排放只有发达国家的1/10。对于新兴经济体和广大发展中国家的温室气体排放，西方发达国家也应在很大程度上承担"转移排放"的责任。基于上述原因，本着对历史负责，遵循代际公平原则，1991年联合国气候公约谈判时，发展中国家形成了目标较为一致的利益集团，提出"共同但有区别责任"的原则，形成了发展中国家与发达国家两大博弈阵营，强调发达国家在气候变化问题上应承担历史责任，发达国家应对发展中国家的节能减排的资金需求和技术提供一定的支持，这种转移是为了帮助发展中国家应对全球气候变暖，更主要的是为了发展节能技术，从而使发展中国家在减少排放的同时，能够保证国内经济发展，推进全球节能减排较为均衡的发展。

《联合国气候变化框架公约》缔结之后，尤其是《京都议定书》通过后，各个缔约方及其内部的利益博弈也出现变化，各个利益集团推出"联合履约、排放贸易和清洁发展机制"三个灵活运行模式，发展中国家集团内部也出现分化的趋势。

许多发展中国家由于各种各样的原因，与发达国家有着千丝万缕的联系。如发达国家与发展中国家中的产油国有着长期的石油贸易往来，发展中国家外汇收入主要依赖于向发达国家出口石油，发达国家节能新技术、清洁能源、生物能源影响着国内经济发展，因此，无法摆脱发达国家的牵制。小岛屿国家和贫困国家长期接受发达国家的援助，在经济、技术等方面对发达国家有着很强的依赖性。为此，在碳排放交易的国家较量中，发达国家采取各个击破的方法，削弱发展中国家的集团谈判能力，谈判时发展中国家无法与发达国家公平地进行博弈，维护自己的切身利益，国际减排谈判往往成为发达国家谋求其自身利益的渠道，发展中国家的诉求无法体现。

二、经济利益的博弈

（一）欧盟率先以低碳经济形成区域经济发展新亮点

如前所述，欧盟在应对气候变化、保护生态环境方面一直非常积极主动。

为了进一步推进节能减排工作，完成既定的减排目标，欧盟委员会于2008年制定了一项发展"环保型经济"的中期规划。该规划筹资1050亿欧元，在2009~2013年的5年时间中，全力打造具有国际水平和全球竞争力的"绿色产业"，发展低碳经济，并以此作为欧盟产业调整的重要支撑点，刺激欧盟各国经济复苏，实现促进就业和经济增长，为欧盟在环保经济领域长期保持世界领先地位奠定基础。

为赋予绿色转型更强的约束力，欧盟还制定了一系列法案。2019年3月，欧盟委员会公布《欧洲气候法》草案，以立法形式明确，到2050年实现"碳中和"的目标，并规定了分步实现该目标的路线图及评估措施。欧委会还发布了《欧洲新工业战略》，明确了欧盟未来在工业领域的绿色发展重点，并将政治承诺付诸立法，为实现绿色发展指明方向，希望欧盟成为发展气候友好型经济模式的先驱。

2019年12月，欧盟委员会公布"欧洲绿色协议"，协议提出，到2050年欧洲在全球范围内率先实现"碳中和"的目标。该协议被视为欧盟实现绿色转型的总体政策框架。并且，《欧洲气候法》将《欧洲绿色协议》中设定的欧洲经济和社会到2020年实现气候中立的目标写入法律。绿色协议下的首批气候行动提出，为了实现气候目标，计划到2030年进一步减少至少55%的温室气体净排放量，欧盟气候适应战略是到2050年，使欧洲成为一个适应气候变化的社会。

欧盟各国相继出台有关保护环境、节能减排、促进低碳经济发展的政策和法律，低碳经济在欧盟地区的发展，也使得欧盟的低碳产业和产品在全球占据了竞争优势地位，为此，欧盟也在气候政治博弈过程中赢得气候政治优势的同时，取得了经济效益。

（二）美国争取低碳经济的领导权

美国虽然不愿意承担减排的国际责任，但是，对发展低碳技术、增强碳竞争能力却非常重视。尤其是奥巴马竞选总统获得胜利后，针对国际政治环境的变化和美国在气候变化方面所处的尴尬地位，奥巴马政府结合国际碳政治发展动向，调整美国在低碳减排领域的政策，顺应国际减排和环境保护潮流，推行"绿色新政"，在气候变化、碳排放等方面开始采取与以往政府不同的态度，并将发展低碳经济作为美国经济转型、扭转国内经济低迷的重要途径，为此，奥巴马政府先后发布了一系列有关应对气候变化的政策以及刺激低碳经济发展的政策，包括《清洁能源和安全法案》《复苏和再投资法案》。《清洁能源和安全法案》包括四个部分，分别是绿色能源、能源效率、温室气体排放和向低碳经济转型。法案明确规定，美国的电力公司、大型制造企业必须设定减排目标，进行排放量交易。并且允诺，以2005年为基准年度，到2012年温室气体排放减排3%，到2020年减排20%，到2030年减排42%，到2050年时，减排83%，另外，该法案提出了"可再生电力标准"，要求在2020年前，年供能超过40亿度的电力供应商所提供的电力，必须有20%以上来自风能、太阳能、地热能等可再生能源。《复苏和再投资法案》意在通过低碳投资新政，优化投资环境并通过低碳产业刺激经济复苏，拉动就业。奥巴马的"绿色新政"的具体内容如表3.6所示。

表 3.6   奥巴马政府绿色新政

政策类型	投资项目	投资金额（亿美元）
财政支出	智能电网，电网现代化	110
	对州政府能源效率化，节能项目的补助	63
	对可再生能源（风力、太阳能）发电和送电项目提供融资担保	60
	对面向中低收入阶层的住宅的断热化改造提供补助	50
	联邦政府设施的节能改造	45
	研究开发化石燃料的低碳化技术（CCS）	34
	对在美国国内生产制造氢气燃料电池的补助	20
	补助大学、科研机构、企业的可再生能源研究开发	25
	对用于电动汽车的高性能电池研发的补助	20
	对再生能源以及节能领域专业人才的教育培训	5
	对购买节能家电商品的补助	3
减税	对可再生能源的投资实行3年免税措施	131
	扩大对家庭节能投资的减税额度	20
	对插电式混合动力车的购入者提供减税优惠	20

资料来源：蔡林海.《低碳经济：绿色革命与全球创新竞争大格局》[M].北京：经济科学出版社，2009：6.

奥巴马政府除了采用政府直接干预手段扶持低碳经济发展以外，还灵活利用市场手段，通过区域性碳贸易引导低碳经济发展。

美国在联邦层面没有建立碳排放贸易体系，对各个州的温室气体排放也没有强制性要求，碳贸易主要在由私人企业和组织自愿参与。早在 2003 年，芝加哥气候交易所（CCX）开始运行，从事碳排放权交易，是世界上第一个以温室气体减排为目标和贸易内容的市场平台，该平台完全基于市场机制，独立于政府，是一个民间碳交易平台。尽管碳排放权交易体系是自愿参与，但具有法律约束力。另外，纽约商品期货交易所（NYMEX）也于 2007 年提供了温室气体排放权期货产品，形成了比较完善的温室气体排放权交易平台。

2017 年，特朗普主政白宫，特朗普与奥巴马在能源政策以及低碳经济发展等方面并无本质冲突，能源政策延续了化石能源和新能源双管齐下的特点，只是在平衡策略上略有不同。特朗普能源政策的目标是追求美国能源独立和促进经济与就业，核心措施是发展化石能源，能源政策是特朗普竞选和执政的优先事项之一，主要内容包括：强调"美国第一"和"能源独立"、为促进就业增加化石能源开采、放松对油气公司的管制、开放更多联邦土地供能源开发、支持拱石管道（Keystone XL）项目、拯救煤炭产业等。就职后特朗普发布了"美国第一能源计划"，以此作为新一届政府能源政策的总体纲领，其主要内容包括以下几方面。第一，凸显"美国优先"理念，奉行单边行动。"美国优先"是贯穿于特朗普所有政策的核心理念，在其能源政策上的表现就是突出强调实现美国"能源独立"和促进增长与就业这两个首要目标。第二，化石能源开发占据特朗普能源政策的中心地位。特朗普迄今的能源举措都是为了促进煤炭、石油和天然气的开发和利用。第三，特朗普否认气候变化并轻视新能源技术，2017 年 6 月，美国退出巴黎协定。在其"美国优先能源计划"中，特朗普将气候行动计划视为美国能源产业的负担。他不仅大幅度削减美国环保署的预算，还明显缩小其工作范围，将其重点限于"保护干净的空气和水，保护自然栖息地，保护自然保护区"。特朗普的能源政策将减缓清洁能源发展，妨碍能源转型，但负面影响有限，以天然气和新能源作为主要动力的美国绿色低碳发展进程，不会因特朗普的新政受到太大影响，全球向低碳经济前进的潮流没有改变。近十年来，美国是全球在绿色低碳转型方面成功的国家之一，页岩气革命在美国的发生及其延续，有力地改变了美国的能源结构，加快了美国经济的低碳化转型。

（三）发展中国家艰难的选择

根据环境库兹涅茨（Kuznets）曲线规律，环境质量与经济发展存在着倒

"U"型关系。对于发展中国家，尤其是相对贫穷的国家而言，虽然也面临着越发严重的环境问题，但更为紧迫的任务是大力发展经济，保障国民的生存。这使得发展中国家必须权衡国民生存和保护环境的关系，在区别责任的前提下尽量与发达国家共同采取行动，避免发达国家以碳政治为借口在经济方面的遏制，为全球节能减排尽一份微薄之力，也为发展中国家在碳交易谈判中赢得一定的话语权，维护自己的权益。显然，在环境库兹涅茨曲线规律作用下，对于发展中国家而言，这是个两难的选择。因此，新型国家和发展国家在这场"碳博弈"过程中，属于被动的角色，处于矛盾的漩涡之中，发展中国家在"碳博弈"时很难真正维护自己的切身利益。尽管如此，新型国家和发展中国家别无选择，必须在发展经济时，根据本国具体情况，适时地推动低碳经济的发展。

第4章

低碳经济进程中税收制度生态化的国际经验

如前所述，随着世界经济的高速发展，能源消耗量大幅度增加，温室气体排放浓度超标造成的气候变化已经成为世界各国政府不能回避的现实问题，传统的以"资源→产品→废弃物"为表现形式的经济线性增长模式受到质疑，合理有效地利用资源、保护环境，发展低碳经济受到极大重视，各国政府纷纷探索有利于本国经济发展和环境保护的新经济模式，发展低碳经济，按照"物质代谢"和生态系统的生态因子关系延伸产业链，以"资源→产品→废弃物→再生资源→再利用"为表现形式的集约化、低碳化发展模式成为趋势。

为了促进低碳经济的发展，发达国家加快了税收生态化的进程，发展中国家也紧随其后，积极研究探讨促进低碳经济发展的税收制度改革，其中，欧盟作为推进低碳经济的"急先锋"，引领着世界税收制度的生态化改革。欧盟税收制度生态化改革推动了发达国家税收制度的生态化进程。其他发达国家为了缓解财政赤字、环境危机的双重压力，刺激经济走出低谷和转型发展，也加快了税收制度的生态化改革进程。

第一节　欧盟税收制度生态化改革

欧盟经济一体化的发展取得令人瞩目的经济发展成果，同时也出现了工业化和城市化的副产品——环境污染，欧盟面临着严重的环境问题和生态危机，相继出现了酸雨之害——西德森林枯死病事件、莱茵河水污染事件，尤为突出的是北欧国家的水污染问题非常严重，地下水硝酸盐含量增加，其含量超过了世界卫生组织的安全限度，地上水由于化肥、农药以及工业废水排放等原因使水域生态环境发生很大变化，造成水生动物以及地上动植物种群构成发生改变，导致生态结构变化。森林面积减少、空气污染、水污染和土壤污染严重影响欧盟公民的生活质量。欧盟出现的环境问题，唤起了公民的环境保护意识，应保护环境、保护地球和经济可持续发展的需要，欧盟民间出现了各种环境保护组织，绿色运动风起云涌，促使欧盟各国政府反思传统经济发展方式的科学性，从而不断创新环境管理的新方法、新手段，解决环境外部不经济带来的资源低效或无效配置问题，减少社会财富净损失。

随着欧盟各国经济发展过程中突出的环境问题的出现，欧盟大力发展低碳经济，成为低碳经济的倡导者和领头羊，低碳经济发展取得了巨大成就。欧盟在低碳经济发展方面取得的成绩源于其环境管理方法创新，其中，将以环境税为主的税收制度生态化作为经济手段纳入调控经济与环境协调发展的体系，将税收"植入"企业微观生产经营过程，并作为企业成本核算的组成部分，以适应本国公民渴望洁净环境的需求，缓解经济发展过程中带来的"环境赤字"，是一种重要手段。税收制度生态化成为欧盟各成员国保护环境、维护生态系统平衡的政策工具之一，欧盟税收制度生态化改革也走在了世界前列，世界税制生态化改革起源于欧盟，也在该地区得到发展。

从20世纪70年代开始，欧盟开始利用税收手段保护环境，大力发展低碳经济，倡导清洁生产和消费，发展环保产业，调整能源供给和消费结构，限制高能耗产品的生产和使用，在欧盟相关法律框架内欧盟各国进行了各具特色的税收制度生态化改革。在税收制度生态化实践过程中，生态税收经历了从单个税种运用，到整个税收制度生态化的过程，税收制度生态化趋势日益明显，生态税种的运用呈现出多元化的态势。欧盟税种设置生态化体现在构建生态税制体系方面。欧盟环保税体系的构建分别为独立式的环境保护税类和融入式的环保税类两种类型。独立的环保税包括一般生态税、直接污染税、特定生态税和污染产品税。直接污染税包括大气污染税、水污染税、固体污染物税、噪音污染税、投入物污染税等。一般生态税包括能源增值税、消费税等；特定生态税包括二氧化碳税、二氧化硫税等；污染产品税包括机动车税、电池税、容器税等。融入式生态税制改革，即对原有的税种进行生态化改造，剔出不利于环境保护以及浪费资源的税收条款。随着税收手段在环保领域的广泛运用及所取得的良好效果，欧盟对税制要素进行了生态化改革。环境保护税的征收范围逐步扩大，采用差别税率，税率差别在加大，最高税率逐步提高；合理地安排纳税环节，将直接对污染行为或产品的末端排放征税调整为在开采、生产、消费等各个源端调控的征收方式，实现将对人课税转变为对资源、环境污染行为征税，体现人本主义精神和生态保护的理念。另外，欧盟根据不同时期的特殊需要，还安排各具特色的税收返还和税收优惠等激励式的环境保护政策。欧盟税收制度生态化改革为其他国家提供了有益的经验。

从欧盟各国环境税制度建设进程看，大多欧盟国家从控制温室气体排放为主要视角设计环境税制度，进而将税收到拓展整个环境保护领域。因此，若要把握欧盟税收制度生态化的整体布局，必须从税制结构生态化、生态化税种布局和税制要素生态化三个层面剖析欧盟税收制度生态化改革的全景。

一、生态化趋势渐强的税制结构

长期以来，欧盟税制结构以个人所得税和社会保障税为主体税种，除此之外，增值税、消费税和企业所得税的税收贡献度也较大，上述税种是欧盟各国财政收入的主要来源，占欧盟税收总收入80%以上，说明欧盟以劳动、资本和消费为主要税基。

20世纪80年代以来，欧盟经济高速发展，由于矿物性能源的大量使用，导致的温室气体排放对大气产生了极大影响。欧洲各国从自身所处地理位置出发，认识到温室效应对欧洲大陆影响的严重性，为此，以欧盟委员会为主导出台了对所有欧盟各国均有约束力的欧盟能源法令，开始了以能源税为主的税收制度的生态化改革，将税收作为矫正环境负外部性的手段之一，低碳税收逐渐被欧洲各国所重视，欧洲一些国家将生态税用于抑制温室气体排放、治理生态污染和保护自然资源，使得生态税在欧洲各国税收舞台上的地位日益凸现。

欧洲生态税的征收对象主要是能源的消费及使用，尤其是化石类能源及其产品的消费和使用被视为环境保护的关键。欧洲许多国家对能源及其产品实行多重征税和差别征税的办法。特别是北欧国家，如丹麦、瑞典、芬兰等国一般都对能源及能源产品征收消费税、碳税、硫税等，对含铅汽油和无铅汽油实行差别征税。在非能源产品污染物排放领域，欧洲许多国家依据汽车排放性能的差别对汽车销售征收不同的销售税，引导制造商为市场设计排放水平低的环保车辆。

欧盟税收制度的生态化改革是税收制度改革的重要发展方向，将税收制度与环境保护结合起来，税收制度生态化已成为当代欧盟税费改革的潮流。

欧盟税收制度生态化改革的核心是收入中性，即在不增加税收总体负担的前提下，对税收负担进行重新分配，实现税收负担的合理转移。

欧盟税收制度生态化改革是将税收重点从对收入征税逐步转移到对环境有害的活动征税，弥补削减个人所得税和社会保障税造成的税收收入下降。

环境税是欧盟税制体系的组成部分，但并不是主体税种，27个成员国环境税收入占欧盟财政收入的比重并不高。2007~2016年欧盟环境税占财政收入的比重总体上在6%~6.38%，欧盟各国环境税占本国财政收入比重高低不同，具体情况如表4.1所示。

从表4.1数据可以看出，尽管欧盟大力推崇环境税，但是环境税收入占税收收入比重并未显著提高。从欧盟整体层面看，环境税占税收收入的比重基本稳定在5.5%~6.5%左右，而且从2011年开始逐年小幅下降。到2020年，环境税收入占税收收入比重仅为5.57%。从国别看，截至2020年，环境税占税收收入比重超过9%的只有拉脱维亚、保加利亚和希腊三个国家；环境税收入占税收收入比重不足4%的国家有德国、西班牙、卢森堡和法国。

自2016年开始，欧盟各国环境税占本国税收收入的比重均处于下降趋势。

从经济角度看，欧盟环境税占GDP比重为2.4%左右。其中，保加利亚、丹麦、荷兰、克罗地亚、意大利和拉脱维亚的"绿色"税收保持着最高水平，截至2020年，上述国家环境税占GDP的比重高于3%。具体情况如表4.2所示。

从表4.2数据可以看出，2016~2020年，欧盟各国环境税占GDP比重呈下降趋势的有24个国家，只有保加利亚、立陶宛2个国家基本持平。

欧盟各国内部面临的经济、环境和社会问题各不相同，因此，税收制度生态化的途径具有国别特色，但总体而言，主要有两大类：第一类是渐进式零敲碎打地推出低碳税收，税制结构生态化是渐进的过程。如以比利时、法国、卢森堡等国为代表的部分欧盟国家通过调整原有税收制度，降低税率、减少或合并税种，增加环境税，使环境税在保护生态环境领域发挥更有效作用，这些国

表 4.1　2001~2020 年欧盟环境税占税收收入比重

国家（地区）	2001年	2002年	2003年	2004年	2005年	2006年	2007年	2008年	2009年	2010年	2011年	2012年	2013年	2014年	2015年	2016年	2017年	2018年	2019年	2020年
欧盟	6.51	6.62	6.71	6.71	6.58	6.35	6.07	5.98	6.2	6.23	6.27	6.22	6.2	6.2	6.16	6.21	6.06	5.99	5.89	5.57
比利时	5.42	5.28	5.52	5.77	5.79	5.4	5.39	5.22	5.46	5.61	5.8	5.56	5.48	5.57	5.66	6.03	6.02	6.02	6.07	5.82
保加利亚	7.6	7.74	9.14	9.56	9.62	9.12	10.47	10.75	10.62	10.81	10.48	10.15	10.15	9.99	10.23	10.2	9.38	8.81	9.85	9.89
捷克	7.19	6.81	6.87	7.02	7.15	6.95	6.65	6.72	7.05	6.89	6.85	6.43	5.99	6.21	5.98	5.99	5.67	5.44	5.67	5.35
丹麦	10.49	11.01	10.54	10.75	10.25	10.07	10.21	9.32	8.88	8.92	8.92	8.67	8.95	8.17	8.57	8.55	8.02	8.15	7.04	6.76
德国	6.47	6.56	6.84	6.68	6.49	6.26	5.77	5.69	5.85	5.77	5.78	5.53	5.36	5.2	4.95	4.76	4.61	4.45	4.39	4.27
爱沙尼亚	6.96	6.38	6.11	6.73	7.58	7.17	7	7.37	8.42	8.82	8.65	8.61	8.09	8.27	8.19	8.85	8.71	8.31	9.57	7.2
爱尔兰	7.95	8.16	7.95	8.3	8.25	7.72	7.93	7.92	8.05	8.81	8.78	8.43	8.61	8.34	8.15	8.02	7.78	7.01	6.41	6.04
希腊	6.91	6.85	6.84	6.97	6.63	6.55	6.54	6.46	6.77	8.26	8.64	9.15	10.2	10.29	10.46	9.82	10.24	9.49	9.79	9.69
西班牙	6.16	6.06	6.03	5.74	5.39	5.08	4.86	5.09	5.45	5.25	5.08	4.88	5.8	5.52	5.7	5.54	5.42	5.28	5.09	4.74
法国	4.55	4.85	4.69	4.9	4.68	4.52	4.39	4.32	4.43	4.47	4.43	4.4	4.45	4.45	4.73	4.91	4.98	5.13	5.1	4.78
克罗地亚	7.74	9.31	9.64	9.49	9.21	8.85	8.43	7.72	7.78	8.41	7.56	7.1	7.78	8.63	9.09	9.29	9.38	9.36	9.2	8.85
意大利	7.57	7.4	7.51	7.25	7.43	7.14	6.57	6.22	6.7	6.73	7.36	8.03	7.93	8.32	7.92	8.33	7.99	7.94	7.7	7.11
塞浦路斯	9.79	9.69	12.01	12.32	10.58	9.63	8.7	8.69	8.76	8.67	8.68	8.15	8.56	9.09	9.17	9.05	9.12	8.8	7.37	7.15
拉脱维亚	7.16	7.69	8.28	8.9	9.03	7.76	7.22	7.43	9.62	10.47	10.56	10.28	10.81	11.28	11.75	11.66	11.23	10.87	9.58	9.82
立陶宛	8.72	9.68	9.68	9.3	7.85	5.97	5.82	5.34	6.68	6.46	6.2	6.09	6.23	6.31	6.4	6.48	6.49	6.58	6.23	6.26
卢森堡	7.09	7.05	7.28	8.17	7.84	7.36	7.05	7.01	6.55	6.32	6.34	6.12	5.66	5.23	5.05	4.67	4.45	4.33	4.42	3.62
匈牙利	7.12	7.09	6.94	7.58	7.45	7.79	7.03	6.82	6.74	7.17	7	6.49	6.32	6.26	6.37	6.47	6.43	6.16	6.22	6.01
马耳他	12.17	10.85	10.7	9.42	9.72	9.97	10.75	10.16	9.74	9.04	9.61	8.85	8.24	8.7	9.12	8.59	8.4	8.2	8.25	7.66

续表

国家（地区）	2001年	2002年	2003年	2004年	2005年	2006年	2007年	2008年	2009年	2010年	2011年	2012年	2013年	2014年	2015年	2016年	2017年	2018年	2019年	2020年
荷兰	9.47	9.25	9.51	9.84	10.06	9.96	9.48	9.56	9.87	9.83	9.62	9.12	9.05	8.93	8.99	8.73	8.63	8.62	8.64	7.97
奥地利	5.86	6.13	6.33	6.33	6.27	6	5.83	5.66	5.73	5.68	5.87	5.75	5.58	5.59	5.51	5.61	5.71	5.39	5.35	5
波兰	6.58	7.45	7.71	8.56	8.14	7.92	7.93	8.14	8.5	8.66	8.27	8.06	7.55	8.05	8.17	8.11	7.85	7.7	7.23	7.12
葡萄牙	9.21	9.6	9.8	9.75	9.34	8.89	8.62	7.89	8.18	8	7.2	6.91	6.49	6.65	7.03	7.59	7.56	7.41	7.33	6.76
罗马尼亚	8.22	7.54	8.4	8.59	7.15	6.76	7.07	6.33	7.11	8	6.89	7.21	7.52	8.66	8.79	9.27	7.78	7.59	8.14	7.3
斯洛文尼亚	8.4	8.37	8.43	8.45	8.07	7.67	7.78	7.87	9.32	9.49	9.17	10.11	10.45	10.31	10.34	10.31	9.84	9.08	8.93	7.84
斯洛伐克	6.12	6.79	7.51	7.92	7.65	7.84	7.31	7.12	6.85	7.43	8.35	8.28	8.16	7.98	7.7	7.55	7.51	7.24	6.95	6.81
芬兰	6.67	6.86	7.28	7.47	7.06	6.91	6.41	6.3	6.19	6.57	7.18	6.98	6.71	6.62	6.65	7.05	6.9	6.92	6.63	6.52
瑞典	5.62	5.98	6.06	5.95	5.93	5.78	5.69	6	6.3	6.21	5.81	5.69	5.46	5.16	5.05	5.03	4.8	4.76	4.79	4.73

资料来源：欧盟统计局网站，https：//ec.europa.eu/eurostat/databrowser/view/env_ac_tax/default/table?lang=en.

表 4.2

2001~2020 年欧盟各国环境税收入占 GDP 比重

国家（地区）	2001年	2002年	2003年	2004年	2005年	2006年	2007年	2008年	2009年	2010年	2011年	2012年	2013年	2014年	2015年	2016年	2017年	2018年	2019年	2020年
欧盟	2.53	2.55	2.59	2.57	2.54	2.47	2.37	2.3	2.36	2.36	2.41	2.44	2.47	2.47	2.45	2.47	2.42	2.4	2.35	2.24
比利时	2.39	2.34	2.42	2.53	2.53	2.36	2.33	2.3	2.36	2.45	2.57	2.52	2.52	2.54	2.55	2.67	2.7	2.7	2.64	2.54
保加利亚	2.48	2.36	2.8	3	2.96	2.78	3.19	3.28	2.84	2.75	2.67	2.65	2.86	2.84	2.95	2.98	2.8	2.62	2.99	3.03
捷克	2.33	2.27	2.33	2.42	2.46	2.37	2.3	2.25	2.29	2.27	2.33	2.22	2.09	2.12	2.05	2.1	2.01	1.96	2.04	1.93
丹麦	4.82	5	4.8	4.99	4.92	4.68	4.74	4.17	3.99	4.02	4.02	3.97	4.14	4	3.97	3.91	3.67	3.62	3.29	3.17
德国	2.48	2.48	2.62	2.5	2.43	2.35	2.18	2.17	2.26	2.15	2.18	2.12	2.06	1.99	1.92	1.86	1.81	1.77	1.76	1.71
爱沙尼亚	2.11	1.98	1.88	2.09	2.25	2.18	2.17	2.3	2.94	2.93	2.72	2.73	2.56	2.66	2.73	2.97	2.86	2.75	3.21	2.45
爱尔兰	2.28	2.27	2.27	2.45	2.48	2.43	2.45	2.3	2.27	2.45	2.45	2.38	2.48	2.4	1.89	1.89	1.76	1.57	1.41	1.21
希腊	2.21	2.27	2.16	2.12	2.11	2.03	2.08	2.05	2.08	2.67	2.96	3.33	3.66	3.74	3.83	3.81	4.03	3.8	3.87	3.77
西班牙	2.02	2.01	2	1.96	1.9	1.83	1.77	1.64	1.62	1.65	1.59	1.58	1.92	1.87	1.93	1.87	1.84	1.83	1.77	1.75
法国	1.96	2.05	1.98	2.07	2.01	1.96	1.88	1.84	1.87	1.89	1.92	1.96	2.03	2.03	2.16	2.24	2.31	2.37	2.31	2.18
克罗地亚	2.91	3.48	3.55	3.42	3.31	3.23	3.11	2.84	2.82	3.01	2.65	2.53	2.82	3.14	3.33	3.44	3.47	3.52	3.46	3.28
意大利	3.01	2.92	2.98	2.83	2.89	2.85	2.71	2.56	2.78	2.78	3.03	3.46	3.43	3.57	3.39	3.51	3.34	3.31	3.25	3.04
塞浦路斯	2.75	2.71	3.46	3.63	3.32	3.09	3.14	3.02	2.78	2.75	2.75	2.58	2.72	3.06	3.04	2.93	3.01	2.93	2.54	2.48
拉脱维亚	2.04	2.14	2.27	2.45	2.51	2.22	2.04	2.07	2.64	2.96	3.08	2.99	3.17	3.34	3.5	3.58	3.49	3.37	2.94	3.1
立陶宛	2.56	2.81	2.77	2.7	2.3	1.8	1.75	1.63	2.02	1.83	1.68	1.64	1.68	1.73	1.85	1.92	1.91	1.98	1.89	1.93
卢森堡	2.66	2.65	2.74	2.97	2.94	2.61	2.53	2.46	2.38	2.26	2.3	2.23	2.05	1.89	1.76	1.66	1.64	1.7	1.75	1.39
匈牙利	2.71	2.65	2.59	2.8	2.72	2.84	2.76	2.68	2.62	2.64	2.54	2.53	2.43	2.41	2.47	2.53	2.44	2.27	2.26	2.18
马耳他	3.46	3.18	3.13	2.81	3.06	3.18	3.51	3.22	3.1	2.8	3.05	2.79	2.59	2.74	2.7	2.64	2.54	2.48	2.46	2.27

续表

国家（地区）	2001年	2002年	2003年	2004年	2005年	2006年	2007年	2008年	2009年	2010年	2011年	2012年	2013年	2014年	2015年	2016年	2017年	2018年	2019年	2020年
荷兰	3.36	3.24	3.31	3.42	3.52	3.59	3.37	3.44	3.47	3.49	3.41	3.24	3.26	3.31	3.32	3.35	3.34	3.34	3.39	3.16
奥地利	2.58	2.63	2.7	2.67	2.58	2.43	2.37	2.35	2.36	2.34	2.42	2.41	2.38	2.39	2.38	2.34	2.39	2.28	2.28	2.1
波兰	2.16	2.46	2.5	2.73	2.68	2.66	2.74	2.79	2.66	2.71	2.63	2.59	2.42	2.58	2.65	2.71	2.68	2.71	2.54	2.55
葡萄牙	2.83	2.99	2.95	2.95	2.89	2.79	2.74	2.5	2.44	2.43	2.32	2.19	2.2	2.27	2.42	2.58	2.58	2.57	2.53	2.38
罗马尼亚	2.36	2.12	2.4	2.38	2.01	1.94	2.01	1.7	1.79	2.11	1.95	2.01	2.06	2.38	2.47	2.4	1.94	1.97	2.12	1.92
斯洛文尼亚	3.17	3.2	3.24	3.25	3.16	2.97	2.96	2.95	3.48	3.61	3.45	3.83	3.92	3.86	3.88	3.88	3.67	3.4	3.34	2.95
斯洛伐克	2.01	2.23	2.45	2.5	2.4	2.3	2.13	2.06	1.97	2.07	2.42	2.38	2.52	2.54	2.5	2.49	2.54	2.46	2.39	2.38
芬兰	2.87	2.97	3.08	3.12	2.97	2.91	2.66	2.59	2.52	2.67	3	2.96	2.91	2.88	2.89	3.08	2.96	2.93	2.81	2.75
瑞典	2.62	2.69	2.74	2.71	2.76	2.66	2.55	2.64	2.75	2.66	2.44	2.4	2.32	2.17	2.15	2.22	2.11	2.09	2.05	2.02

资料来源：欧盟统计局网站，https：//ec.europa.eu/eurostat/databrowser/view/env_ac_tax/default/table?lang=en.

家尽管低碳税收的运用逐步增多，但是，税收制度生态化改革仍然限于一个很小框架内，属于零敲碎打式的税收生态化改革（经济合作与发展组织，1996）。第二类是对本国税制结构进行整体性的生态化调整，如丹麦、芬兰、瑞典等北欧国家。税收制度生态化改革的核心内容就是将税收负担在劳务、自然资源以及污染之间进行重新分配，将税收负担从原来的主要分布于工资收入向对环境有副作用的生产和消费转移，税制结构生态化程度伴随着税种的调整，环境税成为继商品和服务税、所得税、社会保障税以后的一个新税种。环境税不仅具有税收的财政职能、调节职能，环境税的征收还带来了预期的生态效益，并促进经济结构的低碳化调整。

通过上述分析可以看出，欧盟各国基于低碳经济发展的需要，纷纷开始税收制度生态化改革，环境税制不断完善，税制结构中环境税的比重有所提高，使得环境税在保护环境，促进经济、社会和环境协调发展方面发挥了不可忽视的作用。

二、基于低碳经济发展需要设计和调整生态税种

20世纪90年代以来，随着欧盟各国低碳经济的兴起，各国对通过税收制度生态化来实现推动低碳经济的发展给予了更多的关注和希望，并加快了环境税制度建设，税收制度生态化改革逐步深入，基于低碳经济发展需要设置生态化税种及税制要素是促进欧盟税收制度生态化改革的主要途径。欧盟环保税体系的构建是通过设立独立式的环境保护税类和融入式的环保税类相结合实现的。

欧盟促进低碳经济发展的生态税种主要分为六类：第一类，排放税，直接对温室气体排放征收环境税，包括为解决气候问题征收的二氧化碳税和二氧化硫税；第二类，能源税，针对企业投入品进行征税，包括能源增值税、能源消费税等；第三类，针对废弃物征税，包括对排放的废水、废渣等课征的水污染税、固体废物税等；第四类，资源税，针对自然资源开采的行为或企业征收资源税，促进企业合理开发和节约使用资源；第五类，污染产品税，主要针对高能耗、高物耗的行为或产品进行征税；第六类，对城市环境和居住环境造成污染的行为税，如噪音税、汽车税、车辆拥挤税、填埋税等。如果从社会再生产环节分析，欧盟的环境税种类具体情况如表4.3所示。

税类	1	2	3	4	5	6
再生产环节	资源开采	原材料供应	生产	流通	消费	处置
环境税种类	资源税类	投入品税	排放税	污染产品税	排放税	填埋税

表 4.3　　　　　　　　　　欧盟社会再生产环节与环境税种类的设置

资料来源：笔者整理。

另外，部分欧盟国家税收制度生态化改革也以融入式进行税收制度生态化改革，即在原有税收制度框架内，将生态理念融入非环境税税种的制度要素设计当中，剔出不利于环境保护的税收条款。欧盟大多数成员国与低碳经济相关的环境税主体是能源税、交通税和污染税（资源税）。欧盟环境税主要税种及占GDP比重构成如表4.4所示。

从表4.4数据可以看出，欧盟环境税以能源税为主体，占全部环境税比重高达77%左右，交通税占比约为20%左右。

（一）二氧化碳税

碳税是随着环境税的发展而产生的，在追溯环境税发展历程时，不难发现碳税的"足迹"。碳税产生于20世纪90年代，1990年由芬兰率先征收。目前，欧盟各国大多引入了碳税。碳税的繁荣是在20世纪90年代的中后期，随着温室气体排放造成全球性气候变暖，人类开始关注碳税。二氧化碳税是作为控制二氧化碳排放的重要措施之一被提出来的，是以减少二氧化碳排放为目的，对矿物性燃料，按照其含碳量或碳排放量征收的一种税，一般对燃料中可能导致二氧化碳排放的碳含量进行征收，即对燃煤和石油类产品如汽油、航空燃油、天然气等，按其碳含量的比例征税，以期通过碳税削减二氧化碳排放，减缓全球变暖。有单项征收和混合征收两种形式。单项征收是针对燃料的碳排放量单独设置税种，混合征收是将碳税与其他税项合并征收。

1990年，芬兰率先开征二氧化碳税，其目的一方面是为了实现《京都议定书》的减排目标，促进可再生能源的利用；另一方面是降低该国所得税与劳务税税率，促进低碳经济发展。芬兰碳税税率经历了从低到高的发展历程。1995年，碳税税率为每吨二氧化碳38.3芬兰马克，并对电力部门及工艺中使用的原材料和国际运输用油给予免税优惠，2002年，芬兰碳税税率提高到每吨二氧化碳17.12欧元，天然气减半征收（苏明等，2009）。芬兰碳税征税范围涵盖所有的矿物燃料，按照不同燃料的含碳量计征碳税，芬兰碳税的开征有效控制了CO_2的排放。

表 4.4　2001~2020 年欧盟环境税主要税种占 GDP 比重

项目	2001年	2002年	2003年	2004年	2005年	2006年	2007年	2008年	2009年	2010年	2011年	2012年	2013年	2014年	2015年	2016年	2017年	2018年	2019年	2020年
环境税/GDP	2.53	2.55	2.59	2.57	2.54	2.47	2.37	2.3	2.36	2.36	2.41	2.44	2.47	2.47	2.45	2.47	2.42	2.4	2.35	2.24
能源税/GDP	1.94	1.96	2	1.95	1.91	1.84	1.74	1.71	1.79	1.81	1.85	1.89	1.92	1.92	1.9	1.92	1.88	1.86	1.83	1.74
交通税/GDP	0.51	0.5	0.49	0.53	0.54	0.54	0.54	0.51	0.48	0.47	0.47	0.47	0.47	0.46	0.46	0.47	0.46	0.46	0.45	0.42
污染税/GDP	0.09	0.09	0.09	0.09	0.08	0.08	0.08	0.08	0.08	0.08	0.08	0.09	0.08	0.09	0.09	0.08	0.08	0.08	0.08	0.08

资料来源：欧盟统计局网站，https：//ec.europa.eu/eurostat/databrowser/view/env_ac_tax/default/table?lang=en.

瑞典从1991年开始征收碳税，主要目的是确保2000年二氧化碳排放量维持在1990年的基础上保持不变。征收范围是煤炭和石油类产品，包括石油、煤炭、天然气、液化石油气、汽油和国内航空燃料，采用复合计税方式，即根据不同燃料的平均含碳量和发热量两个因素来确定。瑞典碳税税率经历了动态调整过程，瑞典碳税税率的调整在保持本国经济竞争力和控制温室气体排放方面进行了有效权衡，对工业二氧化碳排放和家庭的二氧化碳排放实行区别对待，碳税开征初期，税率为每吨二氧化碳250瑞典克朗，工业部门只需要交纳50%的税费。1993年，私人部门税率提高到每吨二氧化碳320瑞典克朗，税率提高幅度为28%。对工业部门税率由每吨二氧化碳125瑞典克朗降到每吨二氧化碳80瑞典克朗，税率下降幅度为68%。同时，对能源密集型产业给予税收减免。1994年以后，瑞典对二氧化碳税率实行指数化，保证真实税率不变。1995年，瑞典小幅提高了碳税税率，家庭税率提高为每吨二氧化碳340瑞典克朗，工业部门的碳税税率小幅下调，2002年，为了减轻企业的碳税负担，瑞典碳税制度是在严格的"收入中性"背景下进行的，这主要体现在两个方面，一是碳税的引入与降低能源税相伴进行，二是碳税收入主要用于弥补因降低所得税而减少的税收收入。

挪威于1991年开始征收碳税，纳税人包括家庭和部分企业，征税对象包括汽油、矿物油和天然气，1992年又将煤和焦炭纳入征收范围，涵盖了所有二氧化碳排放的65%。碳税税率根据行业不同规定了差别定额税率，并设置了一系列税收优惠。

目前，挪威大约有65%的二氧化碳排放被征税，年税收收入约为60亿挪威克朗，约占整个税收收入的2%。挪威碳税制度设计了典型的激励机制，一方面，基于节能减排和保护国家竞争力的权衡，将碳税收入一部分返还给企业，奖励那些提高能源利用效率的企业；另一方面，也从社会安定角度作了相应安排，对解决就业有贡献的企业给予税收返还。总体上看，挪威的碳税水平较高，碳税使一些工厂的二氧化碳排放量降低了21%，家庭机动车的二氧化碳排放量降低了2%~3%（张克中和杨福来，2009）。

丹麦是"碳—能源税"制度比较先进的国家。根据《京都议定书》的要求和欧盟相关协议，丹麦设定的减排目标是在2008~2012年，将二氧化碳排放量与1990年相比降低21%。为了促进低碳经济发展，优化能源结构，激励节能减排，1992年，丹麦开始对家庭使用能源征收二氧化碳税，第二年对工商业使用天然气也征收碳税。因此，丹麦碳税的征税对象是除汽油和生物燃料以外的所有二氧化碳排放，计税依据是每种燃料燃烧时的二氧化碳量，是典型的直接对二氧化碳征税。丹麦的燃料增值税与碳税交叉征收，对工业企业将增值税税负与碳税税负综合考虑，保证二氧化碳的净税负不超过一定比例。根据碳的净税负与销售额比例给予一定优惠，若碳税净税负超过销售额1%，税率将下降为规定税率的25%；碳税净税负占销售额的2%~3%，有效税率将下降为规定税率的12.5%，碳税净税负超过销售额的3%，税率将下降为规定税率的5%，因此，工业部门的实际税率约为家庭的35%（武亚军和宣晓伟，2002）。基于保护国家产业竞争力的需要，丹麦对不同行业用能设计了不同优惠。工业企业耗能按照用途分为供暖、照明和生产三类能源，其中对供暖、照明和生产用能源分别按100%、90%和25%征收碳税。另外，丹麦对参加自愿减排并签订协议的企业给予税率减免。

英国征收大气污染税。英国大气污染税包括气候变化税（climate change levy，CCL）、英国机场旅客税（APD）、机动车环境税或机动车消费税和购房出租环保税。其中，大气污染税最为突出。英国于2001年开始征收气候变化税，该税种对工业、商业、农业和公共部门征收，对消费者和慈善团体暂不征税。征税对象包括电力、煤炭、天然气、液化石油气等。该税种是一种只向商用的特定能源征收的能源税，只涉及工商业、农业和公共服务等部门，家用能源消费不属于征收范围，小规模的企业所使用的能源也不在征收范围内。气候变化税对某些对象可以进行税收豁免，例如，热电联产机组产生的电力、用于慈善事业的能源将不被纳入征税范围。电力生产企业在其生产过程中所用的能源，由于碳排放权交易体系已经对其进行了调控，为了避免与之重叠而产生的二次征收，也没有被纳入气候变化税的征税对象。

英国的碳税征收环节是应税能源的销售环节，即将应税能源销售给商业部门或公用部门时征收，气候变化税税率按照行业不同设计差别税率。英国自引入气候变化税到2007年为止，气候变化税的税率一直未曾提高。值得注意的是，由于天然气的碳排量较之煤炭、焦炭和液化石油气低很多，英国设定的天然气气候变化税税率始终低于电力、煤炭、焦炭和液化石油气等的气候变化税税率。可见，英国在气候变化税税率的设定上，同时考量了不同燃料对环境的污染程度，对于污染较多的燃料类型设定较高的税率，反之则设定较低的税率。

英国财政部在其2006年预算案中宣布，为了确保英国在应对气候变化方面取得进展，每年的气候变化税将随通货膨胀率的增加而上调。这种与通货膨胀联动的机制于2007年4月1日开始推行。同时规定达到减排协议的企业享受80%的税收优惠，实际负担总税额的20%。英国气候变化税的0.3%返还到雇主的国家保险账户，其余部分投资于能效和节能技术研发。从2001年开征到2010年，英国先后调整了税率，其基本趋势是税率不断提高。

英国征收气候变化税的目的主要是控制温室气体排放度对大气的影响，并不是为了增加财政收入，为此奉行税收中性原则，并将其贯彻到税收收入再返还的实践中，以减少气候变化税对市场经济运行所产生的负面干扰。英国政府主要将所有被征收气候变化税的企业为雇员缴纳的国民保险金减少0.3个百分点，减少企业因缴纳气候变化税而增加的负担，一定程度上消除了企业的抵触情绪。因此，英国在征收气候变化税的同时削减了雇员国民保险捐，税率从12.2%降为11.9%，另外，通过"强化投资补贴"项目鼓励企业投资节能和环保的技术或设备，对节能设备给予投资抵免，这些措施将气候变化税的增收大体抵销。同时，英国成立碳基金，为产业与公共部门的能源效率咨询提供免费服务、现场勘察与设计建议等，并为中小企业在提高能源效率方面提供贷款，支持短时间的能源效率提升活动。

从上面分析可以看出，欧盟各国二氧化碳税征收非常广泛，而且大多采用独立的国家碳税模式，征收对象通常限于煤、石油、天然气等矿物燃料，税率多采取定额税率或复合税率，而且税率差异比较大，根据燃料的含碳量或发热量征收，并实行动态调整，各国碳税税率逐步提高，欧盟碳税对控制温室气体排放起到了积极作用，促进了新能源的开发和使用。

尽管碳税的纳税主体包括家庭和企业，但出于对本国经济竞争力的考虑，欧盟各国碳税主要是在家庭层面上征收，对工业企业设计了一定程度的豁免或特殊优惠。在税收的用途上，大部分国家碳税税收收入实现专款专用，将其用于低碳技术、低碳能源的开发和推广使用，促进低碳产业发展和低碳经济转型。

碳税开征之前，许多国家已经征收了能源税，引入碳税以后，与先前业已存在的能源税并存，形成了重复和交叉，为此，欧盟将碳税和能源税进行了一定的整合。

从总体上看，二氧化碳税基本属于欧盟层面普遍征收的税种，但仍尊重欧盟各国的税收主权，采取国家碳税模式。尽管如此，欧盟各国碳税的共性还是较为突出的。大多对煤、石油、天然气等矿物性燃料作为征税对象，在税率设计上多采取复合税率。首先根据含碳量和所含能源单位确定总体税率，再计算征收二氧化碳税。一部分根据燃料的含碳量征收，另一部分根据燃料的发热量征收，但是，欧盟各国碳税总体税率差异比较大。从长远角度看，各国碳税税率有逐步提高的趋势。

（二）二氧化硫税

二氧化硫税是对排放到空气中的二氧化硫征收的一种税。二氧化硫税作为环境税的组成部分，是一种因污染而设计的税种。硫税产生于欧盟，目前在欧盟地区征收比较广泛。最早实行二氧化硫税的国家是挪威。挪威1970年开始实施二氧化硫税，法国1985年实施该税，到20世纪90年代，瑞典和丹麦等许多欧盟国家开始征收二氧化硫税。

按照征税对象划分，欧盟各国的二氧化硫税可以分成直接环境税和间接环境税两种。直接环境税是以二氧化硫为课税对象，即以矿物性燃料燃烧排放的二氧化硫为征税对象，间接环境税是以矿物性燃料为课税对象，以燃烧过程中能够产生二氧化硫的矿物燃料为征税对象。

法国实施的二氧化硫税为直接环境税，经历了从对硫排放收费到征税的过程。1985年法国对二氧化硫课征大气污染费，收费的对象仅限于热值超过5千瓦以上的锅炉排出的二氧化硫，计费标准是根据监测得出的或报告的硫排放量。为了规范管理，筹集减排技术研发和推广资金，减少二氧化硫排放，1990年法国对二氧化硫改征大气污染税。法国在这次费改税过程中，扩大了硫税的征收范围，提高了税率。征收对象包括二氧化硫、氮氧化物、硫化氢、碳化氢，课征范围也扩大到包括容量20千瓦以上的电站、每小时3吨以上的焚化炉以及每年产生150吨以上硫化物的工厂。税率从每吨130法郎提高到每吨150法郎。法国大部分硫税税收收入专款专用，主要为企业安装大气污染控制设施提供补贴和资助技术开发，建立监测网络等。

瑞典国土属于酸性土壤，大部分地区的二氧化硫沉积超过了临界值，二氧化硫污染较为严重。为了控制酸雨的沉降，瑞典于1991年开征硫税，纳税人为燃料零售商和大宗消费者，课税对象为煤、焦炭、石油等矿物性燃料，计税依据为应税燃料的含硫量，根据不同燃料的含硫量采用差别税率，税率的高低根据政府削减二氧化硫的边际治理费用确定，并根据二氧化硫排放量的削减程度设置了税收返还优惠政策，对享受退税的企业进行持续监控。

丹麦1996年1月1日开始征收硫税，征税对象是所有类型能源使用过程中所产生的二氧化硫，丹麦二氧化硫税属于混合型环境税，对联合热电厂直接以二氧化硫的排放量为计税依据，对其他企业锅炉燃烧用煤和燃油采用间接环境税。

丹麦二氧化硫税实行专款专用，硫税税收收入主要用于节能投资补贴，对采取节能措施的企业以投资补贴的形式将二氧化硫税返还给企业，鼓励企业优化能源结构，促使燃煤结构由高硫煤向低硫煤转变。

从欧盟各国硫税征收管理经验看，直接二氧化硫税和间接二氧化硫税各有其优点，直接二氧化硫税的刺激作用较强，效率较高，但需要较高的征收管理水平和完备的硫排放量监测技术，税收征收管理风险较大，征收成本较高，因此，采用这种直接税的国家并不多。间接二氧化硫税克服了上述特点，税收征收管理成本低，操作性较强，而且，许多征收硫税的国家设置了税收优惠或实行税收返还，解决间接二氧化硫税的低效率和不公平问题，实现了促使企业使用低硫燃料和削减二氧化硫排放量的双重刺激目标。欧盟各国对矿物性能源类产品既征收二氧化碳税，也征收二氧化硫税，或交叉征收能源税，但各国碳税和硫税税收政策差异较大。

（三）能源税

能源税是以能源为征收对象而征收的一类税的总称，包括一般能源税、能源增值税、消费税等一系列税种。一般能源税以煤炭、天然气、原油及其制品等主要燃料为征税对象，以应税能源产品的生产者和进口商作为纳税人。能源税是欧盟环境税的主要组成部分，以能源产品为税基所带来的税收收入在欧盟整个环境税收入中占有重要份额。

欧盟各国在推行能源税初期政策差异较大，导致与欧盟税收总体目标不协调，影响欧盟共同市场和环境保护的有效运行。随着欧盟一体化程度不断加深，欧盟各国积极进行欧盟层面的协调，使欧盟各国在环境能源政策上"尽量用同一声音说话"。

1988，欧共体将共同体内部能源市场建设纳入欧共体统一大市场的组成部分，在此基础上，欧盟能源税制进入新的发展阶段。1992年，欧盟提出碳、能源税计划，该计划在各成员国中引起广泛异议，同年，欧共体委员会公布了能源税指令（Council Directive 92/82/EEC），该指令统一了欧盟各国矿物油的最低消费税税率。1995年5月，布鲁塞尔委员会提出新的"综合能源排放税方案"，该方案规定了能源税征收范围、计税依据和税率等关键问题，由于"综合能源排放税收方案"是一个庞大的能源税案，欧盟委员会给予各国一个自由过渡时期，在过渡期内，每个国家可以逐步实行能源税。综合能源排放税收方案提出后，欧盟国家大多开征了能源税，但是，税制要素规定差别较大，影响了共同市场的有效运行，为了提高能源利用效率，减少温室气体排放，维护共同市场的运行。经过六年的协商和修订，欧盟各成员国达成协议，于2003年公布了欧盟统一能源产品征税指令。这样，在先前已存在的欧盟能源税框架下重建并扩大了能源税，其主要内容包括以下四个方面。

一是扩大能源税的征收范围。将以能源为载体的石油产品、电力、天然气和煤等都纳入能源税征收范围。

二是限定最低税率。对动力燃料、工业或商业用燃料以及加热燃料和电力规定了最低税率，各个成员国能源税适用税率不得低于指令中所规定的最低税率。

能源税作为欧盟各国环境税的核心，以欧盟能源税指令规定的最低税率为主要指引，成员国各自设计本国适用税率，以协调各成员国能源的税收负担，避免能源税收政策成为建立欧盟单一市场的阻碍。

三是规定差别税率。能源税指令在规定了最低限定税率的基础上，还提供了一个灵活的框架，对同一产品由于质量或用途不同可以适用不同的差别税率。

四是设置税收优惠政策。为了不损害欧盟成员国企业对第三国的竞争力，对已达到环保目标的能源密集型企业，设置了灵活的减免税优惠政策。

总体上看，能源税指令的公布及实施，标志着欧盟成员国能源税问题步调逐渐趋于一致，使欧盟在能源政策上"尽量用同一声音说话"（许建华，2008）。经过这次改革，欧盟能源税的征收范围进一步拓展，具体情况如表4.5所示。

表 4.5　　　　　　　　　　部分欧盟国家能源税分布情况

国家	税种
丹麦	化石燃料税；一揽子环境税计划（二氧化碳税、二氧化硫税和能源税）；能源增值税；对高能耗活动或能源税超过3%的可以通过自愿节能协议节税
荷兰	对石油、柴油、重油、天然气、煤等主要燃料征收燃料税；能源调节税；二氧化碳税、二氧化硫税；能源增值税；每年节能设备购置费的55%都可以从当年年度财政利润中扣除
瑞典	对石油、煤炭、天然气征收一般能源税；能源增值税；汽油和甲醇税；里程税；机动车税；二氧化碳税、二氧化硫税；制造业、农业、林业及水产业可以全免能源税，碳税免70%
英国	燃料税；石油开采税；石油收益税；气候变化税；强化资金津贴计划，允许企业在采购符合技术要求的节能设备的第一年申请100%资金补贴的权利，并且财务上可以从当年应税利润中扣除相当于节能技术投资的部分
法国	对除汽车燃料外的其他能源产品征收能源税；机动车燃油环境税；对高能效节能设备采用技术折旧，并减征流转税，天然气等燃料产品的增值税不得扣除
德国	对汽车燃料、燃烧用油、天然气和电能等主要燃料或能源征收能源税；汽车税、二氧化碳税、二氧化硫税；对节能效果明显的节能产品免征消费税；社区小型热电厂可以免除石油税，有时还可以免除电税

资料来源：樊丽明，郭琪.2006年海峡两岸租税学术研讨会论文集［M］.济南：山东大学出版社，2006：37-49.

从表4.5可以看出，欧盟能源税的协调比较成功，但是各国的能源税还是存在着一定的差别，欧盟成员国在欧盟能源税框架下构建各自的能源税。从税种设置上看，大体上可以划分为能源开采税、能源产品税、能源消费税、排放税以及能源基金税；从征税范围看，涵盖了石油及产品、煤炭、天然气等各类能源类产品；从征收环节看，分布于能源开发、消费以及能源使用过程中污染物排放等各环节。无论从税种设置、征收范围和征税环节看，欧盟能源税的触角已经很发达。欧洲各国能源税收入占GDP比重大多在1.7%以上，从欧盟整体层面看，自2016年开始，欧盟能源税占GDP比重逐年下降。具体情况如表4.6所示。

表 4.6　2001~2020 年欧盟各国能源税占 GDP 比重

国家（地区）	2001年	2002年	2003年	2004年	2005年	2006年	2007年	2008年	2009年	2010年	2011年	2012年	2013年	2014年	2015年	2016年	2017年	2018年	2019年	2020年
欧盟	1.94	1.96	2	1.95	1.91	1.84	1.74	1.71	1.79	1.81	1.85	1.89	1.92	1.92	1.9	1.92	1.88	1.86	1.83	1.74
比利时	1.37	1.34	1.41	1.5	1.52	1.43	1.44	1.43	1.46	1.57	1.67	1.66	1.67	1.72	1.74	1.88	1.92	1.92	1.87	1.74
保加利亚	2.33	2.09	2.45	2.63	2.62	2.41	2.84	2.85	2.5	2.42	2.37	2.35	2.51	2.48	2.6	2.6	2.44	2.25	2.64	2.68
捷克	2.07	2.01	2.09	2.21	2.26	2.18	2.11	2.08	2.13	2.1	2.16	2.06	1.94	1.97	1.9	1.95	1.87	1.82	1.91	1.8
丹麦	2.85	2.86	2.81	2.76	2.52	2.24	2.34	2.14	2.32	2.36	2.4	2.39	2.41	2.32	2.21	2.17	1.99	1.95	1.7	1.65
德国	2.09	2.13	2.28	2.15	2.05	1.98	1.83	1.82	1.93	1.82	1.83	1.78	1.72	1.67	1.59	1.54	1.51	1.47	1.46	1.41
爱沙尼亚	1.59	1.49	1.53	1.78	1.9	1.79	1.78	1.93	2.52	2.57	2.37	2.41	2.23	2.31	2.38	2.61	2.51	2.42	2.95	2.24
爱尔兰	1.18	1.23	1.21	1.33	1.3	1.22	1.14	1.2	1.34	1.51	1.57	1.5	1.52	1.46	1.16	1.16	1.1	0.97	0.85	0.75
希腊	1.41	1.37	1.33	1.25	1.26	1.21	1.24	1.26	1.32	1.99	2.25	2.63	2.95	3	3.05	3.02	3.22	2.98	3.04	2.92
西班牙	1.59	1.6	1.59	1.54	1.47	1.4	1.36	1.3	1.32	1.34	1.3	1.29	1.58	1.56	1.61	1.54	1.52	1.52	1.45	1.43
法国	1.64	1.73	1.68	1.68	1.61	1.56	1.47	1.42	1.46	1.5	1.51	1.53	1.6	1.61	1.75	1.85	1.92	1.98	1.94	1.83
克罗地亚	2.49	2.64	2.55	2.37	2.24	2.14	2.01	1.77	1.95	2.15	1.8	1.73	2.02	2.29	2.49	2.6	2.59	2.71	2.65	2.52
意大利	2.42	2.34	2.38	2.25	2.3	2.27	2.11	1.97	2.2	2.2	2.43	2.82	2.79	2.94	2.75	2.85	2.7	2.66	2.63	2.44
塞浦路斯	0.89	0.91	1.76	1.9	1.88	1.79	1.7	1.6	1.63	1.81	1.94	1.87	2.12	2.38	2.4	2.31	2.37	2.32	2	1.92
拉脱维亚	1.64	1.71	1.88	2.03	2.11	1.84	1.71	1.79	2.36	2.55	2.53	2.48	2.63	2.82	2.95	3.05	2.97	2.87	2.45	2.57
立陶宛	1.83	2	1.97	1.83	1.74	1.64	1.58	1.53	1.91	1.76	1.59	1.54	1.53	1.59	1.67	1.74	1.73	1.78	1.71	1.74
卢森堡	2.54	2.54	2.62	2.86	2.84	2.5	2.36	2.29	2.2	2.09	2.14	2.08	1.9	1.75	1.61	1.52	1.5	1.58	1.62	1.27
匈牙利	2.19	2.12	1.96	1.86	2.07	2.12	1.99	1.96	1.99	2.07	1.99	1.89	1.84	1.83	1.86	1.92	1.83	1.71	1.72	1.67

续表

国家（地区）	2001年	2002年	2003年	2004年	2005年	2006年	2007年	2008年	2009年	2010年	2011年	2012年	2013年	2014年	2015年	2016年	2017年	2018年	2019年	2020年
马耳他	1.45	1.3	1.17	1.15	1.21	1.24	1.69	1.39	1.38	1.36	1.55	1.47	1.35	1.47	1.39	1.38	1.29	1.25	1.26	1.1
荷兰	1.71	1.66	1.7	1.78	1.86	1.87	1.68	1.76	1.86	1.88	1.84	1.78	1.91	1.88	1.85	1.89	1.85	1.87	1.94	1.79
奥地利	1.65	1.68	1.73	1.79	1.71	1.58	1.57	1.57	1.55	1.55	1.61	1.58	1.57	1.51	1.52	1.48	1.5	1.4	1.4	1.21
波兰	1.76	2	2.11	2.21	2.26	2.23	2.31	2.32	2.21	2.29	2.23	2.23	2.14	2.23	2.27	2.34	2.33	2.37	2.21	2.24
葡萄牙	1.78	2.03	2.11	2.06	1.99	1.94	1.92	1.83	1.83	1.77	1.73	1.68	1.66	1.66	1.77	1.89	1.86	1.85	1.83	1.8
罗马尼亚	1.93	1.73	2.07	2.17	1.85	1.71	1.65	1.34	1.52	1.78	1.7	1.74	1.77	2.11	2.21	2.16	1.8	1.83	1.98	1.77
斯洛文尼亚	2.68	2.64	2.53	2.52	2.43	2.32	2.3	2.32	2.92	3.05	2.89	3.27	3.3	3.25	3.27	3.29	3.1	2.85	2.76	2.38
斯洛伐克	1.7	1.86	2.11	2.19	2.08	1.95	1.78	1.76	1.68	1.79	2.13	2.1	2.21	2.23	2.21	2.19	2.25	2.17	2.11	2.13
芬兰	1.88	1.92	1.9	1.86	1.78	1.73	1.58	1.65	1.71	1.71	1.98	1.99	1.95	1.93	1.97	2.09	1.97	1.96	1.92	1.92
瑞典	2.21	2.27	2.34	2.31	2.31	2.21	2.09	2.12	2.22	2.17	1.98	1.95	1.86	1.73	1.68	1.74	1.64	1.6	1.55	1.52

资料来源：欧盟统计局网站，https：//ec.europa.eu/eurostat/databrowser/view/env_ac_tax/default/table?lang=en.

从表4.6数据可以看出，2001~2020年欧盟层面能源税收入占GDP比重基本稳定在1.8%左右，欧盟各国能源税占GDP虽然有所不同，但大部分国家的比重有所提高。

（四）交通税

随着机动车拥有量的增加，机动车尾气排放越来越多，成为温室气体排放不可忽视的组成部分，也是造成大气污染的原因之一。为了鼓励低能耗、低排放节能机动车的生产和使用，根据其物理特征、使用的燃料或其用途征收交通税，对保护环境具有积极意义。

目前，欧盟各国对机动车在生产、销售、购置、使用及报废等环节设置了不同税种。在生产或销售环节，征收与普通商品一样的增值税，在购置环节，一般征收购置税、注册税、登记税等。在拥有阶段，大多按照排气量确定税率，征收汽车税或汽车使用税，也有的国家按照吨位或将汽油车和柴油车区别对待。在使用阶段，征收燃料税或附加税。在报废环节征收废弃税（费），从而形成了完整的机动车税收体系，也使得欧盟交通税税收收入比较稳定，具体情况如表4.7所示。

税收作为经济杠杆被欧盟各国更多地运用于环境保护领域，税收制度生态化逐步深入，欧盟环境税种不断增加。

欧盟将税收制度与环境保护结合起来，低碳税收从单个税种的运用到分布于资源利用、污染控制、节能减排等多个方面，税收制度生态化已成为当代欧盟税费改革的潮流，以环境税为主的低碳税收在欧盟税收舞台上的地位日益凸显，各国税制结构出现生态化趋势。

三、适应低碳经济发展需要调整征收范围

从理论上看，税收制度生态化改革所涉及的税种的征收范围应包括与资源、环境有关的所有领域。但在欧盟各国税收制度生态化过程中，环境税的制度要素构成差别较大，各国环境税征税对象宽窄不一，环境税税种构成也各具特色。

欧盟各国环境税的征收范围和计税依据反映了低碳经济发展的需要。具体征收范围包括排放的废气、无铅汽油、含铅汽油、柴油、其他交通能源、轻燃

表4.7 2001~2020年欧盟交通税收入占财政收入比重

国家（地区）	2001年	2002年	2003年	2004年	2005年	2006年	2007年	2008年	2009年	2010年	2011年	2012年	2013年	2014年	2015年	2016年	2017年	2018年	2019年	2020年
欧盟	0.51	0.5	0.49	0.53	0.54	0.54	0.54	0.51	0.48	0.47	0.47	0.47	0.47	0.46	0.46	0.47	0.46	0.46	0.45	0.42
比利时	0.84	0.83	0.84	0.81	0.82	0.76	0.75	0.72	0.76	0.73	0.77	0.72	0.72	0.69	0.69	0.66	0.66	0.66	0.65	0.67
保加利亚	0.15	0.18	0.21	0.2	0.21	0.26	0.28	0.31	0.27	0.25	0.22	0.24	0.27	0.28	0.28	0.31	0.3	0.31	0.29	0.31
捷克	0.21	0.21	0.21	0.18	0.17	0.17	0.16	0.15	0.13	0.14	0.14	0.13	0.14	0.14	0.13	0.13	0.13	0.12	0.12	0.11
丹麦	1.63	1.8	1.67	1.91	2.11	2.15	2.11	1.76	1.42	1.45	1.41	1.35	1.47	1.46	1.54	1.55	1.5	1.49	1.43	1.35
德国	0.39	0.35	0.33	0.34	0.38	0.37	0.36	0.35	0.34	0.33	0.35	0.34	0.34	0.32	0.32	0.32	0.31	0.3	0.3	0.29
爱沙尼亚	0.21	0.2	0.04	0.07	0.07	0.07	0.06	0.04	0.05	0.05	0.06	0.06	0.06	0.06	0.06	0.06	0.05	0.05	0.05	0.04
爱尔兰	1.1	1.02	1.03	1.09	1.15	1.18	1.28	1.07	0.9	0.91	0.84	0.84	0.93	0.92	0.72	0.71	0.65	0.59	0.56	0.46
希腊	0.8	0.91	0.82	0.87	0.85	0.82	0.83	0.8	0.76	0.68	0.7	0.7	0.71	0.74	0.78	0.8	0.81	0.81	0.82	0.84
西班牙	0.41	0.39	0.39	0.39	0.41	0.41	0.4	0.31	0.29	0.28	0.26	0.26	0.26	0.25	0.24	0.24	0.23	0.24	0.24	0.23
法国	0.17	0.17	0.16	0.26	0.27	0.27	0.28	0.29	0.28	0.27	0.28	0.29	0.28	0.27	0.27	0.26	0.26	0.27	0.26	0.24
克罗地亚	0.4	0.83	0.98	1.04	1.06	1.07	1.07	1.05	0.85	0.83	0.83	0.78	0.78	0.84	0.82	0.83	0.86	0.79	0.77	0.73
意大利	0.55	0.55	0.57	0.55	0.56	0.56	0.57	0.56	0.56	0.55	0.57	0.61	0.6	0.59	0.6	0.62	0.6	0.61	0.6	0.56
塞浦路斯	1.85	1.8	1.7	1.73	1.43	1.3	1.44	1.42	1.15	0.94	0.82	0.71	0.6	0.68	0.64	0.61	0.61	0.58	0.51	0.53
拉脱维亚	0.21	0.24	0.24	0.31	0.29	0.28	0.26	0.21	0.22	0.34	0.46	0.43	0.45	0.44	0.45	0.46	0.42	0.4	0.38	0.4
立陶宛	0.66	0.73	0.73	0.78	0.48	0.09	0.1	0.04	0.04	0.05	0.05	0.05	0.09	0.1	0.08	0.09	0.08	0.08	0.08	0.1
卢森堡	0.12	0.12	0.11	0.11	0.1	0.11	0.18	0.17	0.19	0.16	0.14	0.13	0.14	0.13	0.13	0.12	0.12	0.11	0.11	0.11
匈牙利	0.37	0.38	0.45	0.76	0.52	0.58	0.63	0.56	0.46	0.46	0.46	0.41	0.39	0.37	0.36	0.36	0.34	0.32	0.31	0.3
马耳他	2.02	1.89	1.96	1.64	1.65	1.72	1.58	1.56	1.51	1.28	1.34	1.18	1.08	1.08	1.09	1.07	1.03	1.01	0.97	0.94

续表

国家（地区）	2001年	2002年	2003年	2004年	2005年	2006年	2007年	2008年	2009年	2010年	2011年	2012年	2013年	2014年	2015年	2016年	2017年	2018年	2019年	2020年
荷兰	1.19	1.11	1.14	1.18	1.2	1.24	1.23	1.2	1.12	1.12	1.08	1	0.93	0.98	1.01	1.01	1.04	1.04	1.01	0.92
奥地利	0.89	0.91	0.92	0.85	0.85	0.83	0.78	0.76	0.78	0.77	0.79	0.8	0.79	0.86	0.84	0.84	0.87	0.85	0.86	0.87
波兰	0.22	0.24	0.22	0.34	0.28	0.23	0.24	0.25	0.22	0.21	0.19	0.19	0.19	0.2	0.21	0.23	0.23	0.23	0.22	0.18
葡萄牙	1.05	0.96	0.83	0.88	0.89	0.85	0.82	0.67	0.59	0.64	0.57	0.48	0.52	0.59	0.62	0.67	0.7	0.7	0.68	0.56
罗马尼亚	0.07	0.07	0.07	0.06	0.06	0.15	0.34	0.34	0.27	0.32	0.24	0.26	0.28	0.26	0.25	0.24	0.14	0.14	0.14	0.14
斯洛文尼亚	0.43	0.41	0.46	0.5	0.49	0.47	0.48	0.47	0.41	0.4	0.39	0.4	0.45	0.45	0.46	0.44	0.44	0.43	0.46	0.45
斯洛伐克	0.28	0.27	0.24	0.22	0.23	0.23	0.24	0.24	0.23	0.22	0.23	0.23	0.27	0.27	0.26	0.26	0.26	0.26	0.25	0.22
芬兰	0.95	1.01	1.13	1.21	1.13	1.11	1.01	0.88	0.77	0.9	0.95	0.91	0.91	0.89	0.88	0.96	0.96	0.95	0.86	0.81
瑞典	0.31	0.32	0.32	0.32	0.38	0.38	0.4	0.47	0.49	0.46	0.42	0.42	0.43	0.42	0.44	0.45	0.43	0.44	0.44	0.44

资料来源：欧盟统计局网站，https：//ec.europa.eu/eurostat/databrowser/view/env_ac_tax/default/table?lang=en.

料油、重燃料油、天然气、煤炭、焦炭、生物燃料、其他燃料、电力生产及消费、机动车辆等碳含量或碳排放较多的能源（产品）。尽管如此，发达国家低碳税收的触角已经比较广泛，经过20多年建设，范围逐步扩大，分布于社会生产的各个环节，包括资源开采、生产、消费、使用、处置等。

计税依据是征税对象的量化体现，也是一个税种的税基，它关系到环境税税收负担问题，因此最引人注目。欧盟各国环境税计税依据主要有三种。一是以销售额（量）为计税依据，如低碳产品增值税、汽车税和汽车购置税。二是以污染物的排放量为税基，如直接排放税，以排放的二氧化碳或二氧化硫及其他应税污染物的排放量为计税依据，激励纳税人引进先进技术，改良治污设备进行清洁生产。三是以生产要素或消费品中包含的污染物数量为税基，如能源税。这种设计的政策指向性非常强，可以通过征税对象的量化设计实现税收的替代作用，但是需要能够准确掌握应税产品所含的污染物数量，需要科学的技术手段作支撑，操作性相对比较差，运用范围不是很广。

四、税率的动态调整

（一）环境税税率的设计

环境税税率高低与外部性成本大小密切相关。从微观经济主体的角度分析，环境税税率的高低要结合经济主体活动所产生的外部成本以及机会成本，激励纳税人从自身利益最大化出发，在生产的各个环节考虑税收成本、利润和环境问题，在生产投入环节使用清洁原材料、燃料和动力，优化工艺流程，增加环保型产品生产量。从国家宏观角度看，环境税税额应能够补偿资源环境破坏性损害的费用，或者大于治理污染费用和维持环保设施运转费用。

但是，环境税税率设计是一个复杂而且非常敏感的问题。纵观欧盟各国环境税税率变化历程，各国在运用绿色税收，以期达到特定目标时，实际运用的税率与理论上的税率多有偏差，税率的设计是市场机制和政府管制的交互作用的结果。

欧盟各国的环境税率在形式上经历了从简单到复杂的变化过程。目前，欧盟环境税税率主要有三种：比例税率、定额税率和复合税率。最初大多采用的是比较简单的定额税率，随着环境税在欧盟环境政策中的作用日益加强，除累进税率未运用于环境税以外，比例税率以及复合税率在环境税体系中都得以运用，反映出环境税率的设计由简单到复杂的变化过程。

欧盟环境税税率在量上的调整经历了从低到高渐变的过程。欧盟在确定税率时，将资源的合理利用、保护环境和低碳经济协调发展等各个因子统筹考虑，并实行差别税率。稀缺程度强的资源的税率高于稀缺程度低的资源税率，不可再生资源的税率高于可再生资源的税率，再培育成本高、补偿成本高的能源税率高于再培育成本低的能源的税率。基于环境税的政治接受度和社会稳定性的要求，环境税税率实行由低到高的渐进式调整，并与产业结构低碳化发展相结合，设置税收优惠，促进经济低碳化转型。

总体而言，欧盟国家环境税税率经历了从低到高渐变的过程，而且税率的指数化及动态调整也在税收制度要素中有所体现。

（二）能源税税率的调整

能源税是欧盟环境税的主体。以欧盟能源税指令为主要标志，能源税建设取得了很大成功。欧盟能源税税率主要体现在汽油、柴油征收的消费税税率以及二氧化碳税率上。二氧化碳税已在前面阐述，不再赘述。在这里主要阐述能源税。从税率的角度看，能源税指令确立了最低税率标准，各成员国的能源税税率不能低于最低标准，允许各成员制定高于指令的标准征收能源税，以协调各成员国之间的生态税法律制度。

欧盟成员国柴油税税率普遍低于无铅汽油税税率。英国对不含铅汽油和柴油都应用了最高税率，无铅汽油税率要明显高于柴油税率。这似乎不太符合环保的观点，因为柴油的使用更具污染性，即使"清洁"质量高的柴油都比无铅汽油的污染程度要大。2007 年，欧盟成员国家中无铅汽油税率平均高于柴油税率的比例为 43.51%，特别是在比利时、荷兰、法国，前者超过后者甚至高达 80% 以上。欧盟各国普遍对柴油征收低税率，结果导致柴油燃料消费已占到 30%~61% 的比例，污染较重的柴油交通工具数目持续增长和道路运输业过度发展。当然，汽油和柴油税率的变动情况也不同，总体而言，汽油税率下降幅度大，而且汽油和柴油税率的差别幅度在缩小。

（三）碳税税率的设计

欧盟碳税的税率设计在两个方面进行了选择和取舍。一是税率高低的设计，二是单一税率与累进税率的选择。累进税率便于自动调节社会总需求的规模，但征收行政成本高。单一税率虽然不能根据污染排放量设计更为科学的税率水平，但是便于管理，因此，大多数欧盟国家一般依据CO_2排放量或CO_2当量按比例实施单一税率。也有的欧盟国家采用累进税率，例如意大利，最低每吨5.2欧元，最高为68.58欧元。最早开征碳税的芬兰1990年的碳税税率仅为每吨二氧化碳1.62美元，后在1993年翻倍，从1995年起，碳税税率再次变更，到现在为止，芬兰的碳税税率保持在每吨二氧化碳28美元左右。丹麦制定了较高税率，碳税税率为每吨二氧化碳13.4美元；荷兰的CO_2税税率达到每吨二氧化碳25美元；瑞典为每吨二氧化碳147.8美元。

由此可以看出，欧盟碳税税率并未随着欧盟一体化不断加深而减少税率差异，高税率可以抑制二氧化碳排放且带来较高的财政收入，但会造成企业压力增加并导致对碳税制度的反对；低税率则反之。目前，各国根据本国经济、社会、环境等各方面的因素综合考量设计碳税税率，欧盟委员会也未对各国碳税税率提出逐步统一的要求。

五、欧盟环境税的税收优惠

欧盟各国基于环境保护和发展低碳经济的需要，设计了世界上较为完备、较为苛刻的环境税收政策，同时，为了保护欧盟所生产的商品和提供的服务在国际上的竞争力，设计了内容宽泛的税收优惠。例如，丹麦的能源税对于一些能源密集型部门给予税收豁免；芬兰对基础工业使用能源免税；瑞典对用于工业和电力生产的燃料免税，对电力生产行业不征收碳税，工业用燃料减按50%征收碳税；德国对工业用矿物燃料免税或返还，煤炭生产部门享受政府补贴；爱尔兰对用于化学还原、电解或冶金过程的石油免税，对使用的其他矿物油实行豁免，用于发电、热电联产发电的煤炭可以获得全额救济。

丹麦环境税税收制度完善，税收优惠具有代表性，各个环境税的税种都设计了免税与返还的内容，只要符合用途、身份或规定的其他条件，均可以享受税收减免或税收返还。丹麦的税收优惠主要集中在出口免税、对特定用途的产品或物品免税、对生产免税等。丹麦设置宽泛的税收优惠，税收减免和税收优惠在体现环境保护宗旨的同时，还保护本国经济竞争力。

丹麦免税政策与税收返还往往是配合使用的，但是并不具有严格的对应关系，免税的使用范围更广泛一些，税收返还作为免税系统的补充而存在，免税和税收返还使用的范围也各不相同，免税主要适用于出口、特定用途以及生产企业和注册的商业机构，税收返还更多应用于能源税。

环保税的各项优惠政策，使得税收制度生态化过程中的国别性、针对性较强，达到了税收制度生态化与本国经济、社会、环境的和谐统一。

第二节　美国税收制度生态化改革

20世纪70年代以前，美国税收制度中没有专门的环境税。美国将税收运用于抑制温室气体排放等环境保护领域主要是由于民众对环境保护的意愿日益强烈，而税收在环境保护方面缺位，使得美国政府不得不考虑将税收引入环境保护政策体系之中。1971年，美国国会提出，在全国范围内对排放的硫化物征税，但未得到通过。1987年，国会旧话重提，建议对一氧化硫和一氧化氮征收全国性税收。尽管议案再次被否决，但是，由于民众的环保意识增强和国内财政预算连年巨额赤字，美国政府开始寻求新的税源，环境税越来越受到官方的重视。目前，美国已形成相对比较完善的环境税体系。

一、美国环境税种类

（一）碳税

美国是世界上温室气体排放量最大的国家之一，尤其是在工业化进程中累积排放的温室气体更大。一直以来，美国在控制温室气体排放方面坚持自愿减排的政策，拒绝在《京都议定书》上签字。但是，美国对控制温室气体排放、保护环境仍采取较为积极的行动。2007年在《低碳经济法案》中提出，到2020年比当前水平减排15%，到2050年减排80%的目标。2009年，国会提出《拯救我们的气候法案》《美国能源安全信用基金法》等法案，这些法案均建议对石化燃料产品生产和进口征税。但是，由于国内经济低迷及其他多方面原因，这些法案最终没有通过审议。2009年颁布《美国清洁能源与安全法》，该法明文规定，从2020年开始，美国将对达不到标准要求的国家征收"碳关税"。在环境税制度建设方面，美国地方政府在控制温室气体排放方面要比联邦政府的

"无所作为"积极得多，美国将碳税付诸于行动的还仅仅是在州、市级的地方政府，2007年科罗拉多州的博尔德市开征碳税，2008年加州港湾地区空气质量管理区开始征收碳税

1. 联邦碳税

美国碳税发展经历过两个高潮，第一阶段是20世纪90年代初，联合国在里约热内卢召开世界环境大会，提出了可持续发展战略并签署了《联合国气候变化框架公约》，国际大环境推动了美国催生碳税意向，1990年联邦政府国会预算办公室开始研究碳税，并在当年向国会提交的年度报告中，将碳税作为削减赤字的手段，提出通过五年时间实现征收每吨二氧化碳18美元碳税的法案。但是，行政部认为它不符合总统削减赤字的途径，故而没有采纳该方案。1993年克林顿提出针对所有的燃料征收能源税，基本税率与其能源容量成正向关系，以实现维护能源安全、保护环境、缩减赤字和维护国家安全的目的，人们将其称为联邦克林顿税（Btu税）。联邦克林顿税虽然被众议院采纳，但是，它比欧盟的碳税或者能源税小很多，发挥的作用也极其有限，不久便被参议院以每加仑征收0.43美元的汽车燃油税代替，联邦层面的碳税流产。

经过多轮提议和讨论，联邦政府和州政府都放弃了碳税。进入21世纪后，尤其是迫于国内经济衰退和能源紧张以及国际社会对其消极应对气候变化的谴责，美国重新寻找变革路径，碳税再次纳入政府应对气候变化的环境政策体系。但是，美国联邦政府仍然非常谨慎，目前只是个别的市镇或地区征收了碳税，属于碳税立法中的试验区。

2. 州政府碳税

2006年，科罗拉多州的大学城圆石市率先在美国通过碳税法规。由于该市的电力大多来自燃煤电力，电力生产用煤排放了大量的温室气体，为此，该市碳税规定，在消费环节征收碳税，纳税人包括居民和企业，计税依据是用电量。为了便于征收管理，降低征收成本，纳税人在缴纳电费的同时必须按比例缴纳碳税，对电力用户征收碳税相当于对发电厂排放的温室气体征收碳税。另外，对购买风力发电的用户不征收碳税，属于税收的例外，鼓励居民和企业减少燃煤电力，而改为使用洁净、无温室气体排放的风力发电。

科罗拉多州的博尔德市通过全体选民投票，决定于2007年4月征收碳税。碳税的计税依据是电力使用量，以电力使用的千瓦时为基础，实行定额税。2007年公布的税率根据行业不同规定差别税率，居民每千瓦时0.0022美元，商

业消费者每千瓦时 0.0004 美元，工业消费者每千瓦时 0.0002 美元。2009 年 8 月，调高碳税税率至法令允许的上限，居民每千瓦时 0.0049 美元，商业消费者每千瓦时 0.0009 美元，工业消费者每千瓦时 0.0003 美元。这个税率相当于对每吨二氧化碳征收接近 12~13 美元的碳税。博尔德市利用碳税税收收入资助气候行动计划，提高家庭和建筑物的能源效率。

2008 年 7 月，加州港湾地区空气质量管理区开始征收碳税，征收对象是排放的温室气体，温室气体排放量的基础数据是最近 12 个月期间向空气控制区报告的数据。实行差别税率，碳税执行之初，对每吨 CO_2 当量征收 0.045 美元碳税，对污染严重的石油冶炼厂、发电厂和其他工业和商业污染设备实行高税率（王彬辉，2012）。

近几年来，美国国家层面对待气候变化问题的态度发生了变化，国会更加积极主动，有关气候变化的提案数量增加，涉及的内容有所扩展。仅 2007 年国会就提出了两个议案，即《拯救我们的气候法令 2007》和《美国能源安全信托基金法令 2007》。《拯救我们的气候法令 2007》拟对开采或进口矿物性燃料根据含碳量征收碳税，税率为每吨 10 美元，并规定了动态调整机制，即从每吨 10 美元开始，每年增加 10 美元，直到二氧化碳排放量低于 1990 年排放水平的 80%。《美国能源安全信托基金法令 2007》对《拯救我们的气候法令 2007》进行了修正，建议对开采或进口化石类矿物性燃料所含的二氧化碳征收每吨 15 美元的税收，并在规定的初始标准上，每年根据通货膨胀进行动态调整。

上述两个法案尽管是以议案的形式提出，若要正式生效需要经过较为复杂和漫长的立法程序，需要缜密的征收管理技术准备，但是，法案的提出是美国国家层面启动气候变化立法的开端，美国对开征碳税的慎重态度，需要我们深思。碳税与一般的商品劳务税不同，它涉及社会经济、人民生活和资源环境诸多方面，影响一个国家的能源结构和经济发展路径以及对自然环境的责任。开征碳税，不仅仅是税收制度改革问题，更是社会问题、经济问题，进而影响政治，因此综合考虑经济效率、环境效率、社会效益以及国际竞争力等各方面的因素，慎重选择征税品种，科学设定税率，才会发挥碳税的积极作用，避免产生负面影响。

（二）二氧化硫税

早在 1972 年，尼克松政府向国会提出了二氧化硫税法案。美国的二氧化硫税属于混合型能源税，根据纳税人规模大小，分别采用直接能源税和间接能源税。纳税人是排放二氧化硫的单位和个人，计税依据是监测的二氧化硫排放量或燃料的含硫量。税率根据所处地区的二氧化硫浓度规定差别税率，企业在二氧化硫浓度为一级标准以下的地区（高浓度地区），每排放一磅二氧化硫征税15美元，达到一级标准但不到二级标准的地区，每排放一磅二氧化硫征税10美元；达到二级标准的地区免税。为了便于征收管理，对不同纳税人采用不同的征收方式，对大排放源即发电厂、大型工业企业等进行定期监测，根据监测的数据按照上述税率来计税，对小排放源根据其所耗燃料的含硫量计税。

（三）氯氟烃税

1990年1月1日，美国国会颁布了对损害臭氧层的化学品征收消费税的规定，也称为氯氟烃税，该税属于从量征收的国内消费税，目的是消除或减少氟里昂的排放，征税对象是进口和使用破坏臭氧层的化学品，具体包括破坏臭氧层化学品生产税、破坏臭氧层化学品储存税。以生产和进口氯氟烃类的数量为计税依据，采用差别税率，对不同的应税化学品分别确定税率，每种应税化学品适用税率根据基准税率和调整因素计算得出，氟里昂的税率为基准税率，从1990年的每磅1.37美元提高到1995年的3.1美元，以后每年提高0.45美元。其他耗臭氧物按照耗臭氧潜能划分等级作为调整系数，调整范围在0.1~10。某种化学品的适用税率为基准税额乘以某类化学品的臭氧损害系数。

（四）能源税

美国是能源生产大国，是世界上石油探明储量最多的国家之一，同时也是世界第一石油消费国。美国经历了20世纪70年代石油危机以后，开始注重提高能源利用率和节能减排，美国经济与石油消费增长幅度差别较大，1973~2007年，美国经济增长了126%，而能源消费仅增长了30%，其中完善的能源税制发挥了积极的作用。

美国作为联邦制国家，地方政府拥有税收立法权，三级政府之间存在着复杂的税源共享关系，在能源税方面，美国可分为联邦政府能源税和州政府能源税两类。

1. 联邦政府能源税

美国联邦政府能源税由三部分构成：燃料消费税、环境税和海关税。燃料消费税主要针对汽车燃料和航空燃料，包括以汽油为征税对象的汽油税、以汽车用的轻油和柴油机用油为征税对象征收特别燃料税，以非商业用的喷气机容量为征税对象的非商业用航空燃料税。联邦政府环境税包括以国产原油和进口石油产品为征税对象的危险物品基金税、环境补贴税、水资源税、原油暴利税和汽车燃料容器渗透基金税。美国联邦能源税一般专款专用。汽车燃料税主要用于维护和保养各州之间的公路，非商业的航空燃料税主要用于维护和保养飞机场，环境补贴税主要用于补贴开采矿产对矿区环境形成的外部成本。

2. 州政府能源税

美国州政府能源税包括以汽车燃料为征税对象的汽车燃料税（汽油税）和以石油产品、天然气、电力等能源为征税对象的州销售税，美国各州汽油税差别较大，中等税率为每加仑0.16美元，总趋势是在提高，1992年以来有15个州提高了该税税率。汽车燃料税主要用于维护和保养州内的公路，销售税一般作为州政府一般财政收入。

可见，联邦政府和州政府同时征收汽车燃料税，以不可再生的汽车燃料为征税对象。美国地域广阔，汽车使用广泛，是一个汽车社会，因此，以汽车燃料为主的能源税是美国能源税的主要组成部分，汽车燃料税占州政府税收收入的比重很大。但是，美国能源价格与OECD国家相比属于最低水平，其原因是作为汽车社会，汽油价格对于美国国民来讲具有举足轻重的影响，提高汽油税的政治风险大。目前，美国能源税税率在能源价格中所占比重大致如下：汽油为27%，汽车用轻油为32%，家庭用轻油为4%、产业用重油为1%，产业电力为6%，家庭用电力为6%。不同品目的能源税收贡献不同，石油产品能源税占能源税的76.6%，其中汽油占61%、轻油占15%、重油占0.1%；天然气能源税占能源税的4.5%；电力占18.9%。

（五）开采税

开采税也称资源税，是对开采自然资源征收的一种消费税，应税资源主要包括煤炭、石油和天然气，目的是通过影响应税资源的开采速度保护环境，节约使用资源。最初美国只是在州政府层面征收。目前，已经有38个州政府开征了该税。美国开采税税率不高，税收收入占税收总收入的比例也较小，一般占各州总收入的1%~2%，但是各州分布不均衡，一些资源密集的州，开采税却是非常重要的财政收入。

（六）环境收入税

环境收入税是根据1986年美国国会通过的《超级基金修正案》设立的。设立该税的目的是为超级基金计划筹措资金，环境保护局通过该税为清洁项目筹集基金，来源主要是原材料税。对在石油和化工产品中投入的原料定额征收，是环境税的组成部分。它与企业经营收益密切相关，对年应税所得额超过200万美元及以上的法人，以超过部分作为税基，环境收入税实行比例税率，税率为0.12%。另外，对销售煤炭征收环境收入税，地下煤炭每吨1.10美元，露天煤每吨0.55美元。对国内生产原油征收每吨0.082美元，进口原油征收每吨0.117美元的环境收入税。上述收入大部分作为超级基金来源，用于与征税有关的清洁项目开支。

二、美国环境税税收优惠

（一）对能源开发的优惠

美国两院决议通过的《2005能源税收优惠措施法》和《2005能源政策法》两个法令中，对能源给予内容丰富的税收优惠待遇：一是为传统能源开发提供更多的税收优惠，如对石油精炼设备的固定资产折旧年限缩短为10年。小规模精炼企业若遵守环境保护部门的硫磺排放限制规则时可将成本的75%作为生产费用处理，纳税人可将其当年新购入的设备（资产）价格50%作为生产经费从应纳税所得额中扣除等；二是为新兴核能开发提供税收激励；三是加大了新兴替代能源的税收激励，如利用太阳能实现建筑物的取暖或制冷以及利用地热矿床生产或供给能源的新型装置的投资，按照投资额的10%在税额中扣除；四是为节能产品和设施提供了大量的税收优惠政策。总体而言，税收优惠政策主要针对可再生能源、能源节约利用、提高能效等，具体减税额度如表4.8所示。

表 4.8　　　　　　　　美国能源税收优惠政策及减税额度　　　　　　　单位：亿美元

优惠对象	可再生清洁能源	电力	煤炭	能源效率及节约	石油、天然气	合计
优惠力度	32	31	29	27	26	145

资料来源：星野泉，崔景华.美国能源税收政策及启示［J］.财经论丛，2008（6）：37-42.

从表4.8数据可以看出，美国的能源税优惠政策每年减少145亿美元的税收收入，其中，由于能源优惠政策刺激生产效率提高，减少能耗，可增加30亿美元的额外税收收益，因此减收净额为115亿美元。

（二）对研究与开发的优惠

在20世纪60年代，美国制定了该领域的优惠政策，对研究控制污染的新技术、新产品给予所得税优惠。《2005能源税收优惠措施法》规定，纳税年度中综合气化合成循环研究项目相关投资额的20%以及研究费用的15%可以在所得税中加计扣除。

（三）对环境保护投资的优惠

这是世界各国采用较为广泛的办法。1991年起，美国23个州对循环利用投资给予税收抵免扣除，对购买循环利用设备免征销售税。此外，美国联邦政府对州和地方政府控制环境污染债券的利息不计入应税所得，对净化水以及空气和污染设施建设援助款项所得不计入所得额，不负担所得税。对于清洁能源天然气输送管道折旧年限由原来的35年缩短为15年。对于小规模精炼厂安装脱硫装置发生的安装成本，可从应纳税所得额中扣除。《能源政策法》规定，企业使用太阳能发电和地热发电的投资可以永久享受10%的抵税优惠。购买太阳能发电和风力发电设备的房屋主人，其投资的30%可以从当年缴纳的个人所得税中抵扣；太阳能发电、风力发电和地热发电投资总额的25%可以从当年联邦所得税中抵扣。投资可再生能源可享受三年的免税措施，投资小型风电设备可获得投资抵免。

（四）对清洁能源的优惠

2007年，美国国会通过新的能源法案，为增加生物燃料乙醇的使用量，政府加大激励力度。对使用可再生能源的消费者也给予优惠，对购买重量在8500磅以内的生物质氢能源车，最低可以享受8000美元的减税优惠，购买超过8500磅的，还可享受更高的减税待遇，同时也规定了惩罚性规定，若购买使用超过美国"汽车经济型标准"的机动车，则对车主征收"油老虎税"，以引导消费结构，鼓励购买使用可再生能源燃料车，替代石油类燃料汽车，降低能源消耗。

三、美国环境税征收管理

联邦政府、州政府和地方政府三级政府参与美国环境保护工作，各级政府负责的具体工作各有不同，其中，联邦政府工作主要包括三个方面：（1）颁布联邦环境保护法；（2）制定各类环保和产业政策，引导和影响全国环境保护工作；（3）通过发起组织具体项目促进环保目标的实现。州政府的工作有两个方面：一是制定本州环境保护政策，引导本州经济转型和产业政策；二是负责联邦政府节能减排和控制温室气体排放等有关环境保护政策法规在本州内落实实施。地方政府的主要工作是落实联邦政府和州政府的环境保护政策。

环境税作为美国环境保护经济政策的组成部分，全国性环境保护政策由联邦政府制定，以政策性报告指导和推进国家环保工作，各州根据联邦政府指导性报告制定相关具体规定。

美国的税收征收管理非常严格，环境税的征收同样如此。环境税的征收由税务部门完成，统一缴入国库。环境税的使用与其他税收有所不同，一般实行专款专用，用于环境保护，具体做法是财政部将环境税税收收入纳入普通基金预算和信托基金，后者再转入下设的超级基金。超级基金资金来源于财政收入，主要由环境税税收收入构成，是以环境保护为专项内容的最大一项基金。该基金在财政管理上纳入联邦财政预算内管理。

由于环境税的立法程序完善，法律法规规范，征管部门集中，征管手段现代化水平高，环境税征收管理比较到位，拖欠、逃、漏环境税收的现象很少，环境税收征收额呈逐年上升趋势。

四、美国环境税政策实施效果

美国对环保工作的重视从步入"后工业社会"才开始，走的是"先污染后治理"的路子，遵循"谁污染，谁付税（费）"的原则。如前所述，环境税具有税收的强制性、无偿性和固定性三个基本特征，使其成为美国环境经济政策体系中不可替代的组成部分，也是政府调控和市场机制的有机结合。完善的税收制度，严格的征收管理及环境税税收收入的专属使用，使美国环境税在促进低碳经济发展、节能减排等方面效果突出，环境状况好转，环境质量提高。据经合组织的一份报告显示，对损害臭氧层的化学品征收的消费税大大减少了在泡沫制品中对氟里昂的使用。

第三节 日本税收制度生态化改革

一、日本环境政策发展历程

日本环境政策的发展与国内经济建设、产业结构调整和环境问题密切相关。第二次世界大战以后，日本创造了经济高速增长的奇迹，一跃成为世界第二经济大国。在经济高速发展的同时，也出现了严重的环境污染问题，但是，日本在较短时间内，运用各种手段，恢复、保护和治理并举，有效地协调经济发展与环境保护的矛盾，短期内克服了环境污染，这是日本创造的另一个奇迹。这两个相互矛盾的事物的有机融合，值得人们深思。第二次世界大战后日本环境政策发展过程可分为以下四个阶段。

（一）公害对策时代（20世纪60~70年代）

这一时期也可称为污染及其治理阶段。20世纪五六十年代，由于日本重工业化和沿海工业集中区发展等原因，环境污染严重。该时期内，发生了震动日本的富山县锡中毒事件、熊本县等地的水俣病事件（有机汞事件）和大阪机场的飞机噪音事件。在这一时期，日本的环境政策基本是对社会经济活动制定直接的限制措施。20世纪60年代末，日本的环境政策有了明显的改变，取得了很好的效果。这主要是由于以下三个方面。（1）行政干预得力。重视直接的行政管理，特别是政府在环保政策的制定与实施上态度坚决，尤以汽车尾气标准制定与实施最为典型。1972~1991年日本汽车尾气CO_2排放下降6%。（2）防止公害的科研工作成绩显著。如汽车排放尾气处理技术、燃烧尾气的脱硫技术，大多是在这一时期开发成功的。目前，日本是世界上最大的汽车出口国，在一定程度上受益于其领先的尾气处理技术。（3）"以法治污"是这个阶段日本环境政策的重要特征。日本主要的环境法规都是在这个阶段奠定的基础，并于1970年召开了环境问题的特别国会，史称"环保国会"。

（二）政策协调和规划阶段（20世纪70~80年代）

为了解决环境问题，日本于1971年建立了专门的政府机构——环境厅。1977年联合国环境规划署各国委员到日本考察并提出了日本环境政策评价报告，在肯定"公害对策"成果的同时提出了"创造更舒适的环境"，即提高生活质量的目标。20世纪70年代是日本政府环境政策从"防止公害"向"保护环境"观念转换的时期，解决环境问题的重点放在规划和政策协调上。该阶段的环境政策具有以下三个特点：一是明确提出"环境权"，在法制上确立享受良好环境的权利是公民的基本人权，将环境确认为公共托管财产，这是环境理论上的一大突破；二是健全环境影响评价制度，1984年内阁正式决定实施环境影响评价制度；三是不断修订某些有效的政策，标准趋严，严格的环境标准不仅未给日本经济带来损害，反而促进了经济发展，提高了产品出口竞争力。

（三）环境政策国际化阶段（20世纪80~90年代）

日本能源缺乏，因此日本政府一直把能源技术研发放在重要的位置。通产省工业技术院在1974年制定了以新能源开发为中心的"阳光计划"，1978年制定了以节能技术为中心的"月光计划'，这两个研究开发计划积极推动了日本新能源和节能技术的发展。1989年又提出了"地球环境开发技术"研究计划。20世纪80年代初，气候变化、臭氧层破坏等全球性环境问题逐步引起国际社会的高度重视。1992年6月在巴西里约热内卢召开了联合国环境与发展大会。会议的中心议题是防止地球变暖及防止地球大气臭氧层破坏，突出了"地球环境"的观点。由于日本是世界上排放二氧化碳最多、使用氯氟烃最多的国家之一，在外界的压力下，制定了削减使用氯氟烃的法律和计划。日本环境政策的国际化有以下两大特点。一是企业行动迅速，企业国际化是日本环境政策国际化的基础。例如，国际标准化组织决定，制定环境管理系列标准，日本政府和企业敏感地意识到这又是一大潮流，1994年10月，由松下、索尼、富士通等10家企业提供人才和资金，联合成立了国家级的"日本环境认证机构"。二是重视环境外交。所谓环境外交，是指全球环境与发展领域的谈判。进入20世纪90年代，日本积极参与有关国际会议及环境立法活动，并利用技术优势，将世界领先的环保技术转让出去，既带来了经济效益，也提高了国际地位。

（四）可持续发展战略阶段（20世纪90年代至今）

该时期可以看作是日本环境政策国际化阶段的延续。进入20世纪90年代后，日本面临着全球性环境问题的考验，并向着建设可持续化社会迈进。1987年世界环境与发展委员会（UNEP）作了"我们共同的未来"的报告，首次提出了"可持续发展"方针。随后日本的环境政策也进入了新阶段，1993年颁布《环境基本法》，1994年出台《环境基本计划》和《日本21世纪议程行动计划》，实施可持续发展战略。

二、日本环境税种类

由于资源匮乏，能源消耗量很大，日本政府早在20世纪70年代就出台了有关环境保护方面的税收政策，日本之所以能在低碳社会和发展低碳经济上取得一定成就，与日本政府的环境政策，尤其是税收制度生态化改革的推动和引导是分不开的。日本的环境税包括能源类消费税、碳税、机动车税、石油税等。

（一）碳税

日本在1990~2004年的14年间，二氧化碳的排放量增长了14%左右，其中商业部门及家庭排放量更是增长了30%。[1]温室气体排放的快速增长以及日益严重的环境问题，引起了政府的高度重视。为了在成本最小化的同时，兼顾经济发展和温室气体减排的需要，日本大力发展低碳经济，2008年7月29日内阁会议对《低碳社会行动计划草案》进行了讨论，该草案按照《京都议定书》约定，2008~2012年的目标是每年温室气体排放量要比1990年减少6%，并进一步确立了日本减排的长期目标，到2050年温室气体排放量削减至目前的60%~80%。2017年12月，日本环境省公布的2016年温室气体排放量为13.22亿吨二氧化碳当量，分别比2015财年和2013财年减少0.2%和6.2%，比2005财年减少了4.6%，[2]这主要是由于工业和运输部门，广泛采用可再生能源和恢复核电生产，发展低碳经济，清洁能源使用增加，相关的碳排放量

---

[1] 王彤.日本环境税的实施情况［J］.国际问题研究，2007：（6）.

[2] 日本公共2016年温室气体排放数据［EB/OL］.http://www.tanpaifang.com/tanguwen/2018/0424/61861.html，2018-04-25.

减少。

为了进一步减少温室气体排放，日本提出了节能减排的一系列政策措施，其中包括碳税在内的税收制度的生态化改革。自2004年开始，日本政府对碳税方案反复论证、研究和修订，2005年10月形成了定稿，决定2007年1月1日起开征碳税。日本碳税制度充分考虑了碳税对经济、社会、环境和人民生活的影响，主要围绕四个方面设计碳税税收制度要素。

1. 征税对象和纳税人

日本以石油等矿物性燃料为碳税征收对象，包括石油、煤炭、天然气。纳税人是消费化石燃料的单位和个人，包括以煤炭、石油、天然气等应税化石燃料为原材料的企业和采用化石能源发电的企业等，这是在上游的生产环节课征碳税。对下游的消费环节家庭消费化石燃料课税。2009年，日本环境省提出2010年税制改革，在该次改革中，将所有化石燃料均作为"全球气候变化对策税"的课税对象，向原油、煤炭等燃料的生产、销售、进口征收碳税。

2. 税率

税率高低的选择及动态调整是碳税制度中最敏感的问题。日本在确定碳税税率时，测算了碳税对国民经济和人民生活的影响。采用定额税率，税率定为每吨二氧化碳2400日元，并且计划在税收规模不变的情况下，适应控制温室气体排放对抑制全球变暖的需要，根据课税和补助配合的原则试算碳税对GDP的影响，对碳税税率进行动态调整，2009~2012年平均降低0.055%。

3. 税收优惠

日本碳税优惠政策主要运用于以下几个方面。（1）对于采取节能减排措施的高排放用户，给予50%~60%的减税优惠。（2）在2010年碳税修正方案中规定，对钢铁、焦炭等行业生产所用的煤炭免税。（3）对于农业渔业用柴油免税。（4）对于作为产品原料的化石燃料（挥发油）免税。（5）对于煤油给予50%的减免。（6）企业购置政府指定的节能设备并在一年内使用的，可以按照设备购置费的7%从应纳所得税额中扣除，但是最高不得超过所得税额的20%。（7）企业购置政府指定的节能设备，可以在普通折旧的基础上，按照购置费的30%提取特别折旧。

4. 税收收入的利用

日本碳税税收收入是执行相关环保政策的稳定资金来源，首先，碳税收入优先用于开发太阳能发电、新能源研究及推广低油耗、节能环保型汽车，除用于防止全球变暖，还用于森林保育，提高建筑节能，建设低碳都市和低碳地区等。

（二）机动车税

日本的汽车税有10多种，分别在汽车的生产、购买、保有等各个环节。具体包括汽车取得税、消费税、汽车质量税、汽车税、微型车税、汽油税、地方道路税、柴油税、液化石油气税和燃油消费税。

1. 汽车消费税

1946~1989年，日本对汽车征收商品税，税率一直在30%或以上，1989年以后改征消费税，税率也在逐年减低，而且对不同车型实现差别税率。

2. 保有阶段的汽车税

日本汽车保有环节的税种主要有自动车重量税（中央税）、自动车税（地方税）和轻自动车税（地方税）。汽车重量税按年征收，根据汽车的种类和用途设计差别税率，自动车税在1979年以前按照汽车长度征收，为了促进节能减排，鼓励使用低排量汽车，1979年以后按照排气量征收。轻自动车税征税对象包括两轮摩托、两轮助动车、三轮汽车、四轮轻自动车。乘用车和货车适用不同税率，而且自家使用的乘用车税率高于营业用乘用车税率。

3. 使用阶段的汽车税

日本使用阶段的汽车税包括挥发油税、石油税、地方道路税。前两种是中央税，后一种是地方税。

三、日本环境税税收优惠

日本自2009年4月至2010年4月进行了税收制度生态化改革，其中对节能减排、保护环境的行为给予优惠政策。（1）对购买节能环保汽车的单位和个人，免予征收汽车重量税和车辆购置税。节能环保汽车主要是指混合动力车、电动汽车、天然气汽车以及其他经过认证的低污染和低耗能汽车等。（2）对购买节能减排技术的企业，减免该部分的固定资产税和当期的企业所得税。（3）企业购买政府指定的节能减排技术和设备，实行加速折旧政策。日本税收制度生态化改革，为日本低碳经济的进一步发展打下了坚实的基础。

第四节　发达国家税收制度生态化改革评析

税收作为国家宏观经济杠杆，在引导低碳经济、促进节能减排过程中发挥着不可替代的作用。由于各国经济发展水平不同，面临的环境问题和社会问题各异，环境税税种设置、税率高低及税收优惠并非没有整齐划一，但是其中也有共性。

一、发达国家税收制度生态化改革的特征

（一）基于"污染者付费"和"使用者付费"两类原则设计环境税

"污染者付费"原则也叫"污染者负担"原则，是指由排污者承担污染环境造成的损失及治理污染的费用，排污者造成的损失或治理费用不应转嫁给国家、社会或其他私人厂商。"污染者付费原则"是1972年由经济合作与发展组织提出的，该原则的经济学原理是外部成本内部化，其核心就是要求所有的污染者都必须为其造成的污染直接或者间接支付费用，使私人产品价格充分反映生产成本和污染成本，促使污染者采取措施控制污染。"污染者付费"原则一经提出，便成为各国制定环境政策的一项基本原则。环境税中的污染排放税就是"污染者付费"原则运用的具体体现。其征收的客体是排放的污染物，税基是污染者排放的污染物数量，实行差别税率，促使污染者采取措施削减污染物的排放量。大多数发达国家如丹麦、瑞典、德国、英国、美国等国都开征了污染排放税，并且根据各种废气、废水和固态废物等各种不同类型的污染排放物分别设置了诸如二氧化碳税、二氧化硫税、水污染税等不同的税种，或将各种污染物作为环境税的税目。

"使用者付费"是对"污染者付费"的进一步扩展，使用污染产品是造成环境污染的根源，按照"使用者付费"设计环境税，是基于源头控制污染。按照该原则征收的环境税主要是资源税、污染产品税。"使用者付费"原则是市场经济最普遍原则。"使用者付费"的经济学原理是私人活动的成本补偿。由于潜在污染性产品是污染产生的载体，消费或使用这些产品都会间接地导致污

染的产生，因此，"使用者付费"原则要求所有使用潜在污染性产品的消费者都必须为其造成的损失给予成本补偿，即为污染支付费用，由此可以看出，污染产品税是富有反向约束机制的环境税，能够产生税收替代作用。污染产品税的征税对象是潜在的污染性产品，通过差别税率发挥反向约束作用，促使消费者减少有潜在污染产品的消费数量，选择无污染或者低污染的替代产品。目前，OECD 各国大多开征了污染产品税，主要是针对能源燃料征收的能源税以及对农药等潜在污染性产品征收的特种产品污染税等，这些均是"使用者付费"原则的具体体现。

按照两类原则设计的环境税特点各异，按照"污染者付费"原则直接对排放的污染物征收污染排放税，对控制污染作用更好，而污染产品税激励作用比较弱，从征收管理角度看，污染排放税一般对监控排放有一定的技术要求，要求有较高的征收管理水平，征管难度较大，管理成本较高，而污染产品税一般易于征管，技术要求和管理成本较低。

（二）税种多元化

发达国家的环境税课征范围较为广泛，涉及社会再生产的各个环节，在生产、交换、分配和消费环节都有生态理念的税收条款。促进低碳经济发展的环境税种类较为丰富。如前所述，促进低碳经济的税种包括以石油类能源征收的实行差别税率的能源消费税、碳税、硫税、氮税等，与机动车有关的销售税、专项汽车税、道路使用税等，各国低碳税收的触角不断延伸，低碳税收征收范围不断扩大，环境税种类不断增多。

（三）环境税体系以能源税为主

环境税体系税种较多，但是能源税及其相关的税收政策占有非常重要地位，许多发达国家立足于本国国情，制定了能源税政策，充分运用税收手段解决能源问题。以美国为例，美国以石油、煤炭等矿物性燃料为直接或间接征收对象征收了多个税种，形成了联邦政府和州政府两级能源税体制。2005 年布什政府通过了《能源法案》，对美国能源税制度进行了大范围、大规模改革，此次能源政策改革目的是运用能源税促进能源综合开发、节能减排，提高能源有效利用水平，该能源税政策法案凸显了税收在节约能源、节能项目、降低进口依存度中的作用。德国税收制度生态化改革的重点也是在能源领域，德国于 20 世纪 80 年代末以环保为目的的能源税改革，依据"双重红利"的理论构想，将税制改革与影响国内政治因素最大的失业率挂钩，取得了良好的效果。纵观各国环境税制度大多以能源税为主，各国征收的能源税分布于能源行业的上游、下游，具体情况如表4.9所示。

表 4.9   部分国家能源税分布情况

地区	国家	税种及优惠
欧洲	英国	发电税；能源税；石油收益金；气候变化税；碳税
	法国	能源税（汽车燃料除外）；机动车燃油环境税
	德国	矿物油税；对汽车燃料、燃烧用油、天然气等主要燃料征收能源税；汽车税；碳税；硫税
	丹麦	化石燃料税；碳税；硫税；能源税；能源增值税
	荷兰	化石燃料税；碳税；硫税；能源税；能源增值税
	瑞典	对石油、煤炭、天然气征收一般能源税；汽油和甲醇税；里程税；机动车税；碳税；硫税；能源增值税
	芬兰	机动车辆税；对交通燃料及其他能源燃料征收用能基本税和附加税
亚洲	日本	燃油税；碳税；硫税
美洲	美国	联邦消费税；燃料税；电力销售税；碳税；硫税；能源额外利润税
大洋洲	澳大利亚	石油资源租赁税；矿区使用税；石油货物税；州政府资源使用税；资本收益税

资料来源：笔者根据相关资料整理而成。

（四）税基宽泛

各国税收制度生态化改革源于环境问题恶化和低碳经济发展需要。从课征对象看，涵盖了对环境有影响的物品和行为，征收范围广，包括自然资源、能源产品、污染物排放等均纳入环境税调节范畴，涉及的领域广；环境税不仅涉及国内生产、消费等领域，还包括环境税的国际协调和国际间环境保护义务分摊、环境污染治理以及国际贸易绿色化等，涉及的地域广；从纳税人的种类看，包括个人、家庭和企业；从国民经济环节看，从资源开采利用、生产、消费、废弃物排放到循环利用等多个环节均有环境税的足迹，涉及的纳税主体广。总之，各国形成了税种多样、税基宽泛、色彩纷呈的环境税收体系。

（五）采用差别税率并实行动态调整

为了给市场提供正确的信号，引导企业和消费者行为，完善环境税激励和约束机制，西方国家环境税税率的设计非常灵活，主要体现在差别税率以及税率的动态调整两个方面。如欧盟成员国的能源税税率在欧盟能源税指令规定的最低税率基础上，各成员国都制定了本国的能源税差别税率。德国从1999年开始推行环境税，为促进清洁能源的生产和消费，对风力、水力、太阳能、地热等清洁能源免征环境税，对无铅或低硫石油类产品执行较低的税率，污染性小的天然气税率低于成品油税率。芬兰能源税由交通燃料税、采暖燃料税和电税组成，其税率分为基本税率和附加税率。其中基本税率是为了推进环境保护而设计的差别税率，无铅汽油、合成汽油和低硫柴油适用低税率。电税分为较低税率和较高税率两档，较低税率适用于公园和温室种植业，较高税率适用于家庭和服务业。

（六）税式支出运用灵活

税式支出是由美国哈佛大学教授、财政部部长助理斯坦利·萨里（Stanley Surrey）于1967年提出的。税式支出是指在现行税制结构不变的条件下，对某些纳税人或特定经济行为实行照顾或激励性优惠，是在税收一般规定的前提下的区别对待，通过税收减免等优惠待遇形成政府虚拟支出或政府放弃的收入。税式支出由税收优惠发展而来，包括起征点、加计扣除、优惠税率、税额减免、优惠退税、盈亏互抵、税收抵免、税收饶让、税收递延和加速折旧等，是西方国家对生产者投资于节能减排技术和工艺流程，减少污染排放给予激励的手段之一。在促进低碳经济发展和节能减排方面的税式支出政策主要有对能源开发利用的优惠，对节能减排、保护环境的研究开发费用的优惠以及对环保投资和污染治理投资的优惠等。

发达国家引入环境税的最初目的是保护环境、提高资源的利用效率。但随着税收制度生态化进程的逐步深入，环境税成为税制体系中的重要税种，环境税的重要性并不是财政功能，而是拓展了税收职能，衍生了税收的现代职能——生态职能，税收成为保护环境、控制温室气体排放经济政策体系中不可或缺的组成部分。

二、发达国家税收制度生态化改革的创新

（一）谨慎选择税收生态化改革模式

一般而言，环境税的实施主要有两种方式：循序渐进式改革和一揽子改

革。循序渐进式改革是以现有税收制度为基础，通过改良现有税种、调整税率、改变税收调节方式对节能减排给予优惠等，将生态化理念融入现有税收制度当中，从而实现以税收手段达到减少污染、保护环境的目的。循序渐进式的改革比较和缓，针对国内矛盾比较突出的问题，选择有利时机渐进推行环境税。一揽子式生态化改革是根据经济转型和发展低碳经济的需要，按照生态化的要求，对税收制度整体结构重新构建，将税收重点从对收入征税为主转向为对污染排放等有害于生态环境的产品、企业或行为进行征税，实现生态环境可持续发展目标。各国在推行环境税时，都根据国内经济、环境以及政治等各方面的需要，权衡利弊，在利益博弈过程中寻找博弈均衡点，谨慎选择税收制度生态化模式。

（二）"收入中性"与"税负转移"相结合

狭义的"收入中性"是指在税制改革中，开征新税种、调整税率或其他税制要素，以不改变税收总体负担为前提，即为"收入中性"。广义的"收入中性"是指在税制改革中，税收负担有所提高，但是增加的税收收入大部分用于减少财政赤字和公共债务，也称之为"收入中性"。

由于要保持收入中性，改革的主要任务是对税收负担的重新分配。环境税的"收入中性"是指将环境税收收入用于减少其他税种引起市场扭曲，而税收总体负担不增加。一般而言，在税收制度改革过程中，如果保持税收负担总体不变，开征的新税种或税制改革都具有一定的收入中性特征。

在各国税收制度生态化过程之中，环境税的收入中性特征非常明显，是各国税收制度生态化改革的重要创新之处，也是环境税能够顺利推行的基础。由于发达国家民众环保意识很强，对环境质量要求高，尤其是对气候变化对未来人类生存条件的担忧，推动了民间环保组织倡导的环保活动风起云涌，要求政府层面关注气候变化等环境问题，推动着各国环境税制度建设。另外，20世纪90年代初期，经济处于滞胀或下滑态势，采用增税进行税制改革没有空间，加之各国财政赤字较大，在经济、环境、政治及财政等多重压力下，各国环境税在"收入中性"框架内推进，在税收制度生态化过程中公开表明降低其他税种的税率，保持税收总体税负不变。税收分配重点逐步从工资收入征收转为向污染排放等对生态环境有害的生产、消费及进口等行为征收，重新在劳务、资本和资源环境间分配总体税收负担（孟磊和贾兴，2008）。新设环境税或是提高污染消费税税率，是为降低所得税或社会保障费提供空间。对低收入人群给予一定的税收减免或税收返还，以保持总体税负的平衡，保证环境税形成的税负转嫁不影响低收入人群的生活，减少环境税的政治风险，提高环境税的社会接受度。从环境税税收收入的使用看，环境税收入大多专款专用，主要是筹措环境保护、节能减排资金，一部分用于对低收入人群进行转移支付，实现了经济转型发展、保护环境和维护社会稳定，可谓是"多重红利"。

（三）保护环境和促进经济低碳发展相结合

自20世纪90年代开始，发达国家全面推行环境税，环境税法制逐渐完善，环境税种类很多，税率逐步提高，征收管理手段先进，环境税税收收入理应增长得较快。但是事实并非如此，以环境税最为完备的欧盟为例，2001~2020年的20年间，欧盟地区环境税收入占GDP的比重基本维持在2.4%左右，而且，自2016年以来，这一比例持续下降，到2020年，环境税收入占GDP的比重仅为2.24%。欧盟各国与环境相关的税收收入占各国税收收入比重提高得不明显，甚至有些国家还在下降，具体数据如前面的表4.2所示。

从前面的表4.2的数据可以看出，2001~2020年的20年间，欧盟成员国环境税税收收入占GDP的比重并没有伴随着税收制度生态化改革大幅度上升，有19个国家环境税税收收入占比不升反降，只有8个国家环境税收入占比小幅提高，2020年欧盟27个成员国环境税占GDP的比重只有2.24%。这种结果似乎与欧盟税收制度生态化改革不吻合，究其原因主要是由于欧盟各国税收制度生态化过程中，名目繁多的税收优惠使得环境税制的财政功能大大削弱，环境税制度建设一方面是基于环境保护，遏制气候变化对经济和社会的影响，利用环境税促进经济低碳化发展，培育环保产业、产品，促进产业结构的升级换代，推动整个社会的技术创新与进步，另一方面，也充分考虑税收制度生态化对支柱产业和整个经济的影响，因此，各国设计了世界上较为完备、较为苛刻的环境政策的同时，实施了世界上最为宽松的减免税和税收返还等措施，避免单边率先实施比较严格的环境税政策对本国竞争力的影响，保护本国所生产的商品和服务在国际上的竞争力。

通过上面分析可以看出，税收政策作为环境政策的重要组成部分，在控制污染、降低温室气体排放等保护环境方面发挥了重要作用；另外，宽泛的税收优惠政策也保护地区经济的稳定发展。宽泛的返还与名目繁多的减免制度是各国环境税税收的特色之一，也是各国环境税制度建设的成功所在，它将保护环境和保护经济竞争力这两个看似相互矛盾的事物进行协调，是在保障国家竞争力的框架下进行税收制度生态化改革。

（四）低碳税收优惠和收入使用低碳趋向相结合

环境税具有税负转嫁的特征，开征环境税会对不同的消费群体产生不同的影响。由于环保新产品的技术含量较高，价格较高，低收入人群往往没有能力消费这类产品，而是消费那些价格较低的污染密集型的产品，污染密集型的产品属于国家限制或不鼓励消费的产品，在生产及流通环节税负高，因此，环境税会使得低收入人群在消费过程中，通过价格平台承担更多的环境税收成本，税收损失较多，税收负担增加，这不符合环境税收的公平原则及环境税改革初衷，而且可能产生一些社会问题。为此，各国在设计环境税制度要素时以税收减免或降低税率等税收优惠解决这些问题，配合财政转移支付，将环境税收入补偿给那些受该税收影响最大的群体，尽可能扩大环保产品社会消费范围，增加环保消费品的消费比例，保持微观层面上的"税收中性"，解决环境保护和人类生存需要的矛盾。同时，对纳税人的环境治理投资给予补贴或税收返还等，鼓励环保投资和环保产业，保证环保产品供给，减轻社会各界对征收环境税的抵触情绪，提高环境税的社会接受度和可操作性。由此可以看出，环境税作为矫正性工具，通过环境税将外部成本内部化，弥补了市场机制的缺陷，增加了财政收入，鼓励了清洁生产，崇尚节俭，限制私人对生态资源的过度消费，属于高层面的矫正性"中性"。同时，环境税还为适当降低其他具有明显非中性税种的税率提供了可能。

第5章

我国税收制度生态化进程

第一节　我国环境税费政策发展的历史轨迹

我国税收制度生态化进程是伴随着低碳经济的不断发展和需求而渐进改革的。为适应保护环境和低碳经济发展需要，环境税最初是从排污收费为起点发展起来的。考察我国税收制度生态化进程，需要将环境收费和环境税相互衔接，方可掌握我国税收制度生态化改革的整体局面，我国税收制度生态化进程大体经历了以下五个阶段。

一、环境税费空白阶段（1949~1978年）

中华人民共和国成立初期，我国主要着力于经济建设。发展经济，摆脱经济一穷二白的困境是国家发展的头等大事，对于环境保护并未提到国家经济社会发展的日程上来。随着工业化进程加快以及在片面追求高速度的经济建设方针下，对资源环境过度消耗，资源环境问题开始显现，大气、水源、固体废弃物污染、矿产资源不合理勘探造成的浪费和污染也逐渐加剧，影响了人民的生活和生产。在这种情况下，1973年8月召开了中国第一次环境保护会议，拉开了环境保护的序幕。20世纪70年代，中国的环境治理主要集中于工业"三废"方面，手段多为行政管理，但是由于方法单一、执法不力，实际的效果并不理想。在税收制度方面，曾对燃放鞭炮和开采矿产品征收较低环保税，1958年的《工商统一税条例（草案）》扩大了矿产品的征税范围，提高了税率。总体来说，改革开放以前的税收制度出于获得财政收入的目的居多，真正的"绿色"理念并未建立起来，环境税基本处于空白阶段。

二、环境税费初步建立阶段（1978~1994年）

党的十一届三中全会以来，我国经济持续增长，人民物质生活水平不断提高，同样，高投入、高消耗、高污染的传统经济发展带来了严重的生态环境问题。资源环境成为制约我国经济社会发展的重要瓶颈之一，解决日益严重的环境污染问题成为一项不可回避的工作。在国际保护环境运动的推动下，我国启动了资源环境保护工作。但是，这一时期我国主要任务和工作重心仍然是发展经济，资源环境保护处于初级阶段。这一时期，我国将"三同时"作为防治污染的重要手段，将"三废"综合利用和安装污染治理设施作为末端治理的主要措施，执行"预防为主，防治结合""谁污染，谁治理"和"强化环境管理"三大政策。

（一）初步建立资源环境保护法律法规体系

1978年2月，第五届全国人民代表大会第一次会议通过的《中华人民共和国宪法》规定："国家保护环境和自然资源，防治污染和其他公害。"这是环境保护制度的法律渊源，是新中国历史上第一次在宪法中对环境保护作出明确规定，这一规定为我国环境保护法制建设和排污收费制度奠定了坚实的法律基础。同年12月，国务院环境保护领导小组在《环境保护工作汇报要点》中首次提出实行"排放污染物收费制度"设想。12月31日，中共中央批转国务院环境保护领导小组提交的《环境保护工作汇报要点》，明确提出"必须把控制污染源工作作为环境管理的重要内容，对排污单位实行排放污染物收费制度，由环境保护部门会同有关部门制定具体收费办法"。这是我国第一次提出建立排污收费制度的设想。1979年9月，第五届全国人民代表大会常务委员会公布的《中华人民共和国环境保护法（试行）》第十八条明确规定："超过国家规定的标准排放污染物，要按照排放污染物的数量和浓度，根据规定收取排污费。"从而在法律上确立了我国排污收费制度，各地根据《中华人民共和国环境保护法（试行）》开始进行排污收费试点。自1979年苏州市在全国率先进行排污收费试点至1981年底，全国有27个省、自治区、直辖市逐步开展了排污收费试点工作，对我国环境保护事业产生了积极的影响，促进了污染的防治。1982年2月5日，国务院在总结27个省、自治区、直辖市排污收费工作试点经验的基础上，发布了《征收排污费暂行办法》，成为我国第一部关于排污收费的法律。在该暂行办法中，对征收排污费的目的、对象、标准、管理、使用等内容作出了规定，并规定了废气、废水和废渣的排污费征收标准。该暂行办法进一步细化了《环境保护法（试行）》规定的排污收费制度，增强了排污收费法规的可操作性，我国正式开始排污收费工作，排污收费在我国全面实施。1983年12月，国务院召开第二次全国环境保护会议，明确提出保护环境是我国的一项基本国策，标志着我国环境保护工作进入发展阶段，并先后公布实施了《中华人民共和国海洋环境保护法》《中华人民共和国海洋石油勘探开发环境保护管理条例》《中华人民共和国水污染防治法》《中华人民共和国环境噪声污染防治条例》等多个部门环境污染收费制度。污染收费制度遵循"谁污染，谁治理"的原则，确立排污者的责任，运用市场机制和手段保护环境，主要内容是企业事业单位向水体排放污染物的，要按照国家规定缴纳排污费；超过国家或地方规定的污染物排放标准的，按国家规定缴纳超标准排污费并负责治理。在此基础上，又公布了《征收超标排污费财务管理和会计核算办法》《污染源治理专项基金有偿使用暂行办法》《超标污水排污费征收标准》等制度文件，标志着对排污收费的财务处理有了操作性标准。

（二）建立环境保护行政管理机构

1982年，中国政府进行了机构改革，在国务院环境保护领导小组基础上成立环境保护局，归属当时的城乡建设环境保护部，同时又在国家计划委员会内增设了与环境保护工作相关的国土局。1988年国务院机构改革，将环境保护局从城乡建设环境保护部中独立出来，成立了国务院副部级直属机构，1998年国家环境保护局升格为国家环境保护总局，尽管在行政级别上也是正部级单位，但不是国务院的组成部门，在参与高层决策、制定政策的权限等方面与国务院部委仍然存在着差别。2008年国务院机构改革时，将国家环境保护局升格为国家环境保护部，成为国务院组成部门。

（三）税收手段逐步介入环境保护领域

最初对环境污染的控制手段大多以行政收费的形式存在。1984年《产品税条例（草案）》通过税收手段对资源开发利用、环境保护发挥调节作用，如对环境有害的鞭炮实行30%的高税率，提高成品油的税率，并且首次提出了利用税收保护环境的手段，增加了鼓励"三废"利用的税收优惠条款，该条例规定对利用废渣、废液、废气生产的产品，给予定期的减税、免税。1984年9月18日，国务院正式发布《中华人民共和国资源税条例》，标志着我国资源税建立。从20世纪80年代到90年代初，我国有关资源合理利用和节能等的环境保护工作都处在起步阶段，在具体税种中规定了一些与资源环境相关的条款。在这一时期，尽管税收的生态功能非常弱，但环境税政策已经初步建立。

三、环境税费政策完善阶段（1994~2003年）

在可持续发展理念指导下，环境保护收费政策逐步完善，环境税政策体系逐步建立并得到较快发展。

（一）环境保护收费政策的完善

1992年9月，经国务院批准，国家环境保护局、国家物价局、财政部和国务院经贸办联合发出了《关于开展征收工业燃煤二氧化硫排污费试点工作的通知》，决定从1993年开始，在部分省市对工业燃煤SO_2排放试点收费，1995年这一收费扩展到其他省市地区。1995年10月，第八届全国人民代表大会常务委员会第十六次会议通过的《中华人民共和国固体废物污染环境防治法》第三十四条规定："对新产生的污染环境的工业固体废物，应当缴纳排污费或者采取其他措施。采取交纳排污费措施的单位在限期内提前建成工业固体废物贮存或者处置的设施、场所或者经改造使其符合环境保护标准的，自建成或者改造完成之日起，不再缴纳排污费；在限期内未建成或者经改造仍不符合环境保护标准的，继续缴纳排污费，直至建成或者经改造符合环境保护标准为止。"另外，在第四十八条中规定："以填埋方式处置危险废物不符合国务院环境保护行政主管部门规定的，应当缴纳危险废物排污费。危险废物排污费用于危险废物污染环境的防治，不得挪作他用。"1996年5月，第八届全国人民代表大会常务委员会第十九次会议通过了修正后的《中华人民共和国水污染防治法》。

该法第十五条规定："企业事业单位向水体排放污染物的，按照国家规定缴纳排污费；超过国家或者地方规定的污染物排放标准的，按照国家规定缴纳超标准排污费。排污费和超标准排污费必须用于污染的防治，不得挪作他用。超标准排污的企业事业单位必须制定规划，进行治理，并将治理规划报所在地的县级以上地方人民政府环境保护部门备案。"1996 年 8 月，国务院发布的《关于环境保护若干问题的决定》规定："要按照'排污费高于污染治理成本'的原则，提高现行排污收费标准，促使排污单位积极治理污染。要加强排污费征收、使用和管理。各级环境保护行政主管部门和地方各级人民政府要足额征收排污费。对征收的排污费、罚没收入要严格实行收支两条线的管理制度，不得挪用、截留。建设城市污水集中处理设施的城市，可按照国家规定向排污者收取污水处理费。"此后先后修订了《中华人民共和国环境噪声污染防治法》《中华人民共和国海洋环境保护法》《中华人民共和国大气污染防治法》。以上一系列法规、规章，推动了排污收费制度的改革与发展。

（二）环境保护税收政策

为了适应社会主义市场经济体制的需要，1994 年我国对税收制度进行了全面的结构性改革，强化了税收对资源环境保护的调节力度。一般认为，1994 年的税制改革是真正意义上中国绿色税制改革的起点，标志着中国绿色税制体系的形成。第一，对消费税进行了改革，扩大征税范围，出于环保目的，将鞭炮烟火、成品油、小汽车、摩托车、实木地板和一次性木制筷子等纳入了消费税征收范围，并提高了部分应税资源的税率。第二，对消费税实行差别税率，并规定了 3%~45% 的多档税率。其中对小汽车根据排气量大小确定了 3%~20% 的不同税率，2006 年又进一步调整，税率从 1%~40% 不等。第三，调整增值税，对废旧物品回收经营单位销售废旧物品给予免税，中国环境税政策体系在这次改革中初步形成，税收对资源、能源和公共环境的调节力度加大，在一定程度上引导了经济运行中对资源和能源的节约有效使用。

四、环境税费政策持续推进阶段（2003~2010 年）

随着市场经济的深入发展，我国环境污染日益严重，环境保护和环境治理的任务异常繁重。在此背景下，我国分别对环境污染防治单行法中关于排污收费的制度进行了修改，以适应市场经济条件的需要。

（一）环境收费制度不断完善

2003年1月，国务院发布了《排污费征收使用管理条例》，从排污费的征收方式、征收对象、法律责任以及使用和管理四个方面进行了改革和完善。2003年3月，财政部和国家环境保护总局联合公布了《排污费资金收缴使用管理办法》，2003年4月，国家环境保护总局发布了《关于排污费征收核定有关工作的通知》。这些规定使得我国排污收费制度不断完善，适应了市场经济发展的需要以及排污收费工作的重大转变。

排污费的征收对象由超标排放污染物的企事业单位拓宽到向环境排放污染物的一切单位和个体工商户，任何排污者都必须承担缴纳排污费的义务。改变了以往超标收费的收费方式，实行排放污染物总量收费，实现了由超标收费向排污即收费的转变，对超标排放采取加倍收费，同年又相继出台了《排污费征收标准管理办法》《排污费资金收缴使用管理办法》等配套规章，使排污收费制度进一步完善。在完善收费标准的同时，对排污费的征收、使用和管理进行规范，严格实行收支两条线，征收的排污费统一上缴财政，纳入国家财政预算，作为专项资金进行管理，专门用于环境保护和污染治理，确立了市场经济条件下的排污收费制度。从法律责任看，《排污费征收使用管理条例》规定，排污者缴纳排污费是其法定义务，履行法定义务后并不意味着可以免于防治污染、赔偿污染损害的责任以及法律、行政法规规定的其他责任，只有遇到不可抗力的自然灾害、重大突发性事件，造成直接重大经济损失，企事业单位才可申请减免，而且每年只能申请一次。

（二）环境税费制度不断发展

高能耗、高污染、高排放影响了我国经济发展，尤其是气候变化对生产和生活带来了更大冲击，遏制温室气体排放、保护环境，发展低碳经济被提到了重要的发展战略位置。这一时期，一些原来停留在理论研究层面的资源和环境税议案进入政府决策层面，并付诸实施。首先，调整了进出口关税政策，对进口高能耗、高污染的产品征收高关税，限制出口稀缺矿产品，对于不鼓励出口的货物实行出口不免税也不退税。对消费税的税率和税目也进行了大规模的调整，对于小汽车按照能耗大小，设计了1%至40%的差别比例税率，能耗越高，税率越高，同时，对超豪华的小汽车在生产环节和零售环节分别征收40%和

10%的消费税；调整了成品油消费税税率，根据成品油的清洁度，设计差别定额税率，并且对符合条件的纯生物柴油免征消费税。调整关于综合利用资源的增值税优惠政策。在企业所得税优惠政策中，对高新技术企业实行15%的企业所得税优惠税率，对资源的综合利用给予减计收入的税收优惠，对节能环保项目给予"三免三减半"，对环保设备投资实行税额式抵免等。这些优惠政策充分体现了税收的生态理念，适应低碳经济发展的需要。

通过对我国环境税费制度演变过程的梳理可以看出，我国目前已初步建立起了支持低碳经济发展的税费政策体系，随着科学发展、可持续发展观念向税费制度体系建设中的渗透，我国环境税费政策日益完善。

五、低碳经济助推税收制度生态化阶段（2017年至今）

在全球气候变暖的背景下，以低能耗、低污染为基础的"低碳经济"已成为全球热点。欧美发达国家大力推进以高能效、低排放为核心的"低碳革命"，着力发展"低碳技术"，并对产业、能源、技术、贸易等政策进行重大调整，以抢占先机和产业制高点。低碳经济的争夺战，已在全球悄然打响。

我国在"十二五"规划中提出，到2020年实现我国单位国内生产总值二氧化碳排放比2005年下降40%~45%，标志着我国必须转变经济发展方式、调整经济结构，向低碳经济转型。习近平总书记在党的十九大报告中首次明确指出，中国要"引导应对气候变化国际合作，成为全球生态文明建设的重要参与者、贡献者、引领者"。这是"引领"气候变化治理和"全球"生态文明建设第一次被写进党的报告。这不仅是中国共产党和中国政府在应对气候变化国际治理问题上的一个重大变化，也是中国以更加自信和进取的态度参与全球治理的一个标志性信号，是中国政府致力于建设人类命运共同体的重要一环。中国在国际气候变化治理中的角色转变不仅反映了中国对气候变化问题认知的转变，也是经济发展低碳化的主要里程碑。

适应低碳经济发展的需要，税收制度生态化改革不断推进。2016年12月25日，第十二届全国人民代表大会常委会第二十五次会议通过了《中华人民共和国环境保护税法》，并于2018年1月1日起施行。这是对党的十八届三中全会提出"税收法定"原则的落实，是《立法法》对"税收法定"作出明确规定之后，提请全国人大常委会审议并通过的首部单行税法，也是我国第一部推进生态文明建设的单行税法。《环境保护税法》体现了我国经济绿色发展理念，承载着促进低碳经济发展的重任。

《环境保护税法》总体上是按照"税负平移"的原则，将现行排污费改为环境保护税。作为推进生态文明建设在财税领域落实的重大举措，《环境保护税法》的通过进一步完善了我国的低碳税收政策体系，进一步推进了税收制度生态化改革。

根据《环境保护税法》规定，在中华人民共和国领域和中华人民共和国管辖的其他海域，直接向环境排放应税污染物的企业事业单位和其他生产经营者为环境保护税的纳税人，征税对象是税法规定的大气污染物、水污染物、固体废物和噪声，计税依据根据污染物不同规定如下：大气污染物和水污染物按照污染当量确定，固体废物按照固体废物的排放量确定，应税噪声按照超过国家规定标准的分贝数确定。

由此可见，我国并未像欧盟国家一样开展独立的二氧化碳税、二氧化硫税或者大气污染税，而是作为环境税的一个具体税目对大气污染物征收环境税，以污染当量为计税依据征收环境保护税。《环境保护税法》列举的44种大气污染物及污染当量值如表5.1所示。

表5.1 　　　　　　　　大气污染物品目及污染当量值

序号	污染物	污染当量值（千克）	序号	污染物	污染当量值（千克）
1	二氧化硫	0.95	13	玻璃棉尘	2.13
2	氮氧化物	0.95	14	碳黑尘	0.59
3	一氧化碳	16.7	15	铅及其化合物	0.02
4	氯气	0.34	16	镉及其化合物	0.03
5	氯化氢	10.75	17	铍及其化合物	0.0004
6	氟化氢	0.87	18	镍及其化合物	0.13
7	氰化氢	0.005	19	锡及其化合物	0.27
8	硫酸雾	0.6	20	烟尘	2.18
9	铬酸雾	0.0007	21	苯	0.05
10	汞及其化合物	0.0001	22	甲苯	0.18
11	一般性粉尘	4	23	二甲苯	0.27
12	石棉尘	0.53	24	苯并（a）芘	0.000002

续表

序号	污染物	污染当量值（千克）	序号	污染物	污染当量值（千克）
25	甲醛	0.09	35	氯乙烯	0.55
26	乙醛	0.45	36	光气	0.04
27	丙烯醛	0.06	37	硫化氢	0.29
28	甲醇	0.67	38	氨	9.09
29	酚类	0.35	39	三甲胺	0.32
30	沥青烟	0.19	40	甲硫醇	0.04
31	苯胺类	0.21	41	甲硫醚	0.28
32	氯苯类	0.72	42	二甲二硫	0.28
33	硝基苯	0.17	43	苯乙烯	25
34	丙烯腈	0.22	44	二硫化碳	20

资料来源：《中华人民共和国环境保护税法》。

第二节　我国税收制度生态化现状及问题

我国税收制度从中华人民共和国成立后建立，并随着不同历史时期经济发展状况和经济体制改革逐步完善发展。我国现行税收制度的基本框架是1993年适应市场经济的建立而发展起来的产物。自2016年我国公布了《环境保护税法》以后，税收制度体系中出现了独立的、专门的出于环境保护目的而设立的税种。其他税种的具体政策规定中也有生态理念，含有环境保护的意图或作用，与排污许可以及排污权交易共同构成了我国环境税费体系。

衡量一个国家税制绿化的程度，一般从调节范围是否广泛，征收方式是否多样，各种税费制度是否相互协调以及环境税收入占GDP比重等几个方面考察。从上述几个指标看，我国目前税收制度绿化程度相对还是比较低的。

从税制构成来说，能够体现环境保护理念的税种主要有环境保护税、消费税、资源税、城镇土地使用税、车船税和耕地占用税。其中消费税规定对15种应税消费品征收消费税，具有环保理念、促进低碳经济发展的税目有成品油、摩托车、小汽车、鞭炮焰火四类。资源税也只对原油、天然气、煤炭、其他非金属矿原矿、黑色金属矿原矿、有色金属矿原矿、盐和水资源征税。没有对所有具有商业价值的自然资源如森林资源、草场资源等征税。城镇土地使用税是仅仅针对城市、县城、建制镇和工矿区内的土地征税，其他地区的土地则不属于征收范围。增值税和企业所得税税收优惠中对环保理念有所体现，但并不是独立的绿色税种。

由于相关税种在设计时未能从资源环境的合理开发、遏制污染等方面进行考虑，税收的生态功能难以发挥应有的作用。

一、现状问题分析

（一）消费税生态化剖析

1994年税制改革时，为了保持增值税的中性特征，保证产品税收负担在改革前后大体保持均衡，在对货物普遍征收增值税的基础上，选择少数消费品征收消费税。

1. 消费税立法目的

消费税设立之初主要是出于调节消费的目的，旨在调节消费结构，引导消费行为，诱导消费方向，抑制超前消费，限制高能耗、高排放、高污染产品的生产和消费，保护环境，增加财政收入。

2. 消费税税制要素分析

消费税征收范围经过几次调整后，征税品目包括五大类15种应税消费品：（1）过度消费会对人类健康、社会秩序、生态环境等方面造成危害的特殊消费品，如烟、酒、鞭炮、焰火、电池和涂料等；（2）奢侈品和非生活必需品，如贵重首饰、高档手表、高尔夫球和游艇；（3）高能耗消费品，如小汽车、摩托车等；（4）不可再生和替代消费品，如成品油等；（5）具有环保理念的产品，如木制一次性筷子、实木地板等。

3. 消费税征收范围的类型及国际经验

从国际经验看，消费税分为有限型、中间型和延伸型三种。由于财政的原因，许多国家消费税的征税范围都在逐步地从有限型消费税向中间型消费税调整，甚至向延伸型发展。有限型消费税征收范围仅限于传统项目，包括烟草制品、酒精饮料、石油制品、机动车辆和各种形式的娱乐活动。此外，有的国家还把糖、盐、软饮料等某些食物制品和钟表、水泥等纳入征税范围。但总体来看，征税品目不会超过10~15种。目前，世界上有五十多个国家或地区属于有限型消费税。中间型消费税应税货物品目约在15~30种，除包括传统应税品目外，还涉及食物制品，如牛奶和谷物制品。有些国家还包括一些广泛消费的品目，如纺织品、鞋类、药品以及某些奢侈品，甚至还有些国家还涉及部分生产资料，如水泥、建筑材料、颜料、油漆等。采用中间型消费税的国家有30余个。延伸型消费税应税货物品目一般超过30种，除包括中间型消费税的应税品目外，还涉及更多的消费品，如电气设备、收音机、电视机、音响和摄影器材等，同时课征范围还包括一些生产资料，如钢材、铝制品、塑料树脂、橡胶制品、木材制品及机器设备等。目前采用延伸型消费税的国家有20余个，其中日本、韩国、印度等国的消费税应税品目几乎包括全部的工业品。

相比之下，我国消费税征收对象仅限于5大类15种应税消费品，与同样实行有限型消费税的美国相比，美国的消费税课税范围较为广泛。美国消费税课税范围包括汽车燃料税、碳税、硫税等环境税、保险税、赌博税、娱乐消费税、港口税等。但是，适应低碳经济发展的需要，消费税课税范围仍有待进一步扩大。

4. 消费税环保理念不突出

（1）征收范围窄，调节功能不到位。从理论上说，消费税的课税品目应当是有限的，税率应当是有差别的，这种差别性才能体现调节功能，包括调节居民收入水平，引导消费方向，也包括在保护环境、抑制污染领域发生有效的调节作用。如果消费税的应税品目包罗万象，税率差别不大，那么，这种消费税就与普通销售税或增值税出现趋同现象，有悖于消费税的调节功能。

我国消费税应税品目包括15种，并且未能与消费水平、消费结构和消费能力的变化同步调整，未能对高档消费品、高污染消费品全覆盖，也未将高档服务纳入征收范围，限制了消费税功能的发挥，调节消费的功能不尽如人意。另外，生态理念缺位，环境保护能力有待完善。消费税借助价格机制，通过对特定的消费品征税，在流转环节发挥调节作用。由于消费税调节的人群为消费能力强，收入较高的富人，对诸如他们喜欢消费的游艇、高尔夫球及球具、高档手表、大排量汽车的需求价格弹性较小，他们的偏好不会因为国家征税、商品价格提高而改变，也就是说，消费税调整的重点在于调节消费结构、引导消费方向、抑制超前消费，这种调节并非服务于环境保护和控制环境污染，消费税并未将应税消费品生产和消费行为所产生的外部环境成本作为消费税考虑的主要问题，对于生态和资源环境的关注不够，消费税的生态理念有待进一步提高。

我国消费税征税范围较窄，未能将能源产品、资源类产品以及难以降解并回收利用的消费品纳入征收范围，尤其是对环境破坏较大的产品，如化肥、一次性消耗品、塑料容器及饮料容器等不利于环境保护的消费品纳入征税范围，出现消费税调节空位，一些高档服务项目未能纳入消费税征税范围。

（2）计税方式未能充分体现节能环保取向。我国现行消费税计税方式分为从价计征、从量计征和复合计税三种情况，计税依据分别是销售额或销售数量。消费税采取价内税，是隐蔽性较强的税种，消费者在不知情的情况下被动负税，他们无法准确了解自己是否负担了税款以及负担了多少税款，无法了解因其消费行为的"外部性"付出的"税收成本"，当然也无从领会政府的政策意图。这种价内计税方式，削弱了消费税引导低碳消费、清洁消费功能。

（3）税率结构未能体现低碳经济的要求。我国现行消费税自开征以来经过几次调整，尤其是2006年对成品油税率以及小汽车税率调整，在一定程度上提高了高能耗、高污染产品的税收负担。但是，由于历史惯性影响，部分应税对象税率结构不合理，如成品油税率与国际汽油税相比，我国能源类产品的税率仍然较低。较低的税率与节能减排、保护环境和发展低碳经济方向不尽一致。而且税率水平不合理，调整滞后。我国现行消费税高税率的品目是卷烟、小汽车、酒、高档手表和成品油，多环节征税的品目有卷烟和小汽车，这些税制要素决定了消费税的应税品目中，卷烟、成品油、小汽车和酒的财政职能最强，是消费税收入的主要来源，2015年上述四个应税消费品实现的消费税收入占全部消费税收入比例分别为50.9%、37.9%、8.5%和2.5%，4个品目占比合计为99.8%，消费税主要依赖这4个重要品目发挥财政职能作用，其他11个品目占比仅为0.2%（张学诞等，2017），税收贡献度非常有限。从征税环节看，除高档小轿车、卷烟之外，消费税的征税环节具有单一性，加之征收范围的选择性，使消费税的财政职能高度集中在少数应税品目，使得我国消费税的环境保护功能发挥得不到位，消费税税收收入增长缓慢，消费税收入规模及占税收收入总额的比重如表5.2所示。

表 5.2   2001~2020 年消费税税收收入及比重

年份	税收收入总额（亿元）	消费税（亿元）	消费税占税收收入比重（%）
2001	15301.38	929.99	6.08
2002	17636.45	1046.32	5.93
2003	20017.31	1182.26	5.91
2004	24165.68	1501.90	6.22
2005	28778.54	1633.81	5.68
2006	34804.35	1885.69	5.42
2007	45621.97	2206.83	4.84
2008	54223.79	2568.27	4.74
2009	59521.59	4761.22	8.00
2010	73210.79	6071.55	8.29
2011	89738.39	6936.21	7.73
2012	100614.28	7875.58	7.83
2013	110530.70	8231.32	7.47
2014	119175.31	8907.12	7.47
2015	124922.20	10542.16	8.44
2016	130360.73	10217.23	7.84
2017	144369.87	10225.09	7.08
2018	156400.52	10631.75	6.80
2019	158000.46	12564.44	8.00
2020	154312.29	12028.10	7.80

资料来源：2002~2021 年《中国税务统计年鉴》。

从表 5.2 可以看出，20 年来消费税税收占税收收入总额的比重从 2001 年的 6.08% 增长到 2020 年的 7.8%，但是，自 2015 年以来，消费税税收收入占全部税收收入的比重呈下降趋势。由此可见，我国消费税很难承担起保护生态环境的功能。

上述分析可以看出，我国现行消费税对高能耗、高污染以及不可再生资源在统一征收增值税基础上再叠加征收一道消费税，在一定程度上发挥了保护环境的作用，体现了限制污染、保护环境、节约能源的意图，促进了低碳经济发展。但是，消费税并未将应税消费品生产和消费行为所产生的外部环境成本作为消费税考虑的主要问题，抑制温室气体排放并不是设立消费税的主要意图，其调整重点在于调节消费结构、引导消费方向、抑制超前消费，而对于生态和资源环境的关注不够，因此，消费税的生态理念有待进一步提高。

（二）资源税生态化分析

2019年8月26日，十三届全国人大常委会第十二次会议表决通过了资源税法（以下简称"新法"），决定于2020年9月1日起实施新法。

随着对自然资源的认识不断深入，我国资源税费改革一直都处于进行之中。从征税范围来看，扩围不断进行，从税率变化看，税率不断调高，而且，在税率设计上，综合考虑了资源的开采利用条件、矿产品的贫富、资源所处的地理位置等外部因素的差异，实行有幅度的差别定额税率，注重对资源存在的客观差异所导致的级差收入进行调节，建立了具有中国特色的差别税额，属于级差地租。经过多次改革和调整，资源税税制要素已基本合理，运行也比较平稳。按照落实税收法定的要求，这次立法保持了现行的税制框架和税负水平总体不变的原则，对不适应社会经济发展和改革的要求作了适当的调整，所以将资源税暂行条例上升到了现在的资源税法。

与现行的资源税制度相比，资源税法主要有三个方面的变化。

1. 统一税目

按照现行制度的规定，中央层面列举了30多种主要资源的品目，没有列举的由省级人民政府具体确定。新资源税法对税目进行了统一的规范，将目前所有的应税资源产品都在新资源税法中列明，目前所列的税目有164个，涵盖了所有已经发现的矿种和盐。

2. 调整具体税率确定的权限

按照现行制度规定，资源税按不同的资源品目分别实行固定税率和幅度税率，实行固定税率的包括原油、天然气、中重稀土等，其他资源实行幅度税率。对实行幅度税率的应税资源，由省级人民政府确定具体的税率。新资源税法继续采用固定税率和幅度税率两类税率，对实行幅度税率的资源，按照落实税收法定原则的要求，明确其具体的适用税率由省级人民政府提出，报同级人大常委会决定。

3. 规范减免税政策

现行资源税减免政策既有长期性的政策，也有阶段性的政策，对现行长期实行而且实践证明行之有效的优惠政策，新资源税税法作出了明确的规定，包括对油气开采运输过程中自用资源和因安全生产需要抽采煤层气，免征资源税。对低丰度油气田，高含硫天然气，三次采油、深水油气田、稠油、高凝油、衰竭期矿山减征资源税。同时为了更好地适应实际需要，便于相机调控，新资源税法授权国务院对有利于资源节约集约利用、保护环境等情形可以规定减免资源税，并报全国人大常委会备案。对共伴生矿、低品位矿、尾矿以及因意外事故和自然灾害等原因遭受重大损失的，税法授权各省、自治区、直辖市确定减免资源税的具体办法。

（三）车船税生态化分析

车船税是以车船为征税对象，向拥有车船的单位和个人征收的一种税。该税征收目的是为地方政府建设，尤其是道路建设提供资金。车船税并没有直接的环保意义，但是由于车船的使用与能源消耗直接联系在一起，而且按照车辆的排气量分别设置高低不同的税率，在一定程度上也抑制了高能耗、高排放车船的消费，从而间接影响能源消耗。2011年2月25日，全国人大常委会通过了《中华人民共和国车船税法》，是我国第四部税收法律。同年12月5日国务院颁布了《中华人民共和国车船税法实施条例》，并于2012年1月1日起施行。新修改的车船税法在税制要素方面作了相应调整，包括征税范围、计税依据、税率、税收优惠和征收管理等方面都作了修改和完善。与修改前相比，最大的区别是非常鲜明的环保理念，修改后的车船税法规定，乘用车按发动机排气量大小规定高低不同的差别税额。同时，修改后的车船税法对节约能源、使用新能源的车船给予免征或者减征车船税的规定，体现了国家促进节能减排和保护环境的政策导向，具体情况如表5.3所示。

表 5.3 车船税的生态化税率

排量	年基准税额（元/辆）		差额（元/辆）
	改革前	改革后	
1.0升（含）以下	480	60~360	降低120~420
1.0~1.6升（含）	480	300~540	降低180~涨60

续表

排量	年基准税额（元/辆）		差额（元/辆）
	改革前	改革后	
1.6~2.0升（含）	480	360~660	降低120~涨180
2.0~2.5升（含）	480	660~1200	涨180~620
2.5~3.0升（含）	480	1200~2400	涨620~1920
3.0~4.0升（含）	480	2400~3600	涨1920~3120
4.0升以上	480	3600~5400	涨3120~4920

资料来源：笔者根据车船税政策整理。

从表5.3可以看出，车船税对乘用车的税负分别作了降低、不变和提高的结构性调整，从调节高消费和反映环保功能两个方面考虑。对于1.0升（含）以下小排量汽车税额大幅度下调，税额最多下降了420元/辆；对于排气量在1.0~2.0升的乘用车税额负担适当降低或维持不变，排气量为2.0~2.5升（含）的中等排量乘用车，税额有所提高，但是提高的幅度不大；排气量为2.5升以上排量乘用车，税额幅度有较大提高，最多提高了4920元/辆。

二、缘由探究

经济基础决定上层建筑。税收制度作为上层建筑的组成部分，必然由经济基础决定。另外，上层建筑反作用于经济基础，因此税收制度会影响经济。低碳经济发展决定了必须有与之相应的低碳税收政策。新公共管理将市场机制引入公共产品供给系统，通过政府、私人、国际组织等多元主体提供公共产品。当然，市场经济体制下，公共产品的供给以政府为主，对经济宏观调控以政策为核心，其中税收政策在政府调控手段中占有重要地位，低碳经济发展的各个阶段都离不开税收政策的引导和扶持，税收制度生态化改革将持续引导和推进低碳经济的发展。

总的来看，我国20世纪90年代开始运用税收手段促进低碳经济的发展，但是，受到经济发展水平及生态意识等诸多因素影响，我国还没有形成相互协调、促进低碳经济发展的税收政策体系，为完成节能减排目标所采用的手段大

158

多是排污收费或命令控制等行政手段，税收政策发挥的作用有限，产生上述问题的原因主要有以下三个方面。

（一）市场机制的约束

目前，我国发展低碳经济的政策多是运用行政手段，强制进行节能减排工作，市场机制不健全。从市场供给看，低碳环保产品缺乏统一规范的产品认定和标识，而且低碳产品由于其技术含量高，市场价格较高，使用时需要一定的技术指导，因此相对传统产品不易于被广大消费者接受。从市场需求看，消费群体的低碳意识不强，对低碳产品需求有限，未能形成有利于低碳经济发展的生产和消费循环系统，不利于低碳经济的发展和低碳产品的市场化。另外，我国碳排放交易制度刚刚起步，国内碳排放交易市场还并未发挥其作用。而促进低碳经济发展的税收政策需要通过市场机制发挥作用，在市场机制不健全的情况下，税收很难通过市场机制发挥引导和激励作用。

（二）经济发展水平的约束

尽管我国已经是世界最大的制造业中心，被称为"世界工厂"，但是这只是量上的表现，我们不能不正视我国处于工业化发展中期的现状，我国仍然属于发展中国家，人均GDP和人均收入与发达国家相比还存在一定差距，作为发展中国家，发展低碳经济制约因素主要有两个：技术和资金。我国低碳科技水平落后，技术研发能力有限，发展低碳经济所需要的技术主要依靠商业渠道引进。中国由高碳经济向低碳经济转变，需要投入大量资金，而且在低碳化发展初期，大部分需要国家财政投入或税收优惠支持，对于财政而言是一个巨大挑战，资金投入不足使得低碳经济无法形成规模效应，制约着低碳经济发展。

由于我国经济发展水平仍处于社会主义初级阶段，目前首要任务仍是发展经济，扩大经济总量，保障民生，税收制度改革首先要考虑促进经济发展，增加就业，环境保护往往要以不影响经济发展和就业为基础。将节能减排、发展低碳经济作为基本出发点，建立高度清洁型的低碳税收制度，全面实施税收制度生态化并不切合我国实际，这也是促进税收制度生态化的根本原因。

（三）税收职能的约束

税收职能是税收所具有的满足国家需要的能力，是税收本身在社会经济活动中内在的、固有的基本功能，是税收本质的具体表现，税收职能客观地存在于税收制度运行之中，税收的职能以国家行使职能的需要为转移，是税收内在功能与国家行使职能需要的有机统一。

在不同历史时期，由于经济、社会、政治等方面因素影响，人们对税收职能的认识存在差异，并制约着税收制度改革和完善。筹集财政收入的职能是税收的基本职能，是实现调节社会经济生活和监督社会经济生活两项职能的基础条件。税收的财政职能、调节职能和监督职能是税收的三大传统职能。

适应低碳经济发展需要，需要持续推进税收制度生态化改革。但是，生态税收的税源与经济社会高质量发展并非同步增长，为此，税收制度生态化改革需要以财政收支均衡、维持国家机器高效运转为前提，与大国财政所承担的战略性事权相匹配。为此，税收制度生态化受到税收财政职能作用的限制。

第6章

我国税收制度生态化改革的对策建议

第一节　我国发展低碳经济需求分析

我国经济经历了几十年快速发展，取得了令人瞩目的成绩，为支撑经济快速发展对资源环境过度开发和使用及污染物超标排放，使得我国森林资源、水资源、土地资源和大气资源等生态环境状况令人担忧，为此，需要通过税收制度生态化改革，促进低碳经济发展，保护资源、改善生态环境的需求日益迫切。

一、资源环境的稀缺性需要发展低碳经济

资源的稀缺性和气候变暖是发展低碳经济的根本原因，也是税收制度生态化改革的缘由。

资源的稀缺性包括能源稀缺和环境资源稀缺两个方面。能源是人类社会赖以生存和发展的重要物质基础。在经济社会发展的过程中，消耗了地球上大量的自然资源，特别是化石能源资源，发达国家借助能源消耗完成了工业化。到目前为止，世界各国的社会经济的发展仍主要依赖于传统的化石能源，全球总能耗的74%来自煤炭、石油、天然气等矿物能源。由于化石能源的不可再生性，化石能源资源正在被日益耗尽。世界上一些地方的煤炭、石油等化石能源已被采光或即将采光已是不争的事实，其供应日益减少，从而与经济社会发展

对其的需求不相适应。

2019年我国能源消费总量48.6亿吨标准煤，比2018年增长3.3%，煤炭消费量增长1.0%，原油消费量增长6.8%，天然气消费量增长8.6%，电力消费量增长4.5%。煤炭消费量占能源消费总量的57.7%，比2018年下降1.5个百分点；天然气、水电、核电、风电等清洁能源消费量占能源消费总量的23.4%，比2018年上升1.3个百分点。①

2019年一次性能源生产总量为39.7亿吨标准煤，主要能源产品产量及增长速度如表6.1所示。

表6.1　　　　　　　　2019年主要能源产品产量及增长速度

产品名称	单位	产量	比2018年增长（%）
一次能源生产总量	亿吨标准煤	39.7	5.1
原煤	亿吨	38.5	4.0
原油	万吨	19101.4	0.9
天然气	亿立方米	1761.7	10.0
发电量	亿千瓦时	75034.3	4.7
其中：火电	亿立方米	52201.5	2.4
水电	亿千瓦时	13044.4	5.9
核电	亿千瓦时	3483.5	18.3

资料来源：2020年中国生态环境状况公报［EB/OL］.中国生态环境部网站，http：//www.mee.gov.cn/hjzl/sthjzk/zghjzkgb/202105/P020210526572756184785.pdf，2021-05-26.

由此可以看出，我国能源供需缺口为8.9亿吨标准煤，另外，我国人均能源产品产量与消费量也不均衡，人均各类能源的生产量和消费量也存在着缺口。我国人均能源生产量和消费量如表6.2和表6.3所示。

表6.2　　　　　　　　2011~2019年我国人均能源生产量

指标	2011年	2012年	2013年	2014年	2015年	2016年	2017年	2018年	2019年
人均能源生产量（千克标准煤）	2366.0	2456.8	2643.0	2652.0	2636.0	2509.9	2586.0	2720.0	2843.0
人均原煤生产量（千克）	2616.0	2698.6	2928.0	2839.6	2732.0	2473.8	2542.0	2655.0	2752.0

①　2020年中国生态环境状况公报［EB/OL］.中国生态环境部网站，https：//www.mee.gov.cn/hjzl/sthjzk/zghjzkgb/202105/P020210526572756184785.pdf，2021-05-26.

续表

指标	2011年	2012年	2013年	2014年	2015年	2016年	2017年	2018年	2019年
人均原油生产量（千克）	151.0	153.6	155.0	155.0	156.0	144.8	138.0	136.0	137.0
人均电力生产量（千瓦时）	3506.0	3692.6	4002.0	4141.0	4240.0	4455.4	4685.0	5145.0	5368.0

资料来源：根据国家统计局网站数据整理。

表 6.3　　　　　　　　　2011~2019 年我国人均能源消费量

指标	2011年	2012年	2013年	2014年	2015年	2016年	2017年	2018年	2019年
人均能源消费量（千克标准煤）	2589.0	2678.0	3071.0	3121.0	3135.0	3161.2	3235.0	3388.0	3488.0
人均煤炭消费量（千克）	2551.0	2610.8	3127.0	3017.0	2895.0	2789.4	2782.0	2854.0	2876.0
人均石油消费量（千克）	338.0	352.8	368.0	379.8	402.0	409.1	424.0	447.0	462.0
人均电力消费量（千瓦时）	3497.0	3684.2	3993.0	4132.9	4231.0	4446.1	4676.0	5134.0	5356.0

资料来源：根据国家统计局网站数据整理。

　　化石类能源需求的无限性和能源供给的有限性造成了能源的稀缺。环境资源的稀缺性同样与化石能源的无节制使用高度相关。与以往传统经济的高速增长相伴而生的是环境污染和气候变化问题。使用化石燃料这种高碳能源是产生这种生态环境灾难的主要原因。环境问题日趋严重，与人们对于美好环境的需求不匹配，造成了环境资源的稀缺性。

二、超标硫化物排放需要发展低碳经济

　　按照国际标准化组织（ISO）的定义，空气污染通常指某些物质存在的数量、时间足够对人类及其他动植物造成不利影响，这些空气污染物往往是由于人类活动或自然过程形成，然后进入大气中，达到足够的浓度，持续足够时间，危害人类健康和福利，破坏环境的现象。一般而言，大气污染源的主要来

源是工业生产排放到大气中的污染物，除此之外，生活炉灶与采暖锅炉以及交通运输、火灾及其他特殊污染等渠道，都会产生大量的空气污染物，主要污染气体包括二氧化硫、二氧化碳、氮的氧化物以及有机化合物等。

由于二氧化硫排放以及氮氧化物排放量的迅速增加，雨水的酸度越来越大。有"空中死神"之称的酸雨在全球范围内不断蔓延，酸雨的频率提高。2019年469个监测降水的城市（区、县）酸雨频率平均为10.2%，比2018年下降0.3个百分点。酸雨区面积约47.4万平方千米，占国土面积的5.0%，出现酸雨的城市比例为37.6%，比2017年上升1.5个百分点；酸雨频率在25%及以上、50%及以上和75%及以上的城市比例分别为16.3%、8.3%和3.0%。由此可以看出，出现酸雨的城市的比重仍然很高，而且分布区域也很广，酸雨区面积约53万平方千米，占国土面积的5.5%，其中，较重酸雨区面积占国土面积的0.6%。出现酸雨及酸雨的程度的具体情况如表6.4所示。

表6.4　　　　2011~2019年全国出现酸雨城市的比例及酸雨程度表　　　单位:%

年份	出现酸雨城市比例	轻酸雨城市比例	重酸雨城市比例
2011	48.5	19.2	6.4
2012	46.1	18.7	5.4
2013	43.4	15.4	2.5
2014	44.3	26.6	9.1
2015	40.4	20.8	5.0
2016	38.8	20.3	3.8
2017	36.1	16.8	2.8
2018	37.6	16.3	3.0
2019	33.3	15.4	2.6

资料来源：根据2012~2020年《中国生态环境状况公报》整理。

从表6.4的数据可以看出，我国出现酸雨的比例总体逐年下降，但是并不稳定，而且出现酸雨的城市的比重仍然很高，分别区域也很广。

我国随着工业化和城镇化的发展，二氧化硫排放量日益增多。空气污染较严重，全国城市环境空气质量不容乐观。根据生态环境部公布的《2020年中国生态环境状况公报》数据，2020年，337个地级及以上城市平均优良天数比例为 87.0%，其中，17 个城市优良天数比例为 100%，243 个城市优良天数比例为 80%~100%，74 个城市优良天数比例为 50%~80%，3 个城市优良天数比例低于 50%，平均超标天数比例为 13%。[①]

三、不断增长的温室气体排放需要发展低碳经济

2016 年国际能源署（IEA）首次评估了化石燃料使用对全球气温升高的影响。根据 IEA 计算，煤炭是导致全球温度升高的最大单一来源，全球平均气温每上升 1℃，来自煤炭的二氧化碳就"贡献"超过了 0.3℃。

中国气象局公布的《2019 年中国温室气体公报》指出，世界气象组织（AMO）于 2020 年 11 月发布的《WMO 温室气体公报（2019 年）第 16 期》显示，2019 年主要温室气体的全球大气平均浓度达到新高，其中二氧化碳为 410.5 ± 0.2ppm。中国气象局青海瓦里关站的观测数据分析显示，我国二氧化碳平均浓度为 411.4 ± 0.2ppm，比 2019 年全球平均水平高 0.9ppm。[②]

温室气体的大量排放导致气候变暖。2020 年全国平均气温为 10.25℃，比常年偏高 0.7℃。为 1951 年以来第八高。全年除 12 月气温偏低 0.7℃以外，其他各月均偏高，全国六大区域平均气温均比常年偏高，其中华南偏高 0.7℃，为历史第三高。除重庆东南部等局地气温略偏低外，其他地区气温偏高，其中江南东部和南部、东北北部、华南东部、内蒙古东北部、海南大部、云南中部、新疆东北部等地偏高 1~2℃。

综上所述，由于各类污染排放量大，我国生态环境污染严重，超过了生态系统吐故纳新、自我修复的能力，人类活动对自然环境的冲击突破了生态阈值，导致自然灾害发生的频率增多。因此，无论是从能源稀缺还是环境资源稀缺的角度看都必须转变经济发展模式，资源稀缺的约束使得企业必须转变经济发展模式，实施低碳经济。

促进低碳经济发展模式，就需要借助税收手段，通过税收制度生态化改革解决外部不经济，以税收为环境产品定价。

---

① 2020 年中国生态环境状况公报［EB/OL］.中国生态环境部网站，https：//www.mee.gov.cn/hjzl/sthjzk/zghjzkgb/202105/P020210526572756184785.pdf，2021-05-26.

② 2019 年中国温室气体公报［EB/OL］.http：//www.szguanjia.cn/article/2487，2021-10-12.

第二节　低碳经济背景下税收制度生态化改革的原则

低碳经济发展提出了税收制度生态化改革的需求，但是，税收制度生态化改革将改变利益各方原有的利益分配格局，产生利益各方的博弈，政府对税收制度进行生态化改革，需要考虑各方利益均衡问题。与低能耗、低排放相关的税收法律法规是我国税收体系中的组成部分，税收制度生态化改革需要根据税收制度改革应共同遵循的原则，更要斟酌税收制度运行特有的内在规律，方可保证税收制度生态化在政治层面的可接受性、征管层面的可操作性和经济层面的效率性。只有综合考虑多方因素，方可达到预想的目标，因此，税收制度生态化改革基本原则是关键问题。

税收原则是政府在税制建设及税收政策运用中应遵循的基本准则。西方国家关于税收原则的研究和运用比较深入和广泛。在十六七世纪重商主义时期就提出了比较明确的税收原则，具有代表性的是英国经济学家威廉·配第（William Petty）提出的税收三原则：公平、便利、节省。威廉·配第的税收三原则对税收原则具有深远的影响。之后，亚当·斯密系统明确地提出了税收四原则，即税收公平原则、税收确定原则、税收便利原则、税收节省原则。此后，税收原则的研究不断得到发展，其中影响最大的是阿道夫·瓦格纳提出的"税收四方面九原则"，即财政原则，包括充分原则和弹性原则；国民经济原则，包括税源的选择原则和税种的选择原则；社会公正原则，包括普遍原则和公平原则；税务行政原则，包括确定原则、便利原则、最少征收费原则。瓦格纳的税收九原则是对税收原则的全面总结。现代西方财政学中，通常把税收原则归结为"公平、效率、稳定"三原则。

关于税收原则的提法还有许多，上述三位代表人物提出的税收原则影响最大，他们所提出的税收原则理论，代表和反映了三个不同时期对税收的认识，基本展示了税收原则理论发展的完整脉络。

建设资源节约型和环境友好型社会是国民经济与社会发展中长期规划，它为我国构建和完善促进低碳经济发展、奉行绿色发展理念的税制体系指明了方向。税收制度生态化改革应立足于我国现实国情，构建具有中国特色的环境税体系，从统筹资源、环境和社会经济协调发展的高度出发，制定和实施有利于资源合理开发、环境保护和低碳经济发展的税收政策，强化社会节约意识，鼓励资源循环利用。

根据上述各项税收原则的内容，结合目前经济、社会、环境协调现实，基于低碳经济发展的需要，我国税收制度生态化改革应基于税收理论和实践的发展，从社会、经济、环境、财政、管理等方面要求，遵循法治、适度、公平和效率四大基本原则。

一、法定原则

（一）税收法定原则的内涵及渊源

税收法定原则是税法的基本原则。税收法定原则是指由立法者决定全部税收问题，即税收法律关系主体的权利和义务必须由法律规定，如果没有相应法律作前提，国家不能征税，公民也没有纳税的义务。这是现代法治主义在课税、纳税上的体现，税收法定要求税法的规定应当确定和明确。税收法定原则使经济生活具有法的稳定性，同时也使经济生活具有法的可预见性，以充分保障公民的财产权益。

税收法定原则起源于欧洲中世纪时期的英国。1215年，英国《大宪章》对国王征税问题作出了明确的限制，税收法定主义在英国得到了最终的确立，之后许多国家都将其作为一项宪法原则而加以采纳。我国《宪法》第五十六条规定："中华人民共和国公民有依照法律纳税的义务。"这是税收法定原则的宪法根据。《税收征收管理法》规定：税收的开征、停征以及减税、免税、退税、补税，依照法律的规定执行；法律授权国务院规定的，依照国务院制定的行政法规的规定执行。任何机关、单位和个人不得违反法律、行政法规的规定，擅自作出税收开征、停征以及减税、免税、退税、补税和其他同税收法律、行政法规相抵触的决定。这一规定较全面地反映了税收法定原则的要求，使税收法定原则在税收法制中得到了进一步的确立和完善。在即将制定的税收基本法中也应将税收法定原则予以明确规定。

党的十八届三中全会审议通过的《中共中央关于全面深化改革若干重大问题的决定》中提出落实"税收法定原则"。这是我国在党的文件中首次明确提出税收原则中最为根本的原则。

（二）税收法定原则的内容

税收法定原则贯穿于税收的各个环节，包括税收立法、执法和司法在内的税收活动，均应遵循税收法定原则，具体内容包括税收要件法定原则和税务合法性原则。税收制度的建立和税收政策的运用，应以法律为依据。税收实体要素法定要求征收内容明确、确定，即征税内容法定，也就是说，税收法律要件法定。税收程序法定原则要求税收立法程序、执法程序以及司法程序都要遵循法定原则。

1. 税种法定

国家开征任何税种必须由法律予以规定，一个税种必定与一个税收实体法对应。没有该税种法律规定，征税主体没有征税权力，纳税主体不负缴纳义务。税种法定是发生税收关系的法律前提，是税收法定原则的首要内容。税收制度生态化是以环境税为主的集合概念，它涉及生产经营和社会生活等各个领域，是针对有关环境保护激励和环境污染惩戒的各个税种的总称。税收制度生态化制度构建过程中，应根据国家经济社会环境协调发展和低碳经济的需要，按照法定程序，选择合适时机，循序渐进地设置有关绿色化税种，税收生态化改革中的税种必须法定，方可在现实中得以贯彻执行。

2. 税制要素法定

税收要素法定是解决国家征税权与公民财产权之间冲突应遵循的原则。在国家征税权与公民财产权的冲突当中，国家凭借政治力量处于优势地位，如果不对国家该权利予以必要的法律约束和限制，势必会造成对公民财产权的侵害。为此，需要通过国家或相关国家权力机构制定相应法律对国家税收法律要件予以规制。税法构成要件是纳税义务成立的要件，也就是说，满足课税要件，纳税义务才能成立。税收制度生态化制度构成要件法定是税收制度生态化改革的各项政策能够落地实施必备的条件，只有税收制度生态化过程中各个相关税种及其构成要素法定的情况下，国家才可以征税，包括生态化税种的纳税主体、征税对象、税率、纳税环节、纳税期限、纳税地点、税收减免税等税收法律责任等内容，生态化的税制要素需要以立法的形式制定、公布，方可实施，它是税收制度生态化改革法定原则的核心内容。

3. 税收征管程序法定

税收关系中的实体权利义务得以实现所依据的程序要素必须经法律规定，并且征纳主体各方均须依法定程序行事。

二、适度原则

（一）适度原则的内涵

税收适度原则是税收原则之一，反映了税收量度与社会经济之间的辩证关系。适度原则是指在税收制度设计中，税收负担的确定要兼顾经济发展状况和纳税人负担能力，税收既要发挥财政职能，满足国家的财政需要，又要对经济的超额负担最小化，能够促进或者至少不影响经济发展与人民生活。

（二）低碳经济视角下的适度原则

传统经济发展方式下，税收的适度原则是税收应有利于宏观经济发展和社会稳定。税收负担的确定应在既定的经济发展的一定阶段与水平下，考虑可供税收分配并形成税收收入的社会产品总额。也要兼顾人民的负担能力，有利于企业的自我发展和人民生活水平的适当提高，税收负担应充分体现纳税人的纳税能力。

低碳经济视角下的税收适度原则应从以下两个方面进行税收制度生态化改革，促进低碳经济发展。一方面，应有利于经济发展，发展是经济、社会和环境的基础，没有发展就谈不上进步；另一方面，应有利于经济社会和环境可持续发展，可持续性是人类发展的大计，税收制度生态化应有助于经济高速增长向高质量发展转变，经济低碳发展是经济高质量发展的途径之一。

鉴于此，低碳经济视角下税收制度生态化改革不能以发挥税收的财政职能为中心，税收制度生态化过程中不能像货物和劳务税以及所得税一样，随着经济社会发展带来日益丰腴的税源，能够取得可观的税收收入，相反，随着经济低碳化发展，生态化税种的税源将逐渐减少，生态化税种的税收收入不会增加，为此，低碳经济视角下税收制度生态化改革的适度性更多的是兼顾经济发展和环境保护的平衡。发展经济不能牺牲生态环境，为了有效地减少二氧化碳的排放，需要转变经济增长方式、调整经济结构，大力发展低碳产业，向低碳经济转型。低碳经济不仅仅是一份责任，更是新的发展机会，经济发展必须转型，在转变中培育和创新更多的新的经济增长点。这就需要保证碳税或环境税对企业有较强的刺激或约束力度，建立健全有利于能源资源节约和环境保护的税收激励和约束限制并重机制，使其改变对化石能源的消费行为，转而使用清洁能源，减少二氧化碳的排放。因此，税收制度生态化应该在保护生态环境，减少二氧化碳排放的同时，将税收生态化改革的负面影响降到最低限度，兼顾经济低碳化发展和税收制度化生态化改革的推进。

低碳经济视角下税收制度生态化改革应循序渐进。我国发展低碳经济，促进经济高质量发展是理性的选择，但是我国国情、经济发展水平和税收制度生态化的复杂性决定了税收制度生态化在我国的推进将是一个循序渐进的过程。发达国家的实践证明，以环境税为核心的税收制度生态化影响企业国际竞争力，推行过程中不可避免地会有阻力，合理选择税收制度生态化的程度、时机、范围等是保证税收制度生态化有效实施的重要因素，循序渐进、分步推进更容易。

三、公平原则

公平是人类发展追求的永恒理想。从某种意义上说，历史的前进、社会的进步就是人类向往公平、追求公平的动态过程。税收公平是公平范畴中的重要组成部分。税收作为重要的经济杠杆，在调控宏观经济运行、促进国民收入分配与再分配方面发挥重要作用，与社会经济生活各领域密切相关。税收公平与否，直接影响市场的经济公平和社会公平，进而对社会的整体公平乃至社会稳定产生重要影响。

税收公平是保证税收制度正常运转的必要条件。国内外的税收史实证明，很多社会矛盾、社会动荡乃至政权更迭，都缘起于极不公平的"苛税"政策所致。经济、社会、环境可持续发展的核心就是公平原则。税收公平原则是税收最高原则之一，也是我国税收制度生态化改革的首要原则。

从理论溯源来看，英国古典政治经济学威廉·配第在其税收三原则中第一次提出了"公平原则"，并将其作为税收的首要原则。继威廉·配第之后，德国新官房学派代表人物尤斯第在其六项税收原则中提出了"平等课税原则"。萨缪尔森提出了"公平合理"原则，认为政府既要考虑利益原则，又要考虑牺牲和再分配的原则，应注意横向和纵向公平。马斯格雷夫对亚当·斯密以来所有的税收原则进行了总结，并提出了六项原则，其中第一项便是税负分配应是公平的。税收公平原则是税制建设必须遵循的首要原则，这已经成为人类的共识。

（一）税收制度生态化改革公平原则的内涵

税收制度生态化改革的起点是资源利用的无效或低效，作用的基点是资源环境的"外部性",与收益多少没有明显的关系,因此,环境税的公平不会像货物和劳务税、所得税和财产税那样,根据纳税人的经济负担能力课税,体现"量能负担"(陈少英,2008),而是"量益课税",即保证纳税人对生态环境利益的公平分享和对环境保护及环境治理的共同责任。为了实现生态环境利益分享的公平性和对环境保护及环境污染治理的共同责任,构建公平的生态环境分享机制,实现经济、社会和环境的和谐、可持续发展,环境税公平内涵除包括税收公平的传统内容以外,更体现为现代意义的环境领域的公平。

党的十八届三中全会提出,要在公平税负、促进公平竞争基础上,建立现代税收制度,明确了税收作为政府收入的基本形式,是国家公共治理的基础,也是实行宏观调控、调节收入的重要工具。党的十九大报告提出,坚持在发展中保障和改善民生。增进民生福祉是发展的根本目的。必须多谋民生之利、多解民生之忧,在发展中补齐民生短板、促进社会公平正义。

税收公平不仅仅是税收问题,更是一个经济问题、社会问题和环境问题。税收公平与否,对政治、经济、社会、环境等人类和谐、可持续发展具有重要影响。公平是税收本质的客观要求。

传统意义上的税收公平原则是调整社会分配不公,通过所得税、财产税以及遗产税等缓解贫富差距过大带来的社会矛盾。现代意义上的税收公平的触角应该从经济、社会公平延伸至环境领域,环境的可持续发展需要经济由传统的高速增长转向低碳发展,低碳经济发展需要税收制度生态化改革推动。

资源环境具有生产要素属性,如提供生产经营场所,提供人类经济活动的矿产品、水等生产资料,同时也属于人类生产需要之外的价值范畴,如良好的环境有益于人类身心健康,美化的自然环境可以愉悦身心,提高生活质量。环境属于公有资源产品,基于环境基础之上的环境利益具有稀缺性,无论是在自然状态,还是在私有产权,抑或在公有产权状态下,环境利益的分享都充满冲突。

以私有产权为基础的环境利益分享,无论是在自然状态还是在管制状态下,都可能存在非常不公平的问题。在自然状态下,每一个社会主体似乎对环境利益具有同等权利。但是,生态环境利益作为典型的公共产品,产权的不确定性往往诱发了公共资源悲剧的加剧。其原因首先是在利益最大化的驱动下,每个社会个体都以自身利益最大化作为追求目标。在代际之间的环境利益分配上,由于下代人缺位,造成生态资源环境的跨代剥夺,形成了生态环境利益的代际分配不公。其次，由于富人以其殷实的资本将生态环境利益纳入自己私人利益最大化的创造过程中，形成同代人之间富人对穷人环境利益的剥夺，造成代内分配不公。最后，虽然环境权已确认为人类应有的权利范畴，与其他商品同样具有价值和使用价值，现有的法律和司法判例对环境资源提供法律保护，但是环境利益鉴定的复杂性和多变性，使得寻求环境利益分享的正义伴有高昂的成本，富人以其拥有的财富可以寻求环境利益最大化，穷人却无力支付寻求环境利益的成本，针对侵蚀自身环境利益的行为，穷人往往无计可施。可见环境利益分享是何等的物质化，以财富为基础的环境利益分享是何等缺乏正义。显然，在私有产权的自然状态下，环境利益固有的公有属性，加之人们地位和财力与环境利益成正比的现实，使得环境利益享有的不公平达到了极致。

在管制状态下，环境利益分享不公可以被有限矫正，管制弱化了富人对穷人环境利益的剥夺，穷人的生态环境利益在一定程度上得到了保护。尽管如此，财力占有状况与环境利益密切相关，加之环境利益所具有的公有资源产品特性，环境利益在富人和穷人之间分配不公便成为必然。

公有产权背景下的环境利益分享呈现为另外一种态势，即无论是自然状态还是管制状态，富人都较穷人更能享有环境利益。其一，自然状态下，环境利益表面上看似各个社会成员均可以公平享有的免费资源，公有产权状态下，环境利益分享也需要财力支持，为此，富人和穷人无法公平享有环境利益。同时，环境利益分享导致某一区域可分享的环境利益枯竭，出现地方性"公地悲剧"，对于穷人的影响是巨大的，甚至会威胁穷人最基本的生存权。因为富人面对地方性"公地悲剧"，有足够的财力进行替代性选择，可以通过迁徙的方式追求符合自身需求的环境利益；而穷人由于财力所限，地方性环境利益通常是穷人无可奈何的、唯一可分享的环境利益，他们无法根据自身愿望选择环境利益。其二，在管制状态下，富人和穷人无法公平分享环境利益的现象更加明显了，因为管制往往伴有守约成本，而这项成本对于穷人而言，具有较大的环境利益分享边际效应。相反对于富人而言，因为管制成本对其不具有很大的边际效应，管制对其分享环境利益的影响不大。

（二）税收制度生态化改革公平原则的价值取向

税收制度生态化追求的是生态环境利益分享的公平。如果将公平放在"代"的视阈中进行审视，其公平原则可分为代内公平和代际公平。

1. 代内公平

有限资源的代内分配，就是在本代人之间对有限资源究竟以何种比例分配才能体现本代人公平的分享环境利益。代内公平就是在公平税负条件下，同一时代的人公平地分享环境利益。代内公平体现了环境税空间性维度的公平，包括横向公平和纵向公平两个方面。

横向公平就是按照"谁污染谁负担，谁破坏谁负担"的原则，公平地分担环境治理成本，同时，由政府通过财政转移支付等方式对贫困地区予以资助，协调区域间资源环境的补偿能力。横向公平是对资源禀赋相同的纳税人征收数额相同的环境税，环境税制度的横向公平包括两个层面：一是保障处于同一代的公民公平享受资源利益；二是保障人类和其他生命形式公平地享受环境资源利益。环境税的设立针对同等纳税人在相同情况下应征收同等税收，人类有权享受环境利益，也有义务保护环境资源，使其他生命形式享受同等环境利益，该义务就是对享受环境利益支付对价，该对价的表现形式就是环境税，同时环境税收入作为环境保护专项资金，维持环境系统的正常运转，保证其他生命形式同等地享受环境利益。

纵向公平即对资源禀赋不同的纳税人征收不同的环境税，即税收制度生态化改革的纵向公平是对从环境资源所得利益不同者应负担不同的税收，达到同代人公平分享生态环境利益的目标。环境资源具有地域分布的差别性，不同地区经济发展水平高低不同，两者叠加在一起，使得经济欠发达地区为维持生计和短期的经济利益，"靠山吃山，靠水吃水"，进行掠夺性开发利用自然资源，而富裕地区凭借资金优势，为追求更大的利润和自身私欲，贪婪而奢靡地滥用资源，导致生态环境危机。经济发达地区维持或增加资源和环境消耗抵消环境成本，却要求欠发达地区为保护生态环境牺牲自己的发展权利，这显然有悖于公平。从社会个体看，贫困阶层往往分担过多的环境负担。环境税制度的设立及其不断完善，就是基于消除由此产生的不平等。

2. 代际公平

代际公平是指资源配置在代际保持一种公平的关系，在代际形成一种公平的合理资源利益分享关系。资源环境的外部性在代际的表现就是代际的外部性。在环境资源的代际消费过程中，由于前代人作为"交易内部人"，对当期存在的可消费环境资源具有绝对的话语权和控制权，相反，作为"交易外部人"的后代人，由于时间上的代际阻隔，完全没有与前代人进行谈判交易的发言权，更谈不上控制权，只有无可奈何地接受消费剩余。因此，时间上的代际阻隔容易导致人类社会在资源消费过程中普遍存在代际"负外部性"。这种代际"负外部性"具体表现为两种情形：作为"交易内部人"的前代人过度消费不可再生资源以及奢靡的消费，使得不可再生资源的绝对量不可恢复地减少，并破坏了可再生资源的再生环境，导致代际资源环境透支，造成"交易外部人"的后代人资源消费剩余的不足或是耗竭；或是表现在作为"交易内部人"的前代人污染环境，造成作为"交易外部人"的后代人生存环境恶化的现象。

在代际外部性的影响下，代际的"交易外部人"承担了额外的成本却并不能获得相应收益，或者代际"交易外部人"享受了额外的收益，却无需承担相应的成本，损害了代际的公平性。如果说代内公平体现了环境税公平原则的空间性维度，则代际公平体现了环境税公平原则的时间性维度。发展低碳经济、促进税收制度生态化改革所追求的代际公平并不是要求当代人为后人作出巨大的牺牲，当然也不允许当代人的消费给后代人造成高昂的代价，避免跨代"环境赤字"。环境税就是作为"交易内部人"的当代人为获得额外收益而支付的一定成本，避免环境成本"沉淀"。

由此可见，通过科学合理地推进税收制度生态化，在税收制度上整体考量税收负担的代际分配问题，合理确定代际环境利益分享者的税收负担，保护环境利益分享的代际公平，将环境利益分享过程中存在的代际外部性内部化，防止环境利益的掠夺性分享，达到环境利益的代际公平消费，维护生态系统内部的均衡，维持代际环境利益的永续利用。

（三）税收制度生态化改革公平原则的实现

税收制度生态化是将环境资源的"价格"以"税收"的形式表现，纠正生态环境分享的免费性，激励环境利益分享主体对成本作出激励反映。由于环境税意味着外部成本的内部化，环境利益分享主体基于成本收益的比较分析，可能选择替换性生产元素，减少了社会主体对环境公共物品的需求。

税收制度生态化形成的税收成本的设定应该等于由环境利益分享行为引起的社会损失，以抵消环境利益分享外部性带来的社会损失，促进环境利益分享的公平。由于缺乏对生态系统多样化服务及其公共产品特征的了解，环境利益分享外部性所导致的社会损失很难估算，在一定程度上影响税收的生态功能的发挥，但是，税收制度生态化改革在克服环境利益分享外部性导致的成本承担和利益分享不公方面仍然具有比较优势。

税收制度生态化改革的公平需要考虑两个方面的问题。一方面，税收生态化改革形成的税收负担水平的设定应该等于环境污染行为导致的社会成本，只有这样，环境利益分享才有可能达到社会最优水平。另一方面，要科学布局，保障各个层面的社会主体能够公平地分享生态环境利益，通过生态税收增加财政收入，设立环境保护基金，通过专项支出或补偿，政府借助公共财政支出，提供环境利益公平分享的公共设施，或通过给予穷人环境补贴等手段，构建环境利益公平分享机制，并配合环境税的优惠政策，促进环保产业的发展，体现社会公平。

四、效率原则

效率是在一种状态下，总收益和总成本之间的关系，即从一个给定的投入中获得最大的产出。效率原则要求以较少的资源消耗取得同样多的效果，或以同样的资源消耗取得最大的效果。从经济学角度讲，是在不会使其他人境况变坏的前提下，一项经济活动不再有可能增进其他人的经济福利，则该经济活动即为有效率的。从行政学角度讲，效率原则是指行政机关在行使其职能时，要力争以尽可能短的时间，尽可能少的人员，尽可能低的经济耗费，办尽可能多的事，取得尽可能大的社会、经济效益。

税收效率原则指税收活动要有利于经济效率的提高，是西方财政经济学界所倡导的税收原则之一。税收效率原则要求以最小的费用获得最大的税收收入，并利用税收的经济调控作用最大限度地促进经济的发展，或者最大限度地减轻对经济发展的妨碍。

我国作为正在不断崛起的发展中大国，经济的快速发展过程中也出现了西方发达国家同样的问题，经济效率提高，环境效率下降。为此，在税收制度生态化建设中，效率原则在环境保护、促进低碳经济发展方面更凸显重要。

税收效率原则的主要内容包括三个方面：一是提高税务行政效率，使征税费用最少；二是对经济活动的干预最小，使税收的超额负担尽可能小；三是要有利于资源的最佳配置，达到帕累托最优。

基于促进低碳经济发展进行的税收制度生态化改革，需要的效率原则包括税收的行政效率、经济效率和生态效率三个方面。

（一）行政效率

行政效率主要是从税务机关征收效率考量，国家征税成本最小化。在选择生态化税制体系、设置生态化税种以及税制要素生态化设计等方面尽量体现效率要求。其主要途径应该是根据经济低碳化发展需要，在税收制度生态化建设方面，选择税源相对集中的环节设置相应税种，便于税收制度生态化政策的落实。从税源监控角度看，比起污染者，原材料、能源企业的数量大大减少，为此，对原材料及能源企业的税收监督管理的成本也会有所下降，优化征管程序，集中有限的征管力量，以最小的生态税收的征管费用获得最大的税收总收入，在促进经济低碳化发展的同时，实现税收制度生态化的行政效率。

（二）经济效率

在税收制度生态化改革过程中，应立足于对经济活动的干预最小，使税收制度生态化产生的超额负担尽可能小。其途径是通过税收成本差异，引导企业投入物清洁化，在生产经营过程中选择清洁原材料、能源，加大清洁生产工艺的研发和利用，推动低碳产业发展，增加环保产品供给，培育低碳经济的利润增长点，以生态税收引导市场主体调整其经济活动，使税收对经济低碳化发展及运行方面的超额负担尽可能小，提升企业市场竞争力，实现税收制度生态化制度的经济效率。

（三）生态效率

随着清洁生产的不断推进和环保产业发展，资源会更加有效利用，污染得到有效控制，通过税收制度生态化改革，以环境税为核心的税收制度生态化将在资源环境保护、控制温室气体排放和污染治理等方面发挥更有效的调节作用，提高资源利用效率，改善环境，以最小化的资源环境损失获得最大化的经济产出，实现税收的生态效率。

如前所述，税收效率原则要求环境税的设计应尽量使其在获得收益方面取得最佳效果，并产生最小扭曲。这要求税收制度生态化改革一方面要避免对市场经济行为和市场主体经营决策带来负面影响，避免市场机制对资源配置产生消极影响，同时，在促进资源合理利用和保护环境方面有更大的作为。在经济高度发展的当今社会，随着物质财富增加和环境污染日益严重，税收体系的地位和作用越来越体现出固有的可持续性发展特征，矫正资源环境配置中"市场低效"甚至"市场失灵"。

效率原则不仅仅体现在以上所述的行政效率、经济效率和社会效率，而且在社会道德、生态文明方面也有极其重要的积极作用。效率原则是税收制度生态化建设基本价值的集中体现，效率原则应成为税收法律制度运行过程中的重要指导思想。具体而言，生态效益是现代税收独有的特点，它以追求经济、社会、环境和谐共生，保护人类共同体的可持续发展为目标，实现经济、社会和环境协调统一的综合效益。一个有效率的生态化税收制度将促使企业外部成本内部化，减少市场机制在资源环境供给方面的低效甚至无效，减少资源环境供给价格扭曲。

公平与效率历来是一对难解的矛盾，两者之间存在着深度排他性。我国历史上多次重大财税改革，核心都是围绕着这一对"二元悖论"展开的。税收政策不公平，造成社会问题，激化社会矛盾，为此，税制改革要考虑多方面因素，价值取向趋向公平，但税收行政成本加大，执行难度加大，降低了效率；调整价值取向，趋向效率，但又有失公平，兼顾税收公平与效率的初衷往往收效甚微。公平和效率之间的平衡点很难把握。其原因是两者并不完全是同一领域的问题，效率更多的是经济学概念，公平更多的是社会学概念，为此，将两者平行比较抑或两者统一比较困难。

税收的公平与效率在具有排他性的同时，也具有一定相容性。税收公平原则是税收的首要原则，但是，税收的公平是以效率为基础的，没有效率，公平只是低层次的公平，即使形式上是公平的，也不过是无本之木。因此，效率原则为公平原则的实现提供了动力，效率的提高可以保障公平更好地实现。另外，公平是效率的前提。税收若发挥促进经济发展、社会和谐、环境可持续发展的作用，就必须以税收公平为前提，只有达到一定程度的公平，才能谈及效率。否则，社会不稳定，生态系统不协调，就会影响经济发展，效率也无从谈起。

税收制度生态化改革的公平与效率原则应根据经济社会和环境发展的需要寻找两者均衡点，使其在促进经济低碳发展过程中，寻找经济的新的增长点和可持续发展的路径。同时也能够达到资源环境使用过程中的代内公平和代际公平，在经济低碳发展、社会生态环境、社会道德、社会公共事业方面相互包容中完善税收制度，通过税收制度生态化改革促进低碳经济发展的积极作用，鼓励竞争，坚持公平税负；同时要强化税收在提高社会环境效益方面的公平分配作用，健全税收功能。

第三节　低碳经济背景下我国税收制度生态化目标和总体框架

鉴于我国目前经济发展水平以及资源环境现状，税收制度生态化建设应在总体上进行通盘考虑，坚持制约机制和激励机制并重，不断完善环境税，并建立环境税与其他各个税种相互协调、相互配合，调控面广、调节力度强、能够充分体现低碳理念的税制体系。

一、促进我国低碳经济发展的税收制度生态化改革目标

我国是一个发展中大国，市场机制还不完善，经济发展水平不平衡，且处于经济转轨时期，因此，发展低碳经济和税收制度生态化安排必须根据我国国情，以服从和服务于国家发展战略为基石，贯彻创新、协调、绿色、开放、共享的发展理念，坚持节约资源和保护环境的基本国策，促进低碳经济发展，建设生态文明，形成低碳生产方式和生活方式，坚定走生产发展、生活富裕、生态良好的文明发展道路，体现经济社会发展的三个目标，即经济繁荣、社会公平、生态安全，实现全民社会福祉增加的最终目标。

促进低碳经济发展的税制改革生态化改革是一个系统工程，税收制度生态化改革作为我国中长期税制改革的重要组成部分，应渐进推进，确定不同阶段的目标，分步实施。近期目标是通过对现有税收制度生态化调整，将生态理念融入现行税种的制度要素之中，清理并废除不利于低碳经济和可持续发展的税收政策，对现行税制进行生态化改良，渐进地开征新的税种，推进税收制度的全面生态化改革，解决日益严重的环境问题。

税收制度生态化建设的长期目标是从根本上构建有利于资源合理利用、遏制环境污染、促进低碳经济发展的税制体系。一是完善有利于自然资源合理、节约、有效开发使用的资源税制度。自然资源的开采和利用是经济社会发展的物质基础，也是环境污染的基本起因。由于自然资源数量的稀缺性，对自然资源的开采和合理利用是税收制度生态改革追求的长期目标之一。二是建立有利于节能减排的生态税制。三是通过税收制度生态化系列改革，制定优先发展和限制发展的产业序列，促进产业结构调整，引导低碳消费，促进能源结构优

化，减少矿物性能源的消耗，提高能源利用效率，实现经济可持续发展，是税收制度生态化改革的长期发展目标。

二、税收制度生态化改革模式的选择

（一）税收制度生态化改革模式的类型

从国际经验看，税收制度生态化改革有三种模式："融入型环境税""独立型环境税""混合型环境税"。

1. 融入型模式

融入型生态化改革模式是指在保持现有税收制度基本结构的前提下，将生态理念融入现行税收制度当中，通过对现有的税收制度的生态化改良，根据环境保护的需要，在现行各个税种的制度要素中增加有利于低碳经济发展和节能减排等环境保护的税收政策，并剔除不利于环境保护的有关税收条款。这种改革模式不需要单独设立环境税，融入型改革模式改革难度小，推行相对容易。

由于融入型改革模式是将生态理念融入现有的税收制度当中，只是针对现有税制进行调整，可以理解为对现行税制的改良和完善，这种改良和完善在三个不变的基础上进行：一是不增设新税种，保持原有税种布局；二是不改变税制结构；三是不改变税收负担。由于融入型模式没有推出独立的环境税，保持现行税制各个税种之间的平衡关系，不属于对税收制度进行根本性变革，对现行税制结构影响不大，不会对各个利益主体产生根本性冲击，容易为各方接受。

尽管融入型环境税改革模式推行起来相对容易，也具有一定的环境治理功能，但是，由于这种模式是在原有税制框架内的改良，只是将生态理念融入原有税种的有关规定之中，改良后的税种财政功能要大于环境治理功能，环境保护功能相对较弱，不利于税收生态功能的实现，也不利于现行税制结构优化和筹措环境保护和治理专项资金，因此，在改革初期先行试点时可以采用该模式，为税收制度生态化改革全面铺开奠定基础。

2. 独立型模式

独立型模式是指基于庇古税原理，在现有税收制度中，增加独立的环境税，设立与现行税种并行的环境税，新设的各个税种是税收制度的组成部分，不依附于现行税制中的某个税种。独立型环境税一般包括能源税、二氧化硫税、二氧化碳税、机动车税、水污染税、噪音税等。

与融入型改革模式相比，独立型改革模式环保功能指向性强。独立型环境税是针对低碳经济发展、节能减排等环境保护需要设立税种，征税范围、征税依据、征税税率的设定都具有指向性，通过征收环境税，提高排污企业的税收成本，达到保护环境的目的。独立型环境税与其他税种作为税制体系的组成部分，一般情况下，其收入单独安排用途，用于环境保护专项资金。

3. 混合型模式

混合型模式是介于融入型模式和独立型模式之间的一种过渡性模式，是税收制度生态化改革过渡阶段所采取的策略。在税收制度生态化改革过程中，为了顺利推进税收制度生态化改革，先将环保理念渐进融入现行税制之中，在完善现有税制的基础上，渐次增加独立的环境税种，将税收制度生态化改革逐步深化。

（二）我国税收制度生态化改革模式的选择

税收制度生态化改革即是发展低碳经济的需要，更是全面落实科学发展观和建设生态文明的必然选择。适应当前发展低碳经济的需要，应借鉴欧盟等发达国家税收制度生态化的经验，对我国税收制度进行生态化改革，使之既符合世界税制改革潮流，又适合中国经济、社会、环境的可持续发展。

鉴于我国目前的经济发展水平以及资源环境现状，根据深化财税体制改革总体方案要求，税收制度生态化改革应在总体上进行通盘考虑，坚持制约机制和激励机制并重，按照"整体税负中性"和"费改税改革同步"的原则，分阶段地推进改革，建立起环境保护税与其他各个税种相互协调、相互配合，调控面广、调节力度强、能够充分体现生态理念的税制体系。

三、税收制度生态化改革节奏的选择

我国作为发展中国家，应综合考虑低碳经济发展、环境保护和社会进步的多方需要，遵循税制改革和经济运行特有规律，循序渐进地推进税收制度生态化改革，在税制生态化建设初期，以税收为杠杆，以生态利益为支点，引导人们的生态观念，发展生态文明，建设环境税制；同时，利用税收倡导低碳生产，引导人们低碳消费，分别从供给端和消费端推进低碳税收政策。

从国际经验看，税收制度生态化改革大多采取"税收中性"原则，为此，我国税收制度生态化改革也要注意保持税收总体负担基本不变，税收制度生态化应以不抑制经济发展为基础，优化产业结构，发展低碳经济，不能不切实际地期望与发达国家"齐步走"。根据建立现代财税制度的要求，采取先易后难、逐步推进的实施战略。

在税制结构生态化过程中，初期生态税的财政职能会很弱，税制结构应仍以货物和劳务税以及所得税为主，生态税以及其他税类为辅。随着税制改革的深入，可以考虑适当提高税收制度的生态化水平，与其他国家相同，我国环境税很难或者不能作为主体税种，而是作为保护环境、抑制碳排放和环境污染的调控工具存在于税制结构中，并随着环境的不断洁净而逐步减少。

四、低碳经济背景下税收制度生态化的总体框架

首先，在现有的税收制度框架内，对现有税种进行生态化改良，在增值税、消费税和所得税等主体税种税收政策中植入生态理念，逐渐发挥各个税种在环境保护方面的作用。其次，根据资源（尤其是能源）的流动环节以及环境污染情况合理设置生态化税种，对高污染、高环境风险产品、工艺、企业加征税费，注重初始端预防，强化末端治理，预防和治理相结合，构建全方位的生态化税制体系，满足节能减排、发展低碳经济的需要。在环境税制结构方面，应以环境税为主体，逐步完善包括能源产品税、能源消费税和排放税等影响污染排放的相关税种，辅之以消费税、车船税和资源税等。要科学合理地设计税收减免和税收返还机制，提高税收制度生态化改革的政治接受度，建立起支撑环境保护事业发展和促进低碳经济发展的生态税收政策体系。

根据上述思路，我国税收制度生态化布局如表6.5所示。

表 6.5　　　　　　　　　我国税收制度生态化的总体布局

征税环节	税种	征税对象	计税依据
资源开发利用环节 （首端控制）	资源税	应税矿产品、盐、水资源、森林资源、地热自然、草原资源	销售额为主，销售量为辅
生产环节 （中间环节）	消费税	高污染类消费品 高污染类服务 高能耗消费品	销售额或销售量
	车辆购置税	石化能源	销售额

征税环节	税种	征税对象	计税依据
使用环节 （中间环节）	能源税	柴油、天然气、液化气、煤以及电力等	销售量或排放量
	车船税	应收车辆	排气量或吨位
		船舶	吨位
排放环节 （末端处理）	环境税	废水 废气	排放量 （污染当量）
		噪声	分贝
		固体废弃物	吨

资料来源：笔者总结得出。

由于环境税开征初期是从保护资源环境的角度设计的，筹集财政收入不是征收环境税的初衷，因此，在税制结构生态化过程中，初期环境税的财政职能会很弱，而且，环境税的运行轨迹具有典型的倒"U"型的特征，随着经济结构调整，经济发展方式转变，环境税类的税基会因为环境状况的好转而缩小，因此，环境税收入不会因为低碳经济发展而增加，因此，环境税应始终作为税制体系中的一个辅助税类。

第四节　我国税收制度生态化改革的具体举措

党的十八大以来，随着我国政治经济体制改革的不断推进，赋予税收的历史任务和以往大不相同，税收应发挥的职能作用范围也不断拓展。以往税收是作为经济制度的一个组成部分，税制改革主要服从和服务于经济体制改革的目标，税收在经济领域发挥作用。包括税收在内的财政是国家治理的基础和重要支柱，而国家治理是一个更高层次、更广范畴的概念，它包括经济、政治、文化、社会、生态以及党建等全方位的各个领域，它是更高层次的目标。税收作为国家治理的基础和支柱，其改革发展既要适应经济体制的变革，也要适应政治、文化、社会、生态文明体制的变革。在全面深化改革的总方案中，税收要充当"突破口"的角色。更为重要的是，税收要跳出以往追随经济体制改革而制定改革方案的思维范式，将税制改革置于全面深化改革的总棋局中，建立起匹配国家治理现代化的现代税收制度，税制改革的目标是实现税收现代化。

党的十九大报告以新的高度聚焦民生，强调以人民为中心的发展思想。我国税制改革应服务全面深化改革的总目标，以满足人民美好生活的需要为出发点，转变经济发展方式，促进经济换挡提速，发展低碳经济，促进经济、社会和环境全方位持续发展。

党的十九届五中全会提出，促进生产生活方式绿色转型，优化能源资源配置，提供能源利用效率，主要污染物排放总量持续减少，碳排放达峰后稳中有降，要加快推动绿色低碳发展。"十四五"规划提出，要支持绿色技术创新，推进清洁生产，发展环保产业，推进重点行业和重要领域绿色化改造，推动能源清洁低碳安全高效利用，发展绿色建筑，开展绿色生活创建活动，降低碳排放强度，持续改善环境质量，提升生态系统质量和稳定性，全面提高资源利用效率，实现美丽中国建设目标。

为了实现低碳发展目标，要不断完善现代税收制度，发挥税收的生态职能，促进低碳经济的发展。

一、进一步完善《环境保护税法》

（一）《环境保护税法》的基本内容

为了保护和改善环境，减少污染物排放，推进生态文明建设，2016年12月25日第十二届全国人民代表大会常务委员会第二十五次会议通过《中华人民共和国环境保护税法》（以下简称"环保税法"），自2018年1月1日起开始施行。

根据《环保税法》规定，在中华人民共和国领域和中华人民共和国管辖的其他海域，直接向环境排放应税污染物的企业事业单位和其他生产经营者为环境保护税的纳税人。依法设立的城乡污水集中处理、生活垃圾集中处理场所超过国家和地方规定的排放标准向环境排放应税污染物的，应当缴纳环境保护税。

企业事业单位和其他生产经营者贮存或者处置固体废物不符合国家和地方环境保护标准的，应当缴纳环境保护税。

环保税征税范围包括大气污染物、水污染物、固体废物和噪声。其中，大气污染物包括二氧化硫、氮氧化物、一氧化碳、氯气、氯化氢、氟化物等共计44种污染物。水污染物按照污染当量分为4类。固体废物包括煤矸石、尾矿、危险废物、冶炼渣、粉煤灰、炉渣、其他固体废物，具体征税对象如表6.6所示。

表 6.6 　　　　　　　　　　　　　　环境保护税税目税额

	税目	计税单位	税额	备注
大气污染物		每污染当量	1.2~12元	
水污染物		每污染当量	1.4~14元	
固体废物	煤矸石	每吨	5元	
	尾矿	每吨	15元	
	危险废物	每吨	1000元	
	冶炼渣、粉煤灰、炉渣、其他固体废物（含半固态、液态废物）	每吨	25元	
噪音	工业噪音	超标1~3分贝	每月350元	1. 一个单位边界上有多处噪音超标，根据最高一处超标声级计算应纳税额；当延长边界长度超过100米有两处以上噪音超标，按照两个单位计算应纳税额
		超标4~6分贝	每月700元	
		超标7~9分贝	每月1400元	2. 一个单位有不妥地点作业场所的，应分别计算应纳税额，合并计征
		超标10~12分贝	每月2800元	3. 昼、夜均超标的环境噪音，昼、夜分别计算应纳税额，累计计征
		超标13~15分贝	每月5600元	4. 声源一个月内超标不足15天的，减半计算应纳税额
		超标16分贝以上	每月11200元	5. 夜间频繁突发和夜间偶然突发厂界超标噪音，两种指标中超标分贝值高的一项计算应纳税

资料来源：《中华人民共和国环境保护税法》。

《环保税法》对下列情形作出例外处理。纳税人有下列情形之一的，不属于直接向环境排放污染物，不缴纳相应污染物的环境保护税。一是企业事业单位和其他生产经营者向依法设立的污水集中处理、生活垃圾集中处理场所排放应税污染物的；二是企业事业单位和其他生产经营者在符合国家和地方环境保护标准的设施、场所贮存或者处置固体废物的。

环境税的计税依据根据应税污染物不同，按照下列方法确定：（1）应税大气污染物按照污染物排放量折合的污染当量数确定；（2）应税水污染物按照污染物排放量折合的污染当量数确定；（3）应税固体废物按照固体废物的排放量确定；（4）应税噪声按照超过国家规定标准的分贝数确定。每种应税大气污染物、水污染物的具体污染当量值，依照环境税法所附《应税污染物和当量值表》执行。每一排放口或者没有排放口的应税大气污染物，按照污染当量数从大到小排序，对前三项污染物征收环境保护税。每一排放口的应税水污染物，按照环境税法所附《应税污染物和当量值表》，区分第一类水污染物和其他类水污染物，按照污染当量数从大到小排序，对第一类水污染物按照前五项征收环境保护税，对其他类水污染物按照前三项征收环境保护税。

省、自治区、直辖市人民政府根据本地区污染物减排的特殊需要，可以增加同一排放口征收环境保护税的应税污染物项目数，报同级人民代表大会常务委员会决定，并报全国人民代表大会常务委员会和国务院备案。

环境保护税实行从量定额征收，应纳税额按照下列方法计算：（1）应税大气污染物的应纳税额为污染当量数乘以具体适用税额；（2）应税水污染物的应纳税额为污染当量数乘以具体适用税额；（3）应税固体废物的应纳税额为固体废物排放量乘以具体适用税额；（4）应税噪声的应纳税额为超过国家规定标准的分贝数对应的具体适用税额。

为了鼓励纳税人综合利用资源，减少污染排放，《环保税法》规定了税收减免，规定下列情形，暂予免征环境保护税：（1）农业生产（不包括规模化养殖）排放应税污染物的；（2）机动车、铁路机车、非道路移动机械、船舶和航空器等流动污染源排放应税污染物的；（3）依法设立的城乡污水集中处理、生活垃圾集中处理场所排放相应应税污染物，不超过国家和地方规定的排放标准的；（4）纳税人综合利用的固体废物，符合国家和地方环境保护标准的；（5）国务院批准免税的其他情形，由国务院报全国人民代表大会常务委员会备案。

对于纳税人排放应税大气污染物或者水污染物的浓度值低于国家和地方规定的污染物排放标准30%的，减按75%征收环境保护税。

纳税人排放应税大气污染物或者水污染物的浓度值低于国家和地方规定的污染物排放标准50%的，减按50%征收环境保护税。

环境保护税由税务机关依照《中华人民共和国税收征收管理法》负责征收管理。环境保护主管部门依照本法和有关环境保护法律法规的规定负责对污染物进行监测管理。环境保护主管部门和税务机关应当建立涉税信息共享平台和工作配合机制。环境保护主管部门应当将排污单位的排污许可、污染物排放数据、环境违法和受行政处罚情况等环境保护相关信息，定期交送税务机关。

（二）环境保护税的功能定位

环境保护税制度最突出的特点和优势在于其建立于市场机制之上，具有更大的灵活性与高效性。但是，不能将环境保护税定位为"全能环保"角色，期待所有环境问题都可以通过税收手段得到有效解决。从欧盟解决环境问题的历程看，在相当长的一段时间主要依靠行政规制手段，这是一种以政府为核心的强制性的行政手段。

环境保护税与源于经济活动的税收并不相同，它属于特定目的税，主要功能应该是源于公平原则的稳定功能和衍生的生态功能。

环境保护税的开征，可以发挥其在环境保护领域的调节功能，能有效实现资源代内公平与代际公平的配置，其调节功能主要通过征收环境保护税迫使生产者在生产和消费者生活决策中考虑污染成本，从而鼓励生产者调整生产经营方式和经营结构，促进清洁型生产的发展。从消费角度看，可以刺激消费者改变生活方式与消费行为，更加崇尚节俭生活，减少生活垃圾，减少污染性高的消费。通过营造环保行业与其他行业公平竞争的环境，促进经济、社会和环境的协调、稳定、持续发展。生态功能是环境税特有的功能。但是，财政功能是所有税种都具有的功能，环境保护税也是如此，开征环境税必然会增加国家财政收入。但是，随着经济发展水平逐步提高、环保意识增强、环境污染治理不断加强、清洁技术的运用水平提高等因素，污染程度逐步下降，环境保护税的税源呈现递减趋势，为此，环境保护税的税收收入也将递减，财政功能弱化。

(三)《环境保护税法》的完善

2018年开征的环境保护税对保护环境起到了积极的作用。但是，环境保护税在征税对象、计税依据、税额设置等基本要素上都借鉴了先前的排污收费政策，是排污费向税收体系的平移，从税制要素角度以及征收管理角度分析，仍存在着尚需完善和斟酌之处。

1. 调整和完善征收范围

主要是应择期将流动性污染源纳入征税范围。流动污染源一般是指流动设施或无固定位置排放污染物的发生源，流动污染源大都属于消费类污染，主要是各类交通工具，包括汽车、火车、飞机、轮船等流动污染源排放的废气，废气中主要含有烟尘、一氧化碳、氮氧化物、碳氢化合物和二氧化碳、醛类、二氧化硫等有害物质。随着我国机动车保有量的大幅度增长，机动车尾气排放量逐年增加，是造成环境空气污染的主要流动污染源。对流动性污染源的控制过程应是全方位的，一方面，要加强排放控制技术研究开发，严格执行排放标准，在源头尽量把住关口；另一方面，通过税收手段控制。目前，现行税制中已有车船税、消费税、车辆购置税等税种对机动车的生产和使用进行调节，环境保护税未将其纳入征税范围，但是，毕竟上述税种的环保指向性不强，环保效果并不理想。环境保护税征收管理逐步成熟后，应考虑将流动性污染源纳入征税范围。

2. 科学设定税额标准，建立合理的税额浮动机制

环境税最基本的理论依据是竞争市场条件下的庇古税原理，如前所述，是基于污染的外部性成本设定税率。

（1）环境税税率设计的原则。由于环境税率的设计较为复杂，只有在正确评估生态资源损害和治理成本的前提下，经过缜密的计算方可得出结果，在设计环境税税率时应遵循以下两个原则。

环境税税率水平与其他税种税率水平综合考虑。税收制度生态改革是一个系统工程，涉及的不仅仅是环境保护问题，还会影响经济发展以及社会稳定。因此，生态税税率的设计必须使现有的税负水平基本保持不变，增强税收制度生态化改革的政治接受度，并且不影响经济竞争力，只是通过税制结构生态化改革促进经济结构、产业结构优化以及消费结构的生态化调整，才能达到保护生态环境和经济的可持续性发展。

环境税的各个税种税率水平综合考虑。环境税是指税收体系中与资源利

用和环境保护有关的各种税收的总称，不只是一个单独的税种，这样，可能会出现多个生态税都涉及一个经济客体，如能源税包括能源产品税、能源消费税、能源使用税等，因此，首先必须合理设计能源这一经济客体的总体税负，综合考虑各个能源税的政策目标等因素，设计各个具体能源税税率水平。

（2）环境税税率标准的设定。从微观的角度看，环境税税率的高低要结合经济主体活动所产生的机会成本，激励纳税人从自身利益最大化出发，在生产的各个环节均考虑税收成本、利润和环境问题，在生产投入环节使用清洁原材料、燃料和动力，在生产过程中工艺流程的设计、产品的生产要有利于降低污染，增加环保型产品生产量。

从宏观角度看，生态税税额应能够补偿环境资源破坏性损害的费用，或者大于治理污染费用和维持环保设施运转费用。

（3）采用灵活的税率形式并实行普遍征收，差别税率的原则。生态税的征税对象不同，税基也各异，税率形式可以结合税基来设计，采用比例税率或定额税率，并根据污染水平、社会对环境的要求建立税率动态调整机制。对污染环境的行为实行普遍征收，同时，要根据污染程度的高低实行差别税率，对环境资源破坏性损害和污染性损害一般的，税率可定得低一些，否则，税率应定得高一些。

（4）环境税要对多因子叠加征税，根据排放浓度和排放时间累进征税。为了激励市场行为主体对多种污染物进行综合治理，应按国家规定的污染物排放标准，对所有的污染物进行征税。如果各经济主体和个人所排放的污染物中含有两种以上的污染物，应叠加征税，并随着微观经济主体污染物排放浓度的增加和排放时间的延长，税率应累进提高。

综上所述，环境保护税税额设置显得较为保守。这种安排虽然能够保证费改税的平稳过渡，但是与我国环境保护的实际情况和需求不相适应，这将削弱环境保护税立法的基本理念，应在目前公布的税额标准的基础上，在推进环保税过程中，根据征收管理得到的相关数据，建立治理成本清单，对各税目的税额标准进行科学测算，定期调整。

3. 关于征收管理问题

环境税征管体系的健全和协调运行，有助于降低环境保护税的征收成本，提高环境保护税的征管行政效率。环境保护税与其他税种不同，该税种的征收管理需要税务机关和环保部门相互配合，环境保护税征收涉及对排污量等环保数据的测定和估算，需要各级环保部门的参与，税务部门在环保部门测算或估算的数据基础上完成税款的征收工作。为此，环境保护税法第十四条规定，由税务机关依照《中华人民共和国税收征收管理法》对环保税进行征收管理。环境保护主管部门依照环境保护税法和有关环境保护法律法规的规定负责对污染物的监测管理。县级以上地方人民政府应当建立税务机关、环境保护主管部门和其他相关单位分工协作工作机制，加强环境保护税征收管理，保障税款及时足额入库。第十五条规定，环境保护主管部门和税务机关应当建立涉税信息共享平台和工作配合机制。环境保护主管部门应当将排污单位的排污许可、污染物排放数据、环境违法和受行政处罚情况等环境保护相关信息，定期交送税务机关。税务机关应当将纳税人的纳税申报、税款入库、减免税额、欠缴税款以及风险疑点等环境保护税涉税信息，定期交送环境保护主管部门。企业申报、税务征收、环保协同、信息共享的征管模式是环境保护税征收管理突出的亮点。

二、增值税生态化改革

增值税是以商品、劳务、服务以及不动产和无形资产在流转过程中产生的增值额作为计税依据而征收的一种流转税。经过近几年的持续改革，我国增值税对流通领域实现了全覆盖征收。增值税的核心特征主要是对增值额征税，避免重复征税，是具有"税收中性"的一个税种，财政职能是其主要职能，在抑制温室气体排放、控制污染、保护环境等方面功能较弱。

"营改增"以后，我国增值税的征收范围包括在境内销售有形动产、劳务、服务，销售不动产、无形资产以及进口货物，征收范围扩大到全部流通领域，但是，增值税全覆盖、全链条征收后，征税对象并未按照生态化要求，根据可持续性的标准进行分类，没有体现经济社会的可持续发展要求。对环境污染较大的农药、化肥、农膜等污染比较严重的初级投入物品给予了税收优惠，对碳排放大、环境污染严重的居民用煤炭适用低税率，忽视了我国资源贫乏、环境污染严重、节能减排压力较大的问题。"营改增"后的增值税生态化是为了促进我国低碳经济发展需求，应借鉴国际上税收制度生态化改革经验，推进增值税生态化改革。

（一）征收范围生态化分类

从世界范围看，增值税的征收范围一直处于发展变化之中，实行增值税的国家，在不同时期都根据本国经济、社会发展的需要进行相应的调整。20世纪90年代以来，以法国、荷兰、丹麦为典型代表的欧盟各国，启动了绿色增值税改革，征收范围的改革主要有两个方面：一是扩大增值税征收范围，如欧洲特别是OECD成员国，增值税征收范围扩展得非常宽广，涵盖了农业、生产、批发零售、劳务服务各环节，涉及商品生产、交换、消费的各个领域，包括众多的农民、小企业主和自由职业者（陈志楣，2000）。二是根据欧洲法令将征收增值税的产品和劳务分为可持续性和不可持续性的，为制定具有生态化的差别税率做好铺垫。按照可持续性原则对产品和劳务的分类情况如表6.7所示。

表6.7 产品和劳务类别的划分（按可持续性标准）

项目	可持续的	不可持续的	适中的
运输	公共交通	能源利用率低的汽车	节能汽车
能源	可再生燃煤	燃油燃气	联合循环发电
电子电器	能源利用效率高的，可循环再利用的物质含量高的	能源利用效率低的，可循环再利用的物质含量低的	能源利用效率中等的，可循环再利用的物质含量适中的
国际旅行	铁路	航空	公共汽车
食品	当地生产的产品，使用农药量少的	高运输成本的产品，大量使用农药	
住宅	节约能源的房子，翻新的房子	在空旷地方的新房	

资料来源：Albrecht, J.The Use of Consumption Taxes to Re-Launch Green Tax Reforms［J］International Review of Law and Economics，2006，26：88-103.

需要说明的是，欧盟也指出，对产品和劳务按照可持续性原则进行分类是具有建设性的，但上述的分类结果还是很粗糙，需要根据经济、环境发展的需要进一步完善，使增值税征收范围的界定和对应税产品和劳务的生态化分类能够体现欧盟框架内的税制生态化改革和节能减排的需要。

借鉴国际成功经验，应将征税范围内商品、劳务和服务按照生态化原则进行分类。并根据我国经济发展和节能减排的需要，参照国家发展和改革委员会以及环境保护部门公布的有关产品目录，将我国的增值税征税对象分为以下三类。第一类是可持续性的产品或劳务，主要包括低碳产品、节能产品、可再生能源和新能源产品、新能源运输工具和环境保护设备以及节能建筑物。第二类是不可持续性的产品或劳务，主要是高污染、高环境风险商品。第三类是介于可持续性与不可持续性之间的其他一般性商品。对应税商品和劳务进行分类的目的是为设计增值税生态化差别税率打下良好的基础。具体分类时还应结合我国征收管理的现实水平进行科学合理的分类，保证分类的技术含量和实际可操作性。

（二）设置生态化差别税率

理想的增值税税率结构是只设立一档基本税率，即实行单一税率，以体现增值税的中性。单一税率尽管备受推崇，但很难在现实中得以推行，实行增值税的国家将近有一半都规定了不止一个税率。尤其是税收作为促进节约使用资源能源、减少污染排放、保护环境的手段，生态化思想融入增值税税率设计之中，出现了生态化差别税率。欧盟国家增值税的生态化税率最为典型，他们对能源利用率高、污染物排放量小，能够促进节能减排的产品实行低税率，而对于那些能源利用率低、污染物排放量高的产品以及劳务实行高税率，部分欧盟国家增值税税率的生态化情况如表6.8所示。

表 6.8　　　　　　　　部分欧盟国家增值税税率生态化情况　　　　　单位：%

国家	基本税率	低税率	保护环境和维护生态平衡的超低税率
匈牙利	25	15	5
瑞典	25	12	6
波兰	22	7	3
芬兰	22	17	8
爱尔兰	21	13.5	4.4
比利时	21	6	—
意大利	20	10	4
法国	19.6	5.5	2.1
捷克	19	5	—
英国	17.5	5	—
西班牙	16	7	4
德国	16	7	—

资料来源：European Commission.VAT Rates Applied in the Member States of the European Commission（DG Taxation and Customs Union DOC/2008/2004–EN）.2004.

从表6.9可以看出，欧盟主要国家增值税税率有三个层次：基本税率、低税率和超低税率。基本税率在16%~25%，差别并不是很大，只有9个百分点，而且，大多数国家的基本税率是在20%左右，只有匈牙利和瑞典的税率比较高，采用25%的基本税率。低税率在5%~17%，但大多数国家的低税率是在5%~7%，低税率超过10%的比较少。为了发挥增值税保护环境和维护生态平衡的积极作用，欧盟还设置了超低税率，税率一般在5%左右，适用于环境保护和维持生态平衡的产品和劳务，超低税率比基本税率至少低12个百分点。如法国对促进环境保护和维持生态平衡产品的增值税税率为2.2%，与标准税率相比低19个百分点；匈牙利的基本税率尽管很高，但对生态类产品设置了5%的超低税率，比标准税率低20个百分点。这种鲜明的税率差异充分体现了增值税税率的生态化特点，一定程度上可以弱化清洁类产品和劳务的价格劣势，在引导清洁生产的同时，推动清洁类产品的需求，倡导绿色消费，促进环境保护和生态平衡。

我国现行增值税设置了13%、9%和6%三档税率。对应欧盟部分国家的增值税生态税率表，从税率水平上看，我国13%税率基本体现了对产品、劳务的税率水平，税率水平比欧盟大多数国家略低；6%低税率主要适用现代服务业、生活性服务业；9%的较低税率主要适用于粮食、食用油、煤气等居民必需品、交通运输、建筑安装、基础电信和销售不动产。从增值税税率分布可以看出，我国对于现代服务业和生活服务业给予了低税率优惠，但是，我国的税率档次的设置并没有体现对环境保护和生态平衡的倾斜，也没有体现对于能源利用率低、污染物排放量高的产品以及劳务的惩罚性高税率。

根据我国发展低碳经济、节能减排的需要，我国增值税应将生态化差别税率作为增值税税率设置的影响因素。对于低碳产品、节能产品、可再生能源和新能源产品、新能源运输工具和环境保护设备以及节能建筑物等商品和劳务实行6%的低税率。此外，对于能源利用率低、污染物排放量高的产品以及劳务，我国应实行高于一般增值税税率的惩罚性高税率，例如，参照欧盟大多数国家的做法，可以对这些能源利用率低、污染物排放量高的产品以及劳务在征收增值税的基础上，征收消费税。

增值税是我国的大税种，对于不同类别的产品及劳务的差别税率将会对社会经济活动起着重要的导向作用，因此，充分发挥税收对于经济的调节作用，发挥税收对于环境保护的作用，体现生态原则的增值税差别税率是很好的选择。

三、消费税生态化改革

（一）我国消费税的现实考量

消费税是我国继增值税的第二大商品劳务税税种。1994年开征消费税时，其立法的目标主要是"正确引导消费，抑制超前消费；调节支付能力，缓解社会分配不公；保持原有负担，稳定财政收入"等方面。历经20多年的发展，消费税经过多次调整。消费税的历次调整主要是根据不同经济背景下国家消费政策和居民消费水平的变化，对征收品目、税率、计征方式、纳税地点和申报期限进行调整，并未涉及征收环节、收入分配等方面的修订，至今，消费税立法初期的既定任务基本完成。当前，我国进入中国特色社会主义新时代，我国经济发展阶段从高速度增长转向高质量发展，消费税在新时代经济高质量发展中促进低碳经济发展，需要根据经济、社会和环境发展对税制建设的基本要求对税制进行调整，推进消费税生态化改革的深化。为此，首先必须明确新时代消费税改革的目标定位，并在改革目标的引导之下，明晰消费税改革的生态化实施路径。

1994年税制改革时，流转环节在普遍征收增值税的同时，选择部分消费品征收消费税，主要发挥调节作用。20多年来，消费税作为小众税种，在税制改革布局中一直是小步、碎步前行，消费税的职能作用也潜移默化地发生着变化。

在近期国家实施减税降费政策后，我国增值税等税种收入增幅较小，而消费税收入的增长独树一帜。2019年我国的前四大税种中，国内增值税同比增长1.3%，企业所得税同比增长5.6%，个人所得税同比负增长25.1%，而国内消费税同比增长18.2%，其收入总额超越原位居第三位的个人所得税收入，占我国税收总收入的7.95%，消费税在我国税收收入中的地位与作用凸显。从税收总量看，消费税收入逐年增加，从1994年的487.40亿元增长到2019年的12562亿元，年均增长率14.9%。从税收收入结构分析，消费税收入占税收收入总额的比重变化不大，尤其是2009年以后，基本保持在7%~8%，其财政职能并未随着收入总量的增长得到增强，消费税收入总量及占比如表6.9所示。

表 6.9   2010~2019 年我国消费税收入占税收收入的比重

指标	2010年	2011年	2012年	2013年	2014年	2015年	2016年	2017年	2018年	2019年
各项税收（亿元）	73210.79	89738.39	100614.28	110530.70	119175.31	124922.20	130360.73	144369.87	156402.86	157992
国内消费税（亿元）	6071.55	6936.21	7875.58	8231.32	8907.12	10542.16	10217.23	10225.09	10631.75	12562
消费税/税收收入（%）	8.74	8.29	8.01	7.58	7.58	8.37	7.38	7.08	6.80	7.95

资料来源：依据国家统计局网站年度数据整理所得。

消费税的职能受税目和税率等税制要素影响。从应税品目分析，我国现行消费税品目可分为四类：高档消费品、资源类消费品、污染类消费品和不健康消费品。消费税主要依赖卷烟、成品油、小汽车和酒这四个重要品目发挥财政职能作用。征税环节单一性、征收范围的选择性，使消费税的财政职能高度集中在少数应税品目。

征收范围的界定对消费税的生态化职能考虑不全面。在 15 个税目中，成品油、小汽车、摩托车以及鞭炮焰火具有一定的生态职能，抑制排放性污染排放的应税消费品和消费行为的范围偏窄，一些高污染产品没有被纳入征收范围，如有害农药、塑料制品等高污染产品。对煤炭、不可降解的一次性用品和《环境保护综合名录》（2017 年版）发布的 885 项"高污染、高环境风险"产品以及《高污染燃料目录》中的有害性消费品均未列入课征范围。

从国际上看，很多国家都对特殊消费品或特殊消费征收消费税，并且征税范围远比我国宽泛。《美国国内收入法典》26 卷 D 部分将美国消费税分为 39 类品目，每个品目下又包括多类分品目；欧盟成员国还对洗衣粉、塑料袋、地下水、糖果、饮品、氟利昂、二氧化碳、硫化品、博彩等征收消费税。波兰、爱尔兰等国家则将一次性包装物及不可降解的塑料袋等纳入消费税征税范围。《日本税法总则——国税（2012）》对煤炭进口商和开采者在离开保税区和制造以及转运时按照煤炭的重量征收消费税性质的能源税。美国联邦和州对煤炭、生物燃料等课征消费税。欧盟 2004 年颁布的《能源税指令》，以法律的形式将成品油纳入消费税的征税范围，并将碳氢化合物、天然气等能源产品纳入征税范围。

税率的设计未能体现低碳经济发展的需要。欧盟 2004 年颁布的《能源税指令》，根据成品油的用途以及对环境造成的影响，设置了高低不同的税率，如针对无铅汽油和含铅汽油分别适用每 1000 升 359 欧元和每 1000 升 421 欧元的税率。而我国成品油税目下虽列示 7 个子目，除柴油和燃料油税率为 1.2 元/升，其他成品油税率都适用 1.52 元/升的同一档税率。实际上，根据辛烷值的不同，汽油具有不同的标号，而标号越大代表辛烷值越高，其对环境的污染则相对越小。我国对成品油的征税没有充分考虑其具体的用途、成分以及对环境的影响差异。此外，我国对摩托车税目和小汽车税目下所列的乘用车子税目按照气缸容量划分其适用的税率。这种划分方法仅简单考虑了排放量对环境的影响，而未考虑机动车排放气体中含硫量对环境的影响。

（二）消费税生态职能作用的途径

消费税生态职能作用的途径是消费税税收制度生态化改革，在确定征收范围、税率、计税依据及纳税环节等税制要素时，将资源环境作为社会再生产系统的内置因素，参照社会生产要素和人类生存要素考量，赋予其社会产品的属性，与使用其他生产要素一样，享受资源环境服务，以消费税等税收成本支付代价，将消费税作为计量资源环境价值的组成部分。

（三）消费税生态职能的内容

通过消费税促进低碳经济发展，需要发挥消费税的生态职能，关注人类对环境产品消费的不充分不平衡，构建有利于人与环境和谐共享发展的消费税税收制度。人与环境和谐共享发展包括当代人对环境产品消费的公平、和谐、共享发展，也包括人类代际的可持续发展。从引导当代人和谐共享发展的角度看，通过消费税生态化改革引导整个社会调整资源环境产品消费结构，促进理性低排放、节能型消费。从促进代际公平角度看，消费税的法制建设和职能定位应充分遵循"正义原则"，通过消费税制度要素设计，区别对待可再生资源和不可再生资源，清洁型消费品和污染型消费品，使消费税成为促进人类社会和生态环境可持续性发展的重要组成部分。

消费税职能拓展至生态职能，有着深刻而丰富的可持续发展意蕴，使得消费税制度建设从系统和全局的角度统筹考虑经济、社会、政治、生态环境等问题，发展低碳经济，经济活动以环境阈值为约束，为实现人与社会、人与自然全面可持续发展的战略目标提供全新的视角。

（四）消费税生态职能作用的着力点

消费税的生态职能取决于经济社会发展对消费税的诉求。据此需要重新审视消费税的职能作用，在"消费端+供给端"双端发挥调节作用。

消费端调节。居民消费分基本消费需要和剩余消费需求。消费税的调节范畴应限定在剩余消费需求领域，即通过科学划定应税和非税范围，合理界定不健康消费品、奢侈性消费、高排放消费等，引导消费理念和消费行为，调整消费结构，力戒奢侈消费，倡导简约适度、绿色低碳的生活方式，并根据居民收入变化情况建立动态调整机制。消费税对剩余需求的调节是否公平有效，取决于消费税在复杂的税收运行过程中能否找到合适的切入点。对于类似烟酒等成瘾性消费品的需求弹性小，高税负的税收痛感并未被消费者感知，或被隐性替代，消费税的调节作用较为迟钝，对此，消费税税负应实行显性化的价税分别列示制度，推出低价的烟酒替代品，配合行政惩戒和道德引导，多方合力引导消费。对于奢侈品、奢侈性消费、高档别墅的高端需求，需求弹性较大，可以通过差别比例税率发挥消费税的调节功能。

供给端调节。税价传导至供给端后，消费税会改变生产者的成本，改变收入在要素所有者之间的分配，在供给端发挥消费税资源配置功能，与增值税、资源税有效配合，降低高效节能、先进环保、资源循环利用的节能环保产品的税收负担，提高资源类、污染类产品和高排放产品税负，引导生产者配置生产要素的流向，为促进低碳产业发展营造良好的税收环境，优化资源配置，引导市场主体走低碳发展道路。

消费税直接作用于消费，通过税负转嫁使生产者和消费者面对的价格发生了变化，这种价格的差异导致生产者和消费者负担不同消费税，双方负担的消费税取决于税负转嫁情况及供需弹性。在设计消费税制度时，应将消费税调节的着力点偏重收入分配，进而影响资源配置。

（五）基于生态职能视角的消费税改革

消费税的职能与征收范围、税率和纳税环节等税制要素密切相关，完善消费税税收制度是有效发挥消费税职能作用的主要途径。

1. 拓宽征收范围

消费税的征收范围影响职能作用的广度。消费税职能作用的广度主要通过征税范围宽窄实现。现行消费税税目中采用列举法确定的税目未能涵盖全部高档消费品和污染类消费品，高档服务、高档别墅尚未列入应税范围，税目调整的滞后性影响消费税发挥财政职能作用。适应低碳经济发展需要，按照生态化要求调整征收范围。根据经济社会环境可持续发展原则，按照健康、环保、低碳的高质量消费导向对消费税的征收范围作动态调整，将高排放类产品、高污染和严重消耗资源的产品纳入消费税征收范围，以引导企业绿色生产、不断创新技术，引导居民节约资源、绿色消费。根据节能减排的实际需要和我国消费税制的改革方向，结合环境保护综合名录和《政府采购目录》和环境保护部颁布的《环境保护综合名录》，将水泥、塑料制品、有害农药等高能耗、高污染商品、有机化学原料、无机酸、无机盐、不可降解的一次性用品（包装物、塑料袋、容器）、含磷洗涤用品、一次性电池、天然气、煤炭等产品纳入消费税征税范围，以增强消费税的环境保护功能，不断拓展消费税的生态职能。

2. 设置差别税率

消费税税率影响职能作用的力度。消费税职能作用的力度主要通过税率高低实现。对于高污染、高能耗类消费品，应根据其废弃排放物的数量或依其对环境的外部效应程度实行差别税率，以使低能耗的环保产品在市场竞争中获得比较优势。第一，应根据不同消费品的收入弹性、不同收入阶层的消费率及其对税收政策的敏感度设定和调整消费税税率。烟、酒的收入弹性小，随着收入水平的提高消费率下降，消费需求与收入呈负相关关系，而且烟、酒属于成瘾性消费品，低收入者消费率高，并且对税收政策的敏感度较低，税收负担更多的是由低收入者负担，具有累退性，为此，应维持现有的税率水平，并推行销售（零售）告知制度。成品油和小汽车消费率与收入水平是正相关，消费税税收负担大多由高收入者负担，具有累进性，提高其税率可以缩小居民收入差距。因此，合理设定分档税率，提高其边际税率，形成与个人所得税和车船税相互配合的调节体系。其他高档消费品、奢侈品、高档服务消费税税率可以参照小汽车税率设计理念设定。第二，调整实木地板、木质一次性筷子等资源类产品税率，在确定资源类消费品税率时考虑资源环境消耗，体现公民享受环境权或对环境造成损失应付的税收成本，反映消费税在环境权方面的公平原则，发挥消费税的生态职能。第三，调整小汽车、摩托车等高能耗类产品税率。第四，提高成品油等化石类能源产品税率。第五，调整鞭炮焰火污染类消费品税率，以促进节能减排、资源节约，引导居民绿色消费。

3. 合理布局征收环节

我国现行消费税的征收环节主要在生产、委托加工和进口环节，部分厂商常以转移定价方式逃避税款，使消费税税基遭受侵蚀。为避免税基侵蚀，建议在控制征管成本情况下，将在商场统一销售等征收条件成熟的商品消费税征收环节后移至批发或零售环节。对于不符合环境保护导向的商品（如鞭炮焰火、木制一次性筷子、实木地板、小汽车、摩托车、电池、涂料），由于单件商品利润较小，往往通过大规模批发采购形式以便于销售，可在批发环节统一征收消费税；针对成品油商品，由于需要对税控系统更新及实施特别税收监管制度，可暂不调整征收环节，将征收环节后移至零售环节，以杜绝虚开、换票和倒票等偷逃税问题。对摩托车、小汽车、游艇等实行机动车、船舶的登记管理制度，在零售环节征税同样有利于对商品进行控管。

四、企业所得税生态化改革

为建设资源节约型和环境友好型社会，我国先后制定了有关环境保护的企业所得税税收优惠政策，以引导和鼓励环境保护企业的发展。

（一）企业所得税关于环境保护的优惠

我国企业所得税法及相关规定在环境保护方面的优惠主要有以下两个方面。

第一，环境保护、节能节水项目的减免税优惠。《企业所得税法》第二十七条第（三）项规定，从事符合条件的环境保护、节能节水项目的所得可以免征、减征企业所得税。《企业所得税法实施条例》第八十八条规定，符合条件的环境保护、节能节水项目，包括公共污水处理、公共垃圾处理、沼气综合开发利用、节能减排技术改造、海水淡化等。项目的具体条件和范围由国务院财政、税务主管部门商国务院有关部门制订，报国务院批准后公布施行。企业从事前款规定的符合条件的环境保护、节能节水项目的所得，自项目取得第一笔生产经营收入所属纳税年度起，第一年至第三年免征企业所得税，第四年至第六年减半征收企业所得税。

第二，环境保护、节能节水、安全生产等专用设备投资抵免优惠。《企业所得税法》第三十四条规定，企业购置用于环境保护、节能节水、安全生产等专用设备的投资额，可以按一定比例实行税额抵免。《企业所得税法实施条例》第一百条规定，企业所得税法第三十四条所称税额抵免，是指企业购置并实际使用《环境保护专用设备企业所得税优惠目录》《节能节水专用设备企业所得税优惠目录》和《安全生产专用设备企业所得税优惠目录》规定的环境保护、节能节水、安全生产等专用设备的，该专用设备的投资额的10%可以从企业当年的应纳税额中抵免；当年不足抵免的，可以在以后5个纳税年度结转抵免。

（二）完善促进低碳经济发展的所得税优惠政策

1. 扩大减免税适用范围

为促进低碳经济发展，对达到减排效果的减排项目实行减税和免税优惠。即企业从事符合减排效果项目的所得，自项目取得第一笔生产经营收入所属纳税年度起，第一年至第三年免征企业所得税，第四年至第六年减半征收企业所得税。

2. 扩大设备投资抵免适用范围

企业购进用于减少污染物排放设备的投资额的10%可以从企业当年的应纳税额中抵免；当年不足抵免的，可以在以后5个纳税年度结转抵免。

3. 扩大加速折旧的适用范围

对防治污染的设备和设施、节能减排设备、废弃物再生处理设备、无公害处理设备等，实行加速折旧；对污水处理厂、垃圾处理厂（场）实行加速折旧。调整无形资产摊销的税收规定，对企业购进或开发的节约能源和防治污染的专利技术等无形资产，允许一次性摊销。调整加计扣除制度，对防治污染的技术研究与开发费用可参照"新产品、新技术、新工艺"研发费的有关规定，准予在所得税前加计扣除。

4. 对资源再利用给予充分的鼓励

对废水、废气、废渣及垃圾的再处理、再利用等给予减免或免税政策。

五、适时开征碳税

（一）征收碳税的原则

征收碳税应遵循税收中立原则，即将税收收入循环地使用于纳税主体。英国最先征收碳税（气候变化税），被征收气候变化税的企业为雇员缴纳的国民保险金减少0.3个百分点。

我国开征碳税的目的也不应仅是为了增加政府的财政收入，而是应更多地定位于弥补碳排放权交易体系难以实现减排目标的缺点。将碳税的税收收入再返还给节能减排的企业，减少碳税对市场经济运行所产生的负面干扰。返还的途径可以采取以下几种：一是税收返还，即将所有被征收碳税的企业为雇员缴纳的社会保险金减少一定比例，这样能够减少企业因缴纳碳税而增加的税收成本，一定程度上消除了企业的抵触情绪，而政府获得的税收收入也恰好可以被用来抵减社会保险所带来的财政支出。二是"投资抵免"，鼓励企业投资节能和环保的技术或设备，购买节能或环保投资的技术或设备给予投资抵免。

（二）纳税人

碳税的纳税人应为从事工商业、农业以及公共服务的单位，不包括小规模企业以及家庭。

（三）征税对象

碳税应以特定能源的使用量为征税对象。英国将气候变化税的管控目标放在了特定能源的使用量上，而不是放在对二氧化碳等温室气体的排放量上，这一措施巧妙地避开了碳排放权交易的二次监管，且不会影响英国政府的减排目标，因为各企业仍然会出于财政支出、成本规划的考虑，为了抑制能源的使用量而在生产过程中有意识地减少二氧化碳等温室气体的排放量。倘若我国在未来适时开征碳税，也可以效仿英国的做法，将碳税的管控目标放在对生产作业中将会排碳的能源的使用量上，从而使企业积极限制能源的使用。征税对象可以暂定为加热、照明或提供动能而消耗的能源类产品，包括原油、天然气、煤炭、电力、液化石油气。为保证不影响经济竞争力，并促进低碳经济发展需要，可以对某些基础行业给予税收豁免。

（四）税率

碳税的税率应根据不同行业及不同能源品质实行差别税率，要与能源类产品的资源税和消费税税率统筹考虑。为了鼓励节能减排，对于积极采取减排措施以及达到减排标准的企业给予一定的税收优惠。为了鼓励研发和使用清洁能源，对再生能源免征碳税；为了保证经济竞争力，对能源密集型行业给予税收豁免或税收返还，减少碳税征收对这些行业的影响。为了减缓碳税对传统经济的冲击，可以分阶段、分行业循序渐进推进碳税。

（五）碳税的税收优惠

碳税的减免要考虑与增值税的协调配合。如果增值税法规中规定了对某些行业、产品给予优惠，则可以对其免除征收碳税；对民用和非营利性质的慈善机构所使用的能源燃料免征气候变化税，同时也免征增值税。

（六）碳税的配套措施

应建立综合利用碳税和碳排放权交易同步运行机制，推进碳税和碳排放交易同时并存的两种制度。碳税是以对能源的消耗为征收对象，税基是能源的消耗量，碳税并未与消耗能源所产生的温室气体产生直接关联，而碳排放权交易针对的是二氧化碳等温室气体的排放，二者协同互补，共同促进节能减排。我国可以尝试赋予符合要求的企业享有两种制度的自主选择权。政府可以制定碳排放权交易费用和碳税之间的转换机制，给予排放者在两种模式之间自由选择的权利，由政府根据碳市场的实时情况制定转换比例，在碳税制度的构建完善过程中，被纳入配额管理范围的企业可以将碳排放权交易费用按照相应的比例转换成碳税，碳税也可以按照相应的比例转换成碳排放权交易费用，这样可显著提高固定税率的碳税制度的灵活性。符合条件的企业可以自主选择缴纳碳税的同时还受到碳排放权交易制度的管控，也可以选择只缴纳碳税或者只受到碳排放权交易制度的管控，以有效削弱潜在的政治阻力和企业的抵触情绪。

两种模式互相配合，将二氧化碳排放控制在能源使用的源头，同时降低了碳税和碳交易机制对二氧化碳等温室气体重复管控的可能性，可极大地缓和两种制度共同存在所造成的政策协同上的复杂程度。

碳税作为新创设的独立的新税种，带有较浓郁的公权力色彩，必然对能源行业产生一定影响和冲击，容易受到被征税的行业及企业的抵触。为此，在征收碳税前应充分考虑碳税对行业及企业的竞争力是否存在负面影响的问题。具体措施可以借鉴英国的经验，在征收碳税的同时，推行气候变化协议，即政府与能源密集型行业及企业之间签订的自愿减排协议，与政府达成协议的企业只要完成了协议规定的碳减排标准，可以享受规定比例的碳税减免。这使得减排协议作为一个缓冲装置，通过与行业及企业签订一般协议和伞形协议的方式，保证了行业及企业的竞争力，减轻了政府推行碳税的潜在阻力，也赋予了行业及企业一定空间的灵活度。

根据国际经验，引入碳税不仅可以优化我国税制结构，发挥税收的生态职能，弥补税收制度在保护环境方面的不足，还可以促进低碳经济发展，抑制二氧化碳排放，改善生态环境。碳税制度的建立和推行是我国发展低碳经济的需要，是我国在生态环境和能源供给环境约束以及国际减排压力下理想的市场手段。但是，推行初期必须解决碳税可能给行业或企业尤其是能源密集型行业带来的额外税收负担，关注对经济竞争力的影响，解决好对低收入者带来的负面作用，合理确定碳税的配套措施，统筹平衡各方面的利益，逐步推行完善碳税及相关政策，尽力达到碳税的减排效率与社会公平的协调一致。

参考文献

［1］2050中国能源和碳排放研究课题组.2020中国能源和碳排放报告［M］.北京：科学出版社，2010：601.

［2］保罗·沃伦·泰勒.尊重自然：一种环境伦理学理论［M］.雷毅等，译，北京：首都师范大学出版社，2010.

［3］罗伯特·诺齐克.无政府、国家与乌托邦［M］.何怀宏等，译，北京：中国社会科学出版社，1991：157.

［4］约翰·罗尔斯.正义论［M］.何怀宏等，译，北京：中国社会科学出版社，2003：10.

［5］霍布斯.利维坦［M］.黎思复，黎廷弼，译，北京：商务印书馆，1985：269.

［6］庇古.福利经济学［M］.北京：中国社会科学出版社，1999.

［7］蔡守秋.环境资源法学教程［M］.武汉：武汉大学出版社，2000：230，273.

［8］陈少英.生态税法论［M］.北京：北京大学出版社，2008：118，143.

［9］陈志楣.税收制度国际比较研究［M］.北京：经济科学出版社，2000.

［10］成思危.低碳经济发展中国化［J］.东方企业文化，2010（10）：20-21.

［11］丛选功，张毅文.环境税：规制公害的新举措［J］.环境学动态，1995（2）：12-14.

［12］邓子基.低碳经济与公共财政［J］.当代财经，2010（4）：5-10.

［13］董岩辉.完善公共政策促进低碳经济发展［J］.人民论坛，2014（14）：

63-65.

[14]《发展低碳经济的财税政策研究》课题组，刘尚希，魏跃华.发展低碳经济的财税政策研究［J］.财金研究，2011（12）：6-14.

[15]甘曦之.低碳经济发展模式研究［J］.黑龙江工程学院学报，2016（10）：47-48.

[16]葛察忠，任雅娟.促进我国低碳经济发展的财税政策选择［J］.地方财政研究，2010（9）：25-28.

[17]葛军.特别代表解读"气候变化"——访外交部气候变化谈判特别代表于庆泰大使［J］.世界知识，2007（20）：46-47.

[18]郭代模，杨舜娥，张安宁.我国发展低碳经济的基本思路和财税政策研究［J］.经济研究参考，2009（58）：1-8.

[19]郭代模.我国发展低碳经济基本思路和财政政策研究［J］.经济研究参考，2009（58）：15-18.

[20]韩哲.马克思主义生态哲学与低碳经济［J］科技资讯，2014（12）：226.

[21]侯军岐.中国低碳经济发展模式研究［J］.调研世界，2010（12）：36-38.

[22]侯作前.经济全球化、WTO规则与中国环境税之构建［J］.政法论丛，2003（2）：87.

[23]胡代光.西方经济学说的演变及其影响［M］.北京：北京大学出版社，1998：454.

[24]计金标，高萍.试论我国开征环境税的框架性问题［J］.税务研究，2008，（11）：37-38.

[25]贾康.尽快开征环境税［N］.科学时报，2008-03-07.

[26]贾林娟.低碳经济发展影响因素及路径设计［J］.科技进步与对策，2014（2）：26-29.

[27]姜启亮，吴勇.从发达国家经验看中国低碳经济实现路径［J］.改革与开放，2010（12）：97-99.

[28]金起文，于海珍.高碳能源条件下发展"低碳经济"的策略［N］.经济参考报，2009-08-26.

[29]金瑞林.环境法学［M］.北京：北京大学出版，1999：94.

[30]蓝虹.环境产权经济学［J］.生态经济，2013（6）：63-66.

[31]李建珊.循环经济的哲学思考［M］.北京：中国环境出版社，2008：78.

［32］李齐云，宗斌，李征宇.最优环境税：庇古法则与税制协调［J］.中国人口·资源与环境，2007（6）：18–24.

［33］李旸.低碳时代的明智消费［J］.世界环境，2010（4）：40–43.

［34］李智.低碳经济探析［J］.才智，2017（19）：235.

［35］利奥波德.沙乡年鉴［M］.侯文蕙，译.北京：商务印书馆，2016：215–255.

［36］林朝阳.日本低碳经济战略对厦门低碳经济实践的启示［J］.经济师，2010（11）：212–214.

［37］刘培林.全球气候治理政策工具的比较分析——基于国别间关系的考察角度［J］.世界经济与政治，2011（5）：127–142.

［38］刘玉来.国外低碳经济发展对我国的启示［J］.河南牧业学院学报，2016（2）：13–16.

［39］卢现祥，王宇.论国外发展低碳经济的财税政策支持体系［J］.经济与管理评论，2012（2）：13–21.

［40］罗小兰.欧洲环境税双重红利改革及启示［J］.商业时代，2011（5）：116–117.

［41］马克思.资本论（第3卷）［M］.北京：人民出版社，1972：265.

［42］马歇尔.经济学原理（上卷）［M］.北京：商务印书馆，1981：278–328.

［43］孟磊，贾兴.欧洲绿色税收改革研究［J］.中国矿业，2008（8）：16–18.

［44］彭红丽.低碳经济背景下我国产业结构升级［J］.北方经贸，2017（2）：50–51.

［45］萨缪尔森.经济学［M］.高鸿业，译.北京：商务印书馆出版，1982.

［46］世界环境与发展委员会.我们共同的未来［M］.北京：世界知识出版社，1989：19.

［47］《世界经济百科全书》编辑委员会.世界经济百科全书［M］.北京：中国大百科全书出版社，1987：259.

［48］司言武.环境税最优税率确定研究［J］.社会科学战线，2010（10）：234–237.

［49］苏明，傅志华，许文，王志刚，李欣，梁强.碳税的国际经验与借鉴［J］.环境经济，2009（9）：28–32.

［50］唐跃军，黎德福.环境资本、负外部性与碳金融创新［J］.中国工业经济，

2010（6）：11–12.

［51］童锦治，沈奕星.基于CGE模型的环境税优化政策的环保效益分析［J］.
当代财经，2011（5）：33–40.

［52］汪劲.环境法律的理论与价值追求——环境立法目的论［M］.北京：法律
出版社，2000，220.

［53］王彬辉.美国碳税历程、实践及对中国的启示［J］.湖南师范大学社会科
学学报，2012，41（2）：85–88.

［54］王鹤.经济一体化述评［J］.世界经济，1988（10）：22.

［55］王金南，葛察忠，高树婷，严刚，董战锋.中国独立环境税方案设计研究
［J］.中国人口·资源与环境，2010（2）：69–72.

［56］王金南，葛察忠，秦昌波，龙凤，董战锋，李晓琼，高树婷，杨琦佳，
吴琼，任雅娟.中国独立型环境保护税方案设计及其效应分析［J］.中国
环境管理，2015（4）：63–75.

［57］王金南."绿水青山就是金山银山"的理论内涵及其实现机制创新［J］.
环境保护，2017（11）：13–17.

［58］王颀.我国发展低碳经济的公共经济政策探析［J］.经济研究导刊，2017
（3）：147–148.

［59］王茜.发达国家发展低碳经济的经验及启示［J］.宁夏社会科学，2011（3）：
51–55.

［60］王韶华.基于低碳经济的能源结构和产业结构协调度评价研究［J］.工业
技术经济，2013（10）：55–62.

［61］王彤.日本环境税的实施情况［J］.红旗文稿，2007（6）：35–36.

［62］王志亮.高新技术企业对我国低碳经济发展促进作用的量化分析［J］.河
北经贸大学学报，2015（3）：80–84.

［63］文龙光.低碳产业链与我国低碳经济推进路径研究［J］.科技进步与对策，
2011（7）：70–73.

［64］吴书雷.促进我国低碳经济发展的策略探析［J］.时代金融，2014（35）：
28–30.

［65］武亚军，宣晓伟.环境税经济理论及对中国的应用分析［M］.北京：经济
科学出版社，2002.

［66］邢丽.碳税的国际协调［M］.北京：财政经济出版社，2010：76–77.

［67］休谟.人性论［M］.关文运，译.北京：商务印书馆，1980（4）：578-579.

［68］徐亚静.低碳经济的理论基础及其经济学价值［J］.科技经济市场，2017（3）：91-93.

［69］徐莹莹.低碳经济背景下企业技术创新模式决策机制研究——基于碳税政策视角［J］.运筹与管理，2018（9）：8-16.

［70］许建华：欧盟的能源安全战略及对中国的启示［J］.商业现代化，2008（16）：301-302.

［71］亚当·斯密.国民财富的性质和原因的研究（下卷）［M］.郭大力，王亚南，译.北京：商务印书馆，1974：284.

［72］杨春平.循环经济与低碳经济内涵及其关系［J］.中国经贸导刊，2009（24）：21-24.

［73］杨逢珉，张永安.欧洲联盟经济学［M］.上海：上海人民出版社，2009：4.

［74］杨志，张洪国.气候变化与低碳经济、绿色经济、循环经济之辨析［J］.广东社会科学，2009（6）：34-38.

［75］约翰·穆勒.政治经济学原理（下卷）［M］.胡企林，朱泱，译.北京：商务印书馆，1991（9）：570.

［76］张景华.环境税的双重红利效应分析［J］.商业研究，2012（9）：131-134.

［77］张克中，杨福来.碳税的国际实践与启示［J］.税务研究，2009（4）：88.

［78］张坤民.可持续发展论［M］.北京：中国环境科学出版社，1996：485.

［79］张学诞，许文，梁季，施文泼，陈龙.消费税改革研究：基于共享税的考虑［J］.财政科学，2017（12）：66-89.

［80］张中辉.构建我国"绿色税收"调控体系探讨［J］.税务研究，2001（2）：18-19.

［81］中共中央马克思恩格斯列宁斯大林著作编译局.马克思恩格斯选集（第4卷）［M］.北京：人民出版社，1972，167.

［82］周杰，李金叶.低碳经济对国际贸易规章重构的影响与我国面临的调整［J］.对外贸易实务，2015（10）：45-48.

［83］周丽婷.论低碳经济发展视域下的公共政策创新［J］.中南林业科技大学学报，2012（6）：101-104.

［84］周志波.小型开放经济中环境税改革的效应研究［J］.重庆大学学报，

2016（5）：5-64.

［85］朱红琼.环境税的生态补偿效应分析［J］.特区经济，2014（11）：173-
176.

［86］朱四海.低碳经济发展模式与中国的选择［J］.发展研究，2009（5）：10-
14.

［87］庄贵阳.节能减排与中国经济的低碳发展［J］.气候变化研究进展，2008
（5）：303-308.

［88］Baumol W. J., Oates W. E. The Theory of Environmental Policy［M］.
London：Cambridge University Press，1988.

［89］Baumol W. J., Oates W. E. The Use of Standards and Prices Protection of
Environment［J］.Swedish Journal of Economics，1971（73）：42-54.

［90］Boulding K. E.The Economics of the Coming Spaceship Earth Environment
Quality in a Growing Economy［M］. Baltimore：Johns Hopkins University
Press，1966：330-340.

［91］Chua D. H., Kennedy P. W., Laplante B. Industry Structure and Compliance
with Environmental Standards［J］. Economics Letters，1992，40（2）：241-
246.

［92］Coase R. H. The Institutional Structure of Production［J］. The American
Economic Review，1992（9）：710-730.

［93］Coase R. H. The Lighthouse in Economics［J］. Journal of Law and Economics，
1974，17（2）：357-376.

［94］Cole M. Development Trade and the Environment：How Robust is the Environmental
Kunzets Cuvre［J］. Environment and Development Economics，2003（8）：
557-580.

［95］Ehrlich P. R., Ehrlich A. H. Population Resources Environment：Issues in Human
Ecology［M］.San Francisco：Freeman，1970：89-157.

［96］EL-Agraa A. M. The European Union：History，Institutions，Economics and
Policies，（Fifth Edition）［M］. London：Prentice Hall Europe，1988：1.

［97］Floros N., Vlachou A. Energy Demand and Energy-Related CO2 Emissions
in Greek Manufacturing：Assessing the Impact of a Carbon Tax［J］. Energy
Economics，2005（27）.

[98] Goto N. Macroeconomic and Sectoral Impacts of Carbon Taxation [J]. Energy Economics, 1995（4）: 279–290.

[99] Goulder L. H. Environmental Taxation and the Double Dividend [J]. International Tax and Public Finance, 1995（2）: 157–183.

[100] Kei Gomi, Koji Shimada, Yuzuru Matsuoka. Scenario Sustainability Study for a Regional Low carbon Society [J]. Sustainability Science, 2007（2）: 121–131.

[101] Lee C. F., Lin S. J., Lewis C. Analysis of the Imoscts of Combinnig Carbon Taxation and Emission Trading on Different Industry Sectors [J]. Energy Policy, 2008（36）: 723–728.

[102] Marco Mazzarini. The Economics of the Greenhouse Effect: Evaluating the Climate Change Impact Due to the Transport Sector in Italy [J]. Energy Policy, 2000（28）: 957–966.

[103] Mill J. S. Principles of Political Economy [M]. London: Longmans, Creen & Co., 1992: 970.

[104] Orlov A., Grethe H. Carbon Taxation and Market Structure: A CGE Analysis for Russia [J]. Energy Policy, 2012（51）: 696–707.

[105] Pearce D. K., Turner K. R.Economics of Natural Resources and Environment [M]. New York: Harvester Wheatsheaf, 1990.

[106] Pierce D. The Role of Carbon Taxes in Adjusting to Global Warming [J]. The Economic Journal, 1991（101）: 407.

[107] Pigou A. C. The Economics of Welfare（4th Edition）[M]. London: Macmillan, 1932.

[108] Ramanathan R. A Multi–Factor Efficiency Perspective to the Relationships Among World GDP, Energy Consumption and Carbon Dioxide Emmissions [J]. Teconological Forecasting & Social Change, 2006（73）: 483–494.

[109] Rehan R., M. Nehdi. Carbon Dioxide Emissions and Climate Change: Policy Implications for the Cement [J]. Environment Science & Policy, 2005（8）: 105–144.

[110] Samuelson P. A. The Pure Theory of Public Expenditure [J]. Review of Economics and Statistics, 1954（36）: 387–389.

［111］Sax J. L. The Public Trust Doctrine in Natural Resource Law： Effective Judicial Intervention ［J］. Michigan Law Review，1970，68：474.

［112］Soyta U.，Sari R. Energy Consumption，Economic Growth，and Carbon Emissions：Challenges Faced by an EU Candidate Member ［J］. Ecological Economics，2009（68）：1667-1675.

［113］Stern N. The Economics of Climate Change：The Stern Review ［M］. Cambridge，UK：Cambridge University Press，2006.

［114］Taylor P. W. Respect for Nature：A Theory of Environmental Ethics ［M］. Princeton University Press，1986：5.

［115］York R.，Rosa E. A.，Dietz T. Stirpat，Ipat and Impact：Analytic Tools for Unpacking the Driving Forces of Environmental Impacts ［J］. Ecological Economics，2003（23）：351-365.